高等学校新商科"互联网+"经济管理系列教材

现代商务礼仪

(第3版)

张卫东◎主　编

武冬莲　原　敏◎副主编

电子工业出版社
Publishing House of Electronics Industry
北京·BEIJING

内 容 简 介

本书立足现代商务人员工作实践，围绕现代商务人员学礼、懂礼、用礼、行礼的需要，纵向上从商务礼仪概述、商务人员仪容与仪态礼仪、商务人员服饰礼仪、商务求职礼仪、商务办公礼仪、商务交际礼仪、商务语言礼仪、商务文书礼仪、商务会议礼仪、商务仪式礼仪、商务宴请礼仪、国际商务礼仪等十二个章节，系统地介绍了现代商务礼仪包含的基本内容。横向上遵循应行和应忌两条主线，精心设计了学习目标、任务驱动、知识拓展、课内实训、知识测试、案例分析、例文与技能训练等应用性特色明显的模块，明确商务礼仪的实际应用标准，具有较强的实践性和训练性。

本书适用于应用型本科院校市场营销、国际商务、人力资源管理等各种工商管理类专业教学使用，也适用于在职商务人员自学使用。

未经许可，不得以任何方式复制或抄袭本书之部分或全部内容。
版权所有，侵权必究。

图书在版编目（CIP）数据

现代商务礼仪 / 张卫东主编. -- 3 版. -- 北京：电子工业出版社，2024.8. -- ISBN 978-7-121-48149-9
Ⅰ．F718
中国国家版本馆 CIP 数据核字第 2024S0Y479 号

责任编辑：袁桂春
印　　刷：三河市良远印务有限公司
装　　订：三河市良远印务有限公司
出版发行：电子工业出版社
　　　　　北京市海淀区万寿路 173 信箱　邮编：100036
开　　本：787×1092　1/16　印张：14.5　字数：365 千字
版　　次：2010 年 7 月第 1 版
　　　　　2024 年 8 月第 3 版
印　　次：2024 年 8 月第 1 次印刷
定　　价：49.00 元

凡所购买电子工业出版社图书有缺损问题，请向购买书店调换。若书店售缺，请与本社发行部联系，联系及邮购电话：（010）88254888，88258888。
质量投诉请发邮件至 zlts@phei.com.cn，盗版侵权举报请发邮件至 dbqq@phei.com.cn。
本书咨询联系方式：（010）88254199，sjb@phei.com.cn。

前言 Preface

习近平总书记在党的二十大报告中指出，教育是国之大计、党之大计。为社会培养兼具专业知识、实践能力与良好素养、德智体美劳全面发展的应用型人才，是应用型本科院校为党育人、为国育才的使命与担当。

在竞争激烈的就业形势下，社会生产实践对毕业生实践能力与综合素养的要求越来越高，学习并践行与社会需求高度契合的商务礼仪知识，使学生掌握与社会角色、职业形象相适配的礼仪技巧，使他们在仪容仪表、仪态服饰、行为举止、人际交往方面注重礼仪修养，在待人接物方面养成礼仪习惯，在商务活动中做到"通情达理、知礼懂仪、得体大方、游刃有余"，从而有效提升个人竞争力、获得更多商务机会以促进事业发展。

本书的特色在于立足现代商务人员实践，围绕现代商务人员学礼、懂礼、用礼、行礼的需要，纵向上从商务人员仪容仪表、仪态服饰等个人礼仪，到商务求职、办公交际、语言文书等人际礼仪，再到商务会议、仪式宴请及国际商务等商务活动礼仪，系统地介绍了现代商务礼仪包含的基本知识、能力与素养。横向上遵循应行和应忌两条主线，使学生明确商务礼仪的实际应用标准，具有较强的实践性与实用性。

本书注重紧密融入思政元素，精心设计了学习目标、任务驱动、知识拓展、课内实训、知识测试、案例分析、例文与技能训练等应用性特色明显的模块，使整个学习过程形象直观，具有较强的实践性与训练性，既是一本便于教师开展理论教学与实践教学的"教材"，也是一本适合学生及商务人士自学现代商务礼仪知识的"学材"。

本书由太原学院管理系"商务礼仪"课程建设团队，张卫东教授与武冬莲、原敏二位讲师合作编写完成。在编写过程中，参考引用了大量相关文献资料，我们对这些文献的原创者表示真诚的感谢。由于作者学识、经验的局限，书中难免有疏漏和偏颇之处，真诚希望读者能够提出宝贵意见与建议。

目录 Contents

第1章 商务礼仪概述 ·················1
- 1.1 礼仪基础知识 ·················1
  - 1.1.1 礼仪的概念 ·················1
  - 1.1.2 礼仪的要素 ·················2
  - 1.1.3 礼仪的特点 ·················4
  - 1.1.4 礼仪的作用 ·················6
  - 1.1.5 礼仪的发展 ·················7
- 1.2 商务礼仪基础知识 ·················10
  - 1.2.1 商务礼仪的概念 ·················10
  - 1.2.2 商务礼仪的功能 ·················10
  - 1.2.3 商务礼仪的基本原则 ·················11
- 1.3 商务人员个人礼仪 ·················13
  - 1.3.1 商务人员个人礼仪的概念 ·················13
  - 1.3.2 商务礼仪修养 ·················14
- 知识测试与技能训练 ·················15

第2章 商务人员仪容与仪态礼仪 ·················17
- 2.1 商务人员仪容礼仪 ·················17
  - 2.1.1 商务人员仪容礼仪的概念 ·················17
  - 2.1.2 商务人员美发礼仪 ·················18
  - 2.1.3 商务人员面部礼仪 ·················19
  - 2.1.4 商务人员化妆礼仪 ·················20
  - 2.1.5 商务人员体貌仪容礼仪 ·················21
- 2.2 商务人员仪态礼仪 ·················22
  - 2.2.1 商务人员仪态礼仪的概念 ·················22
  - 2.2.2 商务人员坐姿礼仪 ·················23
  - 2.2.3 商务人员站姿礼仪 ·················25
  - 2.2.4 商务人员行姿礼仪 ·················27
  - 2.2.5 商务人员蹲姿礼仪 ·················28
  - 2.2.6 商务人员手势礼仪 ·················29
  - 2.2.7 商务人员表情礼仪 ·················32
- 知识测试与技能训练 ·················34

第3章 商务人员服饰礼仪 ·················37
- 3.1 商务人员服饰礼仪概述 ·················37
  - 3.1.1 商务人员服饰礼仪的概念 ·················37
  - 3.1.2 商务人员服饰礼仪的原则 ·················38
- 3.2 商务人员着装礼仪 ·················41
  - 3.2.1 男性商务人员着装礼仪 ·················41
  - 3.2.2 女性商务人员着装礼仪 ·················47
- 3.3 商务人员配饰礼仪 ·················50
  - 3.3.1 商务人员配饰礼仪的原则 ·················50
  - 3.3.2 商务人员常用配饰礼仪 ·················51
- 知识测试与技能训练 ·················53

第4章 商务求职礼仪 ·················55
- 4.1 书面求职礼仪 ·················55
  - 4.1.1 书面求职礼仪概述 ·················55
  - 4.1.2 求职信礼仪 ·················56
  - 4.1.3 个人简历礼仪 ·················57
- 4.2 非书面求职礼仪 ·················60
  - 4.2.1 电话求职礼仪 ·················60
  - 4.2.2 互联网求职礼仪 ·················60
- 4.3 面试礼仪 ·················61

  4.3.1 面试前礼仪 …………… 61
  4.3.2 面试中礼仪 …………… 62
  4.3.3 面试后礼仪 …………… 64
 知识测试与技能训练 ………………… 66
第5章 商务办公礼仪 ………………… 67
 5.1 商务办公室礼仪 ………………… 67
  5.1.1 商务办公环境礼仪 …… 68
  5.1.2 商务办公氛围礼仪 …… 68
 5.2 商务办公人员礼仪 ……………… 68
  5.2.1 商务办公人员个人礼仪… 68
  5.2.2 商务办公人员沟通礼仪… 69
 5.3 商务交通礼仪 …………………… 70
  5.3.1 步行礼仪 ……………… 70
  5.3.2 乘车礼仪 ……………… 71
  5.3.3 乘坐飞机礼仪 ………… 76
 5.4 商务差旅礼仪 …………………… 77
  5.4.1 预订与登记入住礼仪 … 77
  5.4.2 客房住宿与离店礼仪 … 77
 知识测试与技能训练 ………………… 78
第6章 商务交际礼仪 ………………… 80
 6.1 商务会面礼仪 …………………… 80
  6.1.1 商务介绍礼仪 ………… 80
  6.1.2 商务见面礼仪 ………… 87
 6.2 商务拜访礼仪 …………………… 93
  6.2.1 商务拜访的基本要求 … 93
  6.2.2 商务拜访的礼仪禁忌 … 95
 6.3 商务接待礼仪 …………………… 96
  6.3.1 商务接待的原则 ……… 96
  6.3.2 商务接待的准备 ……… 96
  6.3.3 常用商务接待礼仪 …… 97
 6.4 商务馈赠与接受礼品礼仪 ……… 100
  6.4.1 商务馈赠礼品礼仪 …… 100
  6.4.2 商务接受礼品礼仪 …… 102
 知识测试与技能训练 ………………… 103
第7章 商务语言礼仪 ………………… 105
 7.1 商务交谈的要求与技巧 ………… 105
  7.1.1 商务交谈的要求 ……… 105
  7.1.2 商务交谈的技巧 ……… 107
 7.2 商务通信礼仪 …………………… 112
  7.2.1 电话礼仪 ……………… 112
  7.2.2 互联网通信礼仪 ……… 116
 7.3 商务演讲礼仪 …………………… 118
  7.3.1 商务演讲的要求 ……… 118
  7.3.2 常用商务演讲礼仪 …… 121
 知识测试与技能训练 ………………… 122
第8章 商务文书礼仪 ………………… 124
 8.1 商务信函类文书礼仪 …………… 124
  8.1.1 信函类文书的分类 …… 124
  8.1.2 信函类文书的结构 …… 125
  8.1.3 一般信函类文书礼仪 … 125
  8.1.4 专门信函类文书礼仪 … 128
 8.2 商务帖类文书礼仪 ……………… 132
  8.2.1 请柬 …………………… 132
  8.2.2 聘书 …………………… 133
 8.3 商务致辞类文书礼仪 …………… 133
  8.3.1 欢迎词 ………………… 134
  8.3.2 开幕词 ………………… 134
  8.3.3 闭幕词 ………………… 135
 知识测试与技能训练 ………………… 136
第9章 商务会议礼仪 ………………… 138
 9.1 洽谈会礼仪 ……………………… 138
  9.1.1 洽谈会的概念 ………… 138
  9.1.2 洽谈会的准备工作 …… 139
  9.1.3 洽谈会的基本程序及
     礼仪要求 ……………… 139
  9.1.4 洽谈会语言礼仪 ……… 141
 9.2 新闻发布会礼仪 ………………… 141
  9.2.1 新闻发布会的概念 …… 141
  9.2.2 新闻发布会的准备
     工作 …………………… 142
  9.2.3 新闻发布会的基本程序及
     礼仪要求 ……………… 144
 9.3 赞助会礼仪 ……………………… 145
  9.3.1 赞助会的概念 ………… 145
  9.3.2 赞助会的准备工作 …… 145
  9.3.3 赞助会的基本程序及
     礼仪要求 ……………… 146
 9.4 展览会礼仪 ……………………… 147
  9.4.1 展览会的概念 ………… 147
  9.4.2 展览会的准备工作 …… 147

9.4.3　展览会的礼仪要求……149
9.5　茶话会礼仪……150
　　9.5.1　茶话会的概念……150
　　9.5.2　茶话会的准备工作……150
　　9.5.3　茶话会的基本程序及礼仪要求……153
知识测试与技能训练……153

第10章　商务仪式礼仪……155
10.1　签约仪式礼仪……155
　　10.1.1　签约仪式的概念……155
　　10.1.2　签约仪式的准备工作……156
　　10.1.3　签约仪式的基本程序及礼仪要求……158
10.2　开业仪式礼仪……159
　　10.2.1　开业仪式的概念……159
　　10.2.2　开业仪式的准备工作……159
　　10.2.3　开业仪式的基本程序及礼仪要求……161
10.3　剪彩仪式礼仪……165
　　10.3.1　剪彩仪式的概念……165
　　10.3.2　剪彩仪式的准备工作……165
　　10.3.3　剪彩仪式的基本程序及礼仪要求……166
10.4　庆典仪式礼仪……168
　　10.4.1　庆典仪式的概念……168
　　10.4.2　庆典仪式的准备工作……168
　　10.4.3　庆典仪式的基本程序及礼仪要求……169
10.5　交接仪式礼仪……170
　　10.5.1　交接仪式的概念……170
　　10.5.2　交接仪式的准备工作……170
　　10.5.3　交接仪式的基本程序及礼仪要求……171
知识测试与技能训练……173

第11章　商务宴请礼仪……174
11.1　商务宴请与赴宴礼仪……174
　　11.1.1　宴请的形式……174
　　11.1.2　宴请的组织及礼仪要求……176
　　11.1.3　赴宴礼仪……180
11.2　中餐宴会礼仪……183
　　11.2.1　中餐宴会桌次与座次礼仪……183
　　11.2.2　中餐宴会餐具使用礼仪……185
　　11.2.3　中餐宴会酒菜礼仪……187
　　11.2.4　中餐宴会茶饮礼仪……188
11.3　西餐宴会礼仪……189
　　11.3.1　西餐宴会桌次与座次礼仪……190
　　11.3.2　西餐宴会餐具使用礼仪……191
　　11.3.3　西餐宴会酒菜礼仪……193
　　11.3.4　西餐宴会进餐礼仪……194
　　11.3.5　咖啡饮用礼仪……195
知识测试与技能训练……196

第12章　国际商务礼仪……198
12.1　国际商务礼仪的概念和原则……198
　　12.1.1　国际商务礼仪的概念……198
　　12.1.2　国际商务礼仪的原则……198
12.2　部分国家的习俗和礼仪……204
　　12.2.1　日本的习俗和礼仪……204
　　12.2.2　韩国的习俗和礼仪……208
　　12.2.3　英国的习俗和礼仪……210
　　12.2.4　德国的习俗和礼仪……212
　　12.2.5　法国的习俗和礼仪……214
　　12.2.6　美国的习俗和礼仪……216
知识测试与技能训练……219

参考文献……221

第 1 章 商务礼仪概述

学习目标

知识目标：掌握礼仪的概念、要素、特点和作用，商务礼仪的概念、功能和基本原则；了解礼仪的发展、商务人员个人礼仪的概念、商务礼仪修养。

能力目标：通过不断进行礼仪练习，提升个人礼仪素养。

素养目标：正确认识学习礼仪和商务礼仪的必要性，真正做到学礼、懂礼、用礼。

任务驱动

扁善之度，以治气养生，则后彭祖；以修身自名，则配尧禹。宜于时通，利以处穷，礼信是也。凡用血气、志意、知虑，由礼则治通，不由礼则勃乱提僈；食饮、衣服、居处、动静，由礼则和节，不由礼则触陷生疾；容貌、态度、进退、趋行，由礼则雅，不由礼则夷固僻违，庸众而野。故人无礼则不生，事无礼则不成，国家无礼则不宁。《诗》曰："礼仪卒度，笑语卒获。"此之谓也。（节选自《荀子·修身》）

1.1 礼仪基础知识

学习礼仪既要知其然，也要知其所以然。先学礼仪的基础知识，了解礼仪的概念、要素、特点、作用和发展，从而明白学习礼仪的必要性和重要性。

1.1.1 礼仪的概念

1. 广义的礼仪

广义的礼仪是指社会成员在社会生活中形成的作为行为规范和交往仪式的礼制及待人接物之道，即把尊重之情通过美好的仪表、仪式表达出来。广义的礼仪包括礼、礼貌、礼节、行礼仪式等内容。

（1）礼。礼是表示敬意的统称，是人们在社会生活中处理人际关系并约束自己的行为以表示尊重他人的准则。

（2）礼貌。礼貌是礼的行为规范，是人际交往中相互表示敬重和友好的规范行为，包括语言和行为两个方面，通过仪表、仪容、仪态及言谈举止来体现。礼貌体现了时代风尚和道德规范，表现了一个人的品质和素养，也体现了一个人的文化层次和修养。

（3）礼节。礼节是礼的惯用形式，是指人们在交往过程中表示问候、致意、祝愿、尊敬和慰问的惯用规则和形式。礼节是礼貌的具体表现形式，是礼貌在语言、行为、仪态等方面的具体表现。二者的关系是：没有礼节，就无所谓礼貌；有了礼貌，就必然伴随具体的礼节。讲礼貌、懂礼节是人内在品质与外在形式的统一。

（4）行礼仪式。人们常常简称行礼仪式为礼仪或仪式，是礼的比较隆重的仪式，也是礼的比较规范的秩序形式，即为表示敬意或隆重，在一定场合举行的、具有专门秩序的规范化活动，如签约仪式、奠基仪式、典礼仪式等。

综上所述，广义的礼仪包括礼、礼貌、礼节、行礼仪式，其本质都是表示对他人的尊重、敬意和友好。礼貌、礼节、行礼仪式都是礼的具体表现形式，礼貌是礼的行为规范，礼节是礼的惯用形式，行礼仪式是礼的比较隆重的秩序仪式。可以说，礼仪就是礼、礼貌、礼节的仪式化或形式化的表达与表现。

2．狭义的礼仪

狭义的礼仪仅指行礼仪式，是指人们在各种社会交往中，尤其是在规模较大或比较隆重的场合，为了表示重视、相互敬重而约定俗成、共同认可的合乎社交和道德规范的仪式。它是社会交往中在礼遇规格、礼宾次序等方面应遵循的礼貌、礼节要求。

从礼仪的本质含义和实践运用出发，综合各类观点和研究成果，本教材中的礼仪是指包括礼、礼貌、礼节、行礼仪式在内的广义的礼仪。

1.1.2　礼仪的要素

1．礼仪的主体

礼仪的主体是指各种礼仪行为和礼仪活动的操作者和实施者。任何礼仪都必须有人操作和实施。

（1）礼仪主体的类型。礼仪的主体包括个人和组织两种基本类型。当礼仪行为或活动规模较小或比较简单时，礼仪的主体通常是个人。例如，年少者在路上遇到年长者，向年长者问好，年少者就是礼仪行为的主体。当礼仪行为或活动规模较大或比较隆重时，礼仪的主体通常是由组织充当的，如在举办奥林匹克运动会时，发出邀请的礼仪的主体是举办国。

对个人来说，礼仪是人们在社会生活中处理人际关系时约束自己、尊重他人的准则，也是一个人对自己、对他人、对集体、对自然、对国家、对社会的尊重之意和热爱之情。这些准则和情感通过得体、美好的言谈举止、仪表仪式表达出来，就是礼仪。

对组织来说，礼仪是正式交往活动中遵循的一种行为准则和语言规范。

（2）礼仪主体的代表者。礼仪主体的代表者是代表礼仪主体进行礼仪操作和实施的人。当礼仪行为或活动规模较大、规格较高时，对于组织身份的礼仪主体，其礼仪行为或礼仪活动不可能靠组织自身完成，必须由具体的人进行操作和实施，或者说由具体的人代表组织进行操作和实施，这就是礼仪主体的代表者。组织在选择礼仪主体的代表者时应考虑以下两个方面：一是代表者是否具备相应的资格和能力，能够真正代表组织操作和实施礼仪；二是代表者是否能够被礼仪的对象认可，有利于巩固并发展主客体之间的良好关系。

2．礼仪的客体

礼仪的客体即礼仪的对象，是指各种礼仪行为和活动的指向者或接受者。当中华人民共和国国歌响起时，我们庄重严肃——祖国是我们礼仪的对象；当教师走进教室准备上课时，学生全体起立——教师是学生礼仪的对象。礼仪的对象可以是无形的，也可以是有形的；可以是具体的，也可以是抽象的；可以是物质的，也可以是精神的；可以是人，也可以是物。

3．礼仪的媒体

任何礼敬思想、礼仪行为和礼仪活动都必须借助一定的媒介才能表现出来，这种媒介就是礼仪的媒体。礼仪的媒体是多种多样、千差万别的，归纳起来，可以分为言语交际符号和非言语交际符号两大类，如图 1-1 所示。

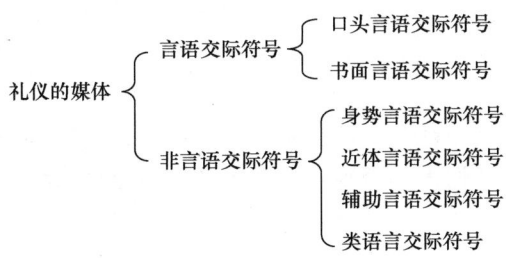

图 1-1　礼仪媒体的类型

言语交际符号主要包括口头言语交际符号和书面言语交际符号，其中口头言语交际符号是指礼仪的有声语言表达；书面言语交际符号是指礼仪的书面表达。

非言语交际符号主要指除口头、书面等言语交际符号外的其他媒体，包括身势言语交际符号、近体言语交际符号、辅助言语交际符号和类语言交际符号，其中身势言语交际符号是指人们在交际过程中，通过面部表情、手势或其他肢体语言表达的礼仪思想；近体言语交际符号是指人们在交际过程中，交际者之间的空间距离表达的礼仪思想；辅助言语交际符号是指人们通过说话时的音调、音量、节奏、变音、转调、停顿等信息表达的礼仪思想；类语言交际符号是指那些有声而没有固定意义的声音。

在具体的礼仪实践中，通常将不同类型的礼仪媒体交叉结合、配套使用，往往呈现出丰富多彩的礼仪情景。

4．礼仪的环境

任何礼仪行为和活动都是在特定的时间和空间条件下进行的，这种特定的时间和空间条件就构成礼仪的环境。《礼记·曲礼上》指出，"礼从宜，使从俗"，就是说行礼要从实际出发，遵循适宜的原则，出使在外要遵循当地的习俗。礼仪环境的内容包罗万象，从宏观上看，包括自然环境和社会环境两个方面；从微观上看，不同时间、不同地点、不同事件、不同场合，礼仪的要求和表现形式也有所不同。

礼仪环境对礼仪的制约作用一般体现在两个方面：一是实施何种礼仪要由环境决定；

二是具体礼仪如何实施也要由环境决定。在礼仪活动中，个人或组织初步确定礼仪类型后，要根据礼仪环境，对实施礼仪的规模大小、程序繁简、规格高低进行整体考虑和妥善处理。

5．礼仪的本质

礼仪的本质是社会关系的体现，是通过某些规范化的行为反映人与人之间真诚、尊重、敬爱、友好、体谅、和谐的社会关系。在特定社会形态下，礼仪还可以反映人与人之间长幼、尊卑、主仆、贵贱、等级、资历等物质利益关系。

6．礼仪的实质

礼仪的实质是一种行为准则或规范。人们一旦进入某种特定领域，就要按照那里的习俗和行为规范去行动，否则就是不合乎礼仪的。礼仪准则和规范是一定社会中人们约定俗成、共同认可，并用语言、文字、动作等进行准确描述和规定的行为准则，并成为人们自觉学习和遵守的行为规范。

7．礼仪的目的

礼仪的目的是体现社会交往各方的彼此尊重，从而实现人们社会关系的和谐。一个人只有尊重他人，才可以得到他人的尊重，也只有在这种互相尊重的过程中，人与人之间的和谐关系才会逐步形成。

8．礼仪的宗旨

礼仪的宗旨是使大家都感到舒适。正如清代著名学者辜鸿铭所言："礼貌的本质是什么？就是体谅、照顾他人的感情。"中国人有礼貌是因为我们过着心灵的生活，完全了解自己这份情感，很容易将心比心，推己及人，显示出体谅、照顾他人情感的特性。中国人的礼貌是令人愉快的，是一种发自内心的礼貌。

1.1.3 礼仪的特点

1．继承性和时代性

礼仪是人类在交际活动中形成、发展和完善的，是维护正常社会秩序的经验结晶，因此必然被人类世代相传。中华民族修礼、崇礼、习礼的传统美德经过几千年传承和发展，已经将人们在长期生活及交往中的习惯、准则固定并沿袭下来，形成人们的一种心理习惯，并形成一定的观念定式、思维定式和价值标准定式，最终通过实践活动表现出来。现代礼仪与传统礼仪之间存在千丝万缕的联系，许多传统礼仪在今天仍然广泛传播和运用。

礼仪作为一种文化范畴，必然具有浓厚的时代特色，礼仪文化是一个时代的写照。在传承和发展过程中，礼仪一方面传承优秀的礼仪文化内容，另一方面随着时代的发展而积极进行调整与变革，大力吸收和推广现代礼仪的新观念，用现代礼仪的新风俗取代腐朽愚昧的旧风俗，因此它不仅有继承性的一面，也有时代性的一面。

温故知新

曾子避席

仲尼居，曾子侍。子曰："先王有至德要道，以顺天下。民用和睦，上下无怨。汝知之乎？"曾子避席曰："参不敏，何足以知之？"（节选自《孝经》）

在这里，"避席"是一种非常礼貌的行为，当曾子听到老师要向他传授知识时，就站起身来，走到席子外向老师请教，这是为了表示他对老师的尊重。

 课内实训 1-1

请举出一个至今仍在使用的传统礼仪实例，以及一个随着时代发展已经有所变革的传统礼仪实例，以说明礼仪具有继承性和时代性的特点。

2. 共通性和差异性

礼仪是基于人类共同生存、生活、相处、交往的需要而产生、发展与不断完善的，因此，礼仪必然带有共通性。同时，礼仪作为一种约定俗成的行为规范，其运用要受到时间、地点和环境的约束，同一礼仪会因时间、地点或对象的变化而有所不同，这便是礼仪的差异性。礼仪的差异性也体现为一种客随主便的要求，即处于客位的礼仪当事人必须遵循处于主位的礼仪当事人所在地的礼仪规范（这里的主客位是根据礼仪活动所在地域来划分的）。例如，握手礼在当今世界普遍流行，但在佛教国家及佛教人士中就不宜行握手礼，而应行合十礼。军礼只在军队、军人中施行。

案例 1-1

百合花与婚礼

在某中日合资企业任职的金小姐去日本参加展会时，顺便参加了日本同事的婚礼。金小姐特意买了一束白色的百合花，想祝新人百年好合，爱情纯洁美好。没想到，当她走进婚礼大厅时，所有宾客都向她投来惊异的眼光。

案例解析：在日本，百合花一般在办理丧事时使用。礼仪的差异性体现为客随主便的要求，因此我们应提前了解当地风俗习惯和礼仪禁忌，避免失礼。

3. 规范性和等级性

礼仪最基本的功能是规范各种行为，正所谓"有所为，有所不为"。规范性是礼仪的本质特点，表现为语言的规范性、行为的规范性，是商务人员在进行商务活动时必须遵守的相关规矩和标准。

等级性是指礼仪是划分一定等级的，礼仪的等级与礼仪的主体和客体的等级相称。礼仪的等级性表现为不同身份、地位的人士礼宾待遇不同。当然，这并不意味着尊卑贵贱，而是现代社会正常交往秩序的表现，反映了人们的社会身份和角色规范的不同。

4. 民族性和国际性

不同国家和地区有着不同的礼仪规范，每个民族都有自己的文化特色和习俗，特定的民族文化会赋予礼仪别具一格的特色与魅力。同时，随着现代科技的进步，国家与国家之间、人与人之间的交往越来越密切，地域和文化交流限制所造成的民族礼仪规范差异逐渐被打破，我国与世界各国的交流在广度和深度上前所未有，因此，学习世界各国和各民族的礼仪和习俗就显得十分必要。我们要在继承和发扬中华民族优秀文化传统的基础上，主动了解、吸收世界文化的优秀成果，逐步形成一套具有中国特色的、与世界礼仪接轨的现代礼仪。

1.1.4 礼仪的作用

当今社会，礼仪既是塑造高尚人格的途径，又是追求事业成功的手段；既是打开交际大门的钥匙，又是密切人际关系的纽带；既是良好社会秩序的基石，又是社会发展的助推器。概括来说，礼仪的作用主要体现在以下四个方面。

1. 礼仪是社会行为的通用规范

礼仪是社会生活中人们共同遵守的最基本的行为规范，也是千百年来人类社会道德修养与人生智慧在处世方式上的心理认同和行为体现。对于个人，礼仪是一个人的思想道德水平、文化修养和交际能力的外在表现；对于社会，礼仪是一个国家和地区生活习惯、道德风尚的综合反映，是社会文明程度的重要标志。

2. 礼仪是人际关系的纽带

从交际的角度看，礼仪是人际交往中适用的一种交际方式或交际艺术。可以说，礼仪是人际交往的一把"金钥匙"，是人际关系和谐的"润滑剂"。

交往之初，双方对彼此不太了解，因此不可避免地产生了某种戒备心理或距离感。如果交往双方在交往中都能做到施之以礼、应之以礼，则可以在一定程度上消除交往双方的心理隔阂，拉近双方的距离。注重交往礼仪，无疑会增加对方对自己的好感，从而为以后的进一步交往奠定良好的基础。横眉冷对、出言不逊、高傲冷漠，可能造成气氛紧张、矛盾横生，生活会因此变得索然无味，工作也会困难重重。

3. 礼仪是形象塑造的手段

从审美的角度看，礼仪可以说是一种形式美，是人心灵美的必然外化。"礼"表达的是敬人的美意，"仪"展现的是表达这种美意的形式。礼仪规范是对人的美好形象的一种设计，施礼是对美的形象的塑造与展示，礼仪形象是人们社会身份识别最重要的符号。因此，从个人的角度分析，应从重视自身形象和获得别人欢迎的角度来对待礼仪。

从企业的角度分析，礼仪与企业的成功息息相关，一家企业中员工的形象，往往决定人们对这家企业的整体印象。潜在客户会通过员工的礼仪形象与行为来判断企业形象；商务活动中的礼仪形象，大到合体的衣着、合宜的行为举止，小到一个微笑、一个眼神体现的修养与内涵，都会直接影响企业的发展与成败。因此，比尔·盖茨说："在市场竞争环境下，现代竞争首先是人素质的竞争。"

4. 礼仪是商务活动成功的关键要素

礼仪就是在人际交往中以一定的约定俗成的方式来表现律己敬人的过程，如何通过自然、得体的行为举止、言语、表情神态让对方感到舒适，是决定商务活动成败的关键要素之一。在现代职场，一个知礼懂礼、举止优雅、自信有度的人，能赢得上司、同事、客户的尊重和敬佩；而一个不修边幅、不能给人留下良好礼仪印象的人必定被职场淘汰，更会因此失去许多成功的机会。世界著名形象设计师英格丽说："很多有价值的学习和成长机会就存在于那些最不引人注意的礼仪细节中，如修饰、握手、递接名片。它们看起来如此平凡，无关大局，但都是筑成你迈向成功这一大堤的一撮泥土。"不注意礼仪细节，那些看似微小的细节就会吞噬你的职业形象魅力。

知识拓展

现代社交"十不要"

1.1.5 礼仪的发展

礼仪的历史是漫长而久远的。作为人类社会的行为规范，礼仪随着人类社会的产生而产生，并随着经济的发展、社会的进步而不断前进。中国有五千多年的历史，中华文明源远流长。中国作为四大文明古国之一，被誉为"文明古国，礼仪之邦"，一直极为重视礼仪。礼仪在传承沿袭过程中不断发生变革。中华礼仪主要由两部分组成：一为礼制，即国家的礼仪制度；二为礼俗，即民间形成的礼仪习俗。礼制主要维护国家的统一和兴旺发达，而礼俗则使社会井然有序，充满温馨和美好。二者相辅相成，共同保证了人际交往和社会生活的有序进行。

1. 原始社会时期的礼仪

中国的礼仪起源于氏族公社举行的祭祀活动，是用来敬奉神明的。在原始社会，生产力水平极端低下，人们靠"天"吃饭，还处在蒙昧时代。当时，人们的知识水平有限，无法对自然现象及人类行为等做出合理的解释，于是，在敬畏大自然、崇拜祖先、祭天敬神中萌发了最原始的礼仪。

原始社会时期的祭祀仅以祭天、敬神为主，祭祀活动与形式随着文字的产生及生产力的发展而发展。郭沫若在《十批判书》中指出："礼之起，起于祀神，其后扩展而为人，更其后而为吉、凶、军、宾、嘉等多种仪制。"

2. 奴隶社会时期的礼仪

随着原始社会的解体，人类进入奴隶社会，社会生产力得到很大提高，社会文明进一步发展，人与人、人与自然之间的关系也更加深入和复杂。仅作为一种祭祀形式的"礼"开始打上阶级的烙印，礼仪从单纯事神的领域跨入事人的领域，礼仪的含义也随之有所变化。奴隶主阶级将原始社会的宗教仪式发展成符合当时社会政治需要的礼制，制定了比较完整的国家礼仪和制度，对人们的社会生活进行全面干预。

周朝的《礼仪》《周礼》《礼记》是被后世称道的"三礼"。其中，《礼仪》分为冠、婚、丧、祭、射、乡、朝、聘八礼，多为礼俗；《周礼》为天官、地官、春官、夏官、秋官、冬官之职掌，实则经纬万端，包举万事万物，是一部治国安邦之汇典；《礼记》的主要内容是阐述礼仪的作用和意义。从典籍中我们可以知道，在周朝，礼除了用于祭祀，还作为治国之本。《礼记·经解》中说："故朝觐之礼，所以明君臣之义也。聘问之礼，所以使诸侯相尊敬也。丧祭之礼，所以明臣子之恩也。乡饮酒之礼，所以明长幼之序也。昏姻之礼，所以明男女之别也。""三礼"对后世治国安邦、施政教化、规范行为、培育人格都起到了不可估量的示范作用。周朝礼仪的内容充分反映了上古时期中华民族的尚礼精神。后来，儒家从伦理道德上对其加以阐释，使其更加深入人心，深刻影响着世世代代炎黄子孙的心态、仪表和交际行为。

3．春秋战国时期的礼仪

春秋战国时期，"礼崩乐坏"。诸侯不愿再受约束，纷纷废弃礼法，实行法治，于是有人提出了"仪"这一概念。据《左传·昭公五年》记载，鲁昭公到晋国去访问，晋平公对女叔齐说，鲁昭公很懂得礼，女叔齐却不以为然，答道："鲁昭公哪里知礼？"晋平公觉得很奇怪，就反问道："鲁昭公从郊劳一直到赠贿，从没有失礼之处，为何说他不知礼？"女叔齐说："鲁昭公在外交上善于应酬，那只不过是仪，根本算不上礼。"在他看来，礼乃立国治政的大法，仪是指一种礼节、仪式、仪文。这在当时是较流行的观点。齐国的晏子认为："在礼，家施不及国、民不迁、农不移、工贾不变、士不滥、官不滔、大夫不收公利。"礼可以治国，能改变政局发展的趋势。在先秦时代人们的心目中，礼和仪的含义是不同的。不过，在当时礼和仪也很难明确区分，所谓的"礼"中也包含着一定成分的"仪"。

4．封建社会时期的礼仪

到了封建社会，礼仪逐渐成为统治阶级进行封建统治的工具。有些还以法律的形式固定下来，形成"礼制"，成为束缚人们行为的工具，如"三纲五常""三从四德"等。古代封建礼制指的是通过礼仪定式与礼制规范塑造人们的行为与思想，通过法律的惩罚维护礼法的绝对权威。封建礼仪制度对于中国文化的传承和保留有着深远影响，如现代婚礼、葬礼、节庆等重要活动中仍然保留着一部分古代的礼仪仪式。

知识拓展

"三纲五常"与"三从四德"

5．新民主主义时期的礼仪

辛亥革命在推翻了封建帝制的同时，也结束了封建礼制，"五四"新文化运动使中华民族开始了新文化建设征程。随着无产阶级的觉醒，社会主义礼仪具备了雏形，如中国共产党领导的人民军队的"三大纪律，八项注意"。

6．新中国成立后的礼仪

新中国成立后，在人民内部，合作代替了对抗，互助、互利代替了尔虞我诈，建立起真正平等、亲密的关系，由此建立了新的礼仪规范。改革开放以来，人们对礼仪重新进行了文化审视和理性思考，不仅汲取了西方文明的优秀成果，而且使东西方文化和东西方礼仪有机地交融，逐步完善和发展，逐渐形成了具有中国特色的现代礼仪。

现代礼仪是一个异常庞杂的社会文化系统，各类内容相互渗透交叉，往往难以清楚界定，其名称也众说纷纭。按照现代礼仪的适用范围，可以粗略地将其划分为人生礼仪、个人礼仪、家庭礼仪、服务礼

知识拓展

现代礼仪的常见分类

仪、政务礼仪、商务礼仪、社交礼仪、宗教礼仪、职场礼仪和国际礼仪等类型，各种类型虽然适用范围有所不同，但究其根本，都蕴含着相同的现代礼仪特点。

（1）扬弃传统，与时俱进。一方面，现代礼仪抛弃了旧礼制禁锢个性、束缚思想的枷锁，继承了传统文化的精华。以"三纲五常"为核心的等级观念和以"三从四德"为中心的男尊女卑观念，逐渐成为妨碍人们个性发展、阻挠人们自由交往的枷锁，被时代抛弃。在现代社会精神文明建设中，在新型的人与人之间的关系中，现代礼仪借鉴并继承了传统礼仪的精华，如"责己严、待人宽""温良恭俭让""尊老爱幼"等传统行为规范也被今人所推崇。另一方面，在扬弃传统礼仪的同时，现代礼仪也不断推陈出新，为中华礼仪赋予了越来越浓厚的时代色彩。例如，生日蛋糕、西式婚礼、婚纱礼服、父亲节、母亲节、感恩节、情人节等"舶来品"也日渐融入中国人的礼仪形式之中。

（2）简化实用，达意传情。随着经济的发展、生活节奏的加快，现代礼仪呈现出注重传情达意内核、简化烦琐形式的趋势。传统礼仪中的许多繁文缛节，在现代社会被日渐简化，具有了新的形式。例如，古代交际礼仪中的"拜"，适用于古代慢节奏的社会生活，而在现代社会重时间、讲效率的条件下显然是不合适的，取而代之的是握手、点头、微笑等适应现代快节奏生活的礼仪方式。

（3）内容创新，形式新颖。随着知识经济和信息技术的快速发展，经济全球化趋势不断增强，社会交流手段和方法越来越多。人们除了利用传统媒介进行礼仪的表达，还利用电视、电话、互联网等现代通信手段来传情达意。电话问候、短信拜年、电视广播点歌、网上祭奠、邮政礼仪（邮政礼仪贺卡、礼仪电报、礼仪鲜花、礼仪蛋糕等）、网络礼仪等新型礼仪形式应运而生，既体现了高效率、快节奏的时代旋律，也体现了礼仪文化的生命力和革新精神。

 课内实训 1-2

请举出六种新颖的现代拜年方式，谈谈各种拜年方式主要适用于哪些礼仪对象。

（4）日渐趋同，互相包容。尽管世界各国的礼仪规范不尽相同，但是随着世界经济一体化的迅速发展、社会交往的日益频繁，出于顺畅沟通和避免误会的考虑，世界各国的礼仪规范有一个融合和趋同的过程。这种趋同化的礼仪发展将减少文化、价值观、风俗习惯等差异造成的矛盾和冲突，加快各国交流发展的步伐。

案例 1-2

鸣放礼炮的次数

按照国际惯例，鸣放礼炮分为鸣放庆典礼炮和迎宾礼炮两种。鸣放迎宾礼炮是隆重迎送国宾仪式上的一种最高规格的礼遇。欢迎外国元首，鸣放礼炮 21 响；欢迎外国政府首脑，则鸣放礼炮 19 响，以示不同的礼遇。我国在人民大会堂东门外广场上举行的欢迎来访外国国家元首和政府首脑的仪式上鸣放礼炮。

案例解析：世界各国的礼仪规范既有差异性，也有共通性，礼仪的目的是表示尊重，而不是特定的行礼仪式本身。通用的礼仪能够减少尴尬和误会的产生，促进各国友好往来。

礼仪的形成和发展是人类文明和进步的结晶与标志，使人从愚昧中走出。礼仪在其发展和演变的过程中，作为一种无形的力量，调节各种社会关系，制约人们的行为，在一定程度上促进了社会和谐。虽然礼仪随着时代的发展和变化有所演变，但其中所蕴含的基本理念，如尊重、诚信等从来都没有改变。

1.2 商务礼仪基础知识

商务即商务活动，是商品交换及与之相关的一系列活动的总称。对于现代企业，学习商务礼仪、普及商务礼仪，已成为企业提高美誉度、提升核心竞争力的重要手段。

1.2.1 商务礼仪的概念

商务礼仪是指在商务活动中，商务活动主体以一定的、约定俗成的程序、方式来维护企业形象或个人形象，表示对交往对象的尊重和友好的行为规范和惯例。商务礼仪的实质是一般礼仪在商务活动中的运用和体现，是人们在商务场合中适用的礼仪规范和交往艺术。

商务礼仪是一个较为宽泛的概念，它包括商务场合所需的各种职业素质和交流沟通技巧，涵盖日常工作的方方面面。对企业来说，它是管理水平和员工素质的综合体现。本教材中的商务礼仪基本知识与技能主要包括商务人员个人礼仪（仪容、仪态、服饰礼仪）、商务求职礼仪、商务办公礼仪、商务交际礼仪、商务语言礼仪、商务文书礼仪、商务会议礼仪、商务仪式礼仪、商务宴请礼仪、国际商务礼仪等内容。

1.2.2 商务礼仪的功能

商务礼仪体现在商务活动的方方面面。充分发挥商务礼仪的功能，对商务活动的顺利进行具有积极的作用。

1．公关营销，塑造形象

良好的形象和得体的礼仪是商务人员的第一张名片，良好的礼仪能给对方留下良好的第一印象，充分展示商务人员良好的教养与优雅的风度，更好地向交往对象表示恭敬友好之意，是展示良好形象的一条有效途径。

对于企业，商务礼仪不仅反映了员工的个人素质、能力和教养，更展示了企业的文明程度、管理风格、道德水准和企业形象。现代市场竞争除了产品竞争，更是形象竞争。商务人员注重礼仪，既是个人和组织良好素质的体现，也是企业实施公关营销、塑造企业形象的有效途径。

对于国家，其形象通常是由其国民赋予的，具有积极精神风貌、良好礼仪举止的公民会使他的国家备受赞誉。

2．传递信息，有效沟通

礼仪是一种信息，可以表达尊敬、友善、真诚的感情。在商务活动中，恰当的礼仪可以获得对方的好感、信任，进而推动事业的发展。

商务沟通既包括人与人之间的沟通，也包括企业与企业之间的沟通。误解的产生多由沟通不畅造成，究其根源，通常是不懂礼仪。从某种程度上说，商务礼仪是商务交往和谐发展的调节器。重视商务礼仪，有助于增强人们之间的尊重与信任，促进友好合作，消除沟通中的障碍。

> **案例 1-3**
>
> **秀才买柴**
>
> 有一个秀才去买柴，他对卖柴的人说："荷薪者来！"卖柴的人听不懂"荷薪者"是什么意思，就愣在那儿，不敢朝秀才走过去，于是秀才只好自己走上前去问："其价如何？"卖柴的人听不太懂这句话，但是听懂了"价"字，就告诉秀才价格。秀才接着说："外实而内虚，烟多而焰少，请损之。"卖柴的人更加困惑了，挑着柴转身要走。见卖柴的人要走，秀才急了，一把抓住卖柴人的柴担，说："你这柴表面上看起来是干的，里头却是湿的，烧起来肯定会烟多火焰小，请减些价钱吧！"
>
> 案例解析：秀才和卖柴的人沟通语言不一致，使买卖不顺畅，这说明良好的沟通是一系列商务活动成功的关键，而礼仪修养无疑是其中的重要推进器。

3．规范行为，凝聚人心

礼仪最基本的功能是对人们的行为规范起到约束作用。商务礼仪使企业的规章制度、规范和道德具体化为一些固定的行为模式，从而强化这些规范。企业的各项规章制度既体现了企业的道德观和管理风格，也体现了礼仪的要求。员工在企业制度范围内调整自己的行为，实际上就是在固定的商务礼仪中自觉维护和塑造企业的良好形象，培养自豪感，增强归属感，从而增强企业的凝聚力。同时，良好的礼仪形象也可以对客户起到强有力的吸引和感染作用。

1.2.3 商务礼仪的基本原则

在商务场合中，礼仪名目众多，细则纷繁复杂。如何运用商务礼仪才能发挥礼仪应有的效用，创造最佳人际关系，同遵守礼仪原则密切相关。商务礼仪的基本原则主要体现在以下四个方面。

1．真诚敬人

孟子曰："恭敬之心，礼也。"尊敬是礼仪情感的基础。在商务活动中，运用礼仪必须言行一致、表里如一，以真诚的态度表达自己的尊重和认可。有人也称之为"重视对方"的原则，即"充分考虑别人的兴趣和感情"。正如梁漱溟先生所说："礼的要义，礼的真意，就是在社会人生各种节目上要沉着、郑重、认真其事，而莫轻浮随便苟且出之。"

> **案例 1-4**
>
> 美国经理在法国
>
> 某美国公司的经理被派往法国的分公司任职，他对其法国同事直呼其名，甚至拍他们的肩膀，而且不愿花力气学法语，在开会时翻译和速记员成了他的左膀右臂。两年以后，分公司经营状况很差，这位美国经理被撤换，原因是他难以与法国同事共事，在很大程度上影响了分公司的发展。在法国，只有相互非常熟悉和关系非常好的人才直呼其名和拍打对方的肩膀，而且法国人也有坚持用法语的礼仪要求。这位经理在法国仍然坚持在美国的做法，伤害了法国同事的民族感情，是极不礼貌的行为。
>
> 案例解析：在现代跨国经营、管理和交往过程中，想要快速进入角色，开展相关工作，需要提前做好准备，入乡随俗、尊重对方，这样才能获得成功。

2．谦和宽容

"谦和"就是谦虚、友善、随和。"宽容"就是宽待包容、心胸坦荡、豁达大度，能设身处地为他人着想，谅解他人的过失，不计较个人的得失，有很强的容纳意识和自控能力。《荀子·劝学》说："礼恭，而后可与言道之方；辞顺，而后可与言道之理；色从，而后可与言道之致。"就是说只有举止、言谈、态度都谦恭有礼时，才能从别人那里得到教诲。从事商务活动时，只有谦恭有礼、热情大方、宽以待人，才会具有强大的人际吸引力和人际关系协调能力。

> **案例 1-5**
>
> 周总理理发
>
> 有一次，周总理去一个理发店理发。理发师理完头发，正在给周总理刮胡须时，周总理突然咳嗽了一下，锋利的剃须刀立刻在周总理的脸上划开了一道小口子。理发师见到把周总理的脸划破了，十分紧张，又感到很愧疚，双手都不知道放在哪里好了。周总理边让人处理剃须刀划出的伤口，边和蔼地说："没事没事，这不怪你，是我的问题，我咳嗽没有提前跟你讲，你在给我刮胡须，也不知道我要动啊。"
>
> 案例解析：越是小事、细节，越能反映一个人的品德。周总理站在理发师的角度思考问题，谅解、宽容他人的过失，是谦和宽容的直接体现。

3．尊重为本

自尊是尊重的出发点，商务交往中的自尊是通过言谈举止、待人接物、衣着打扮等方方面面表现出来的。尊重他人是商务礼仪的基本原则。在现代商务活动中，要将良好的礼仪规则内化于心，成为个人素质的一部分。正所谓"君子不失足于人，不失色于人，不失口于人"，有道德的人待人应该彬彬有礼，态度不能粗暴傲慢，更不能出言不逊。例如，赠送商务礼品时，对礼品精心包装，代表郑重其事，被视为对被送礼者的重视，是尊重对方的表现。粗糙的包装或不包装则会降低礼品的档次，而且失敬于对方。

第1章 商务礼仪概述

温故知新

苏联小姑娘安妮娜

英国著名戏剧家、诺贝尔文学奖获得者萧伯纳有一次访问苏联，在莫斯科街头漫步时遇到了一位聪明伶俐的苏联小姑娘，便与她玩了很长一段时间。分手时，萧伯纳对小姑娘说："回去告诉你妈妈，今天同你一起玩的是世界著名的萧伯纳。"小姑娘望了望萧伯纳，学着大人的口气说："回去告诉你妈妈，今天同你一起玩的是苏联小姑娘安妮娜。"这使萧伯纳大吃一惊，立刻意识到自己太傲慢了。后来，他经常回忆起这件事，并感慨万分地说："无论一个人有多大的成就，都应该对任何人平等相待，要永远谦虚。这就是苏联小姑娘给我的教训，我一辈子也忘不了她。"

4．适度得体

商务交往中的礼仪，要特别注意把握分寸，认真得体，恰到好处，不能过分。过犹不及，适得其反。在商务交往中，良好的沟通和理解是建立和谐人际关系的重要条件，但如果不善于把握沟通时的感情尺度，交往缺乏适度的距离，就会适得其反，所谓"礼过盛者，情必疏"。在商务交往中，我们既要注意彬彬有礼、热情大方，也要注意不轻浮谄媚、卑躬屈膝，只有这样才能真正赢得对方的尊重，达到沟通的目的。

1.3 商务人员个人礼仪

美好的个人形象，是一个人的无形资产，也是商务人员成功进行商务交往的基础。礼仪的核心在于以适当的途径敬人，商务人员要秉持以礼待人的思想，追求以礼待人的效果，必须注重个人形象的塑造与维护。

1.3.1 商务人员个人礼仪的概念

商务人员个人礼仪是指在商务礼仪活动中，与个人形象的设计、塑造及维护有关的具体规范，由仪容、仪表和仪态三部分组成，主要涉及个人的相貌、身高、体型、服饰、语言、行为举止、气质风度及文化素质等内容。

从表面上看，个人礼仪似乎只涉及个人衣着打扮、举手投足之类的细节，但细节之处显精神，言谈之中见文化。个人礼仪作为一种社会文化，不仅事关商务人员个人的精神风貌、文化素养、人生阅历、工作态度、个人能力等，而且事关所在企业的整体形象，甚至影响所在企业商务活动的效益。因此，商务人员必须提升个人礼仪素养，强化个人礼仪观念，重视个人礼仪学习。这既是商务人员成功实现商务活动目的的前提，也是个人实现修身、齐家、报国的必由之路。

商务人员学习个人礼仪，需要遵循三项基本原则：一是塑造个人形象要考虑自身特点；二是塑造个人形象要适应所处的具体时空；三是塑造个人形象要遵循各种约定俗成的规范。三者相辅相成，缺一不可。

商务人员个人礼仪不是简单个体行为的表现，也不能一蹴而就。商务人员需要严于律己，坚持不懈地努力学习礼仪规范，不断总结与体会礼仪的本质，使自己的个人形象日臻完善。

1.3.2 商务礼仪修养

商务礼仪修养是指商务人员为了实现一定的商务社交目的，按照一定的礼仪规范要求，并结合自己的实际情况，在个性、道德品质、文化底蕴、心理素质等方面进行的自我锻炼和自我改造。它既是商务人员在商务活动中应该遵守的行为规范与准则，也是商务人员在商务活动中待人接物素质和能力的综合体现。

1．学练礼仪修养

礼仪修养不是先天具备的，商务人员的良好礼仪形象主要是通过长期学习、训练和积累逐渐形成的。礼仪修养可以通过自我学习、自我磨炼、自我培养形成，也可以借助他人的指导来学习、提升。通常来讲，二者结合效果最好。

礼仪是实践性、应用性很强的知识和技能，学习礼仪的目的在于应用，只有边学边用、学用结合，才能更好地理解各种礼仪的要领和价值，培养自己的礼仪习惯，有效地提升自己的礼仪修养。当然，知易行难，改变要从一点一滴做起，要在自我修正中不断强化。

2．锤炼道德品质

道德品质也称"德性"，简称"品德"。它是个人在道德行为中表现出来的比较稳定的、一贯的特点和倾向，是一定社会的道德原则和规范在个人思想和行为上的体现，由道德认识、道德情感、道德信念、道德意志和道德行为等要素构成。礼仪修养与道德修养是密不可分的。一个人礼仪修养水平的高低，是受其道德修养水平制约的。修礼先修德，只有达到较高的思想境界，才会产生强烈的礼仪意识，因此提升道德修养对于提升礼仪修养是十分重要的。

3．注重个性修养

礼仪修养是建立在健康、良好的个性基础上的。从心理学角度讲，个性是一个人具有的本质的、稳定的心理特征的总和，主要包括个人的气质、性格和能力。个性反映出一个人的涵养，不仅表现为做什么，更表现为如何做。加强商务礼仪修养，必须注重个性的自我完善，注意培养开朗、耐心、宽容、沉着、勇敢、顽强、有幽默感的个性，提高应变能力、自控能力和表达能力等。

4．丰富文化底蕴

狭义的文化底蕴指文史修养，广义的文化底蕴则指对人类文化精神的深刻认识与领悟，体现在文化积淀、学识素养、文化内涵、文化品位、文化认知等方面。在商务活动中，具有较高文化修养的人往往成为受人欢迎的人，而肤浅、粗俗的人则很难与人建立起良好的关系。如培根所言，读史使人明智，读诗使人灵秀，数学使人精密，科学使人深刻，伦理学使人庄重，逻辑修辞学使人善辩。总之，知识能塑造人的性格，精神上的各种缺陷都可以通过求知来改善。正所谓"腹有诗书气自华"，广泛阅读各种书籍，欣赏艺术作品，不断寻找生活中的美好事物，久而久之，人的精神面貌、内在素质就会升华，仪表风度也会悄然改变。

> **案例 1-6**
>
> **被拒绝的候选人**
>
> 　　美国前总统林肯的幕僚向他推荐了一位内阁候选人，林肯却拒绝了。问及理由时，林肯答道："我不喜欢他的长相！"幕僚非常不服，问道："难道一个人天生长得不好看，也是他的错吗？"林肯回答："一个人 40 岁以前的脸是父母决定的，但 40 岁以后的脸却是自己决定的，一个人要为自己 40 岁以后的长相负责任。"
>
> 　　案例解析：人和事物都是在不断发展变化的，中国有句古话叫"相由心生"，指人的外在相貌受内在心地或心境的影响。人天生的相貌不可选择，但通过整体精神风貌展现出的气质可以通过修行来改变。

5．增强心理素质

现代礼仪的施行者应具有良好的心理素质，保持积极的心态。没有健康、积极的心态，就很难在待人接物时主动、热情，也不可能做到彬彬有礼、自尊自信。例如，有的人在待人接物时缩手缩脚，羞于见人，究其原因，往往是自卑胆怯，缺乏自信，这就需要增强心理素质，调整自己的心态。

知识拓展
有教养者的十大特征

总之，学习礼仪，既不是单纯的动作的表演、姿态的训练及语言的规范，也不是缺乏内涵的机械模仿，它需要长期知识的积累、情操的陶冶和实际的锻炼。商务人员需要不断提升自身文化素养和礼貌修养，树立现代文明的商务人员形象，在商务活动中展现出文明典雅、有礼有节的高素质形象。

 知识测试与技能训练

1．知识测试

（1）礼仪的特点有哪些？现代礼仪具有哪些特征？
（2）阐述礼貌、礼节、礼仪的概念，解释这几个概念的区别。
（3）商务礼仪的功能是什么？
（4）商务礼仪应遵循的基本原则有哪些？
（5）提升商务礼仪修养的途径有哪些？
（6）礼仪的作用体现在哪些方面？举例说明礼仪或商务礼仪的重要性。

2．技能训练

项目 1　主题发言

随机抽选几位同学，分别利用 5 分钟的时间上台发言，谈谈对商务礼仪重要性的认识，然后由教师引导全班同学分析总结这几位同学的发言内容及过程的优缺点，以及需要改进的方面，以激发同学学习商务礼仪的兴趣。

训练目标：增强口头与文字表达能力、信息整合能力、商务礼仪意识。

测评要点：表述逻辑清楚、有条理，用语规范、不粗俗；普通话标准、规范，声音洪亮、清晰；举止优雅、端庄，表情自然、亲和，礼仪规范、应景，能够引起共鸣。

项目2　案例分析

（1）22名应届毕业生跟着导师到国家某部委实验室参观学习。全体学生坐在会议室里等待部长的到来，这时有秘书给大家倒水，学生们表情木然地看着她忙碌，其中一个学生还问了句："有绿茶吗？天太热了。"秘书回答："抱歉，已经没有了。"张轩看着有点别扭，心里想："人家给你倒水，你还挑三拣四。"轮到他时，他轻声对秘书说："谢谢，辛苦了。"秘书有点意外，抬头看了他一眼，虽然这是很普通的客气话，却是她今天听到的唯一一句答谢。

门开了，部长走进来和大家打招呼。张轩左右看了看，犹犹豫豫地鼓了几下掌。学生们这才稀稀落落地跟着鼓掌，由于不齐，越发显得凌乱。部长挥了挥手："欢迎同学们到这里来参观。平时这些接待的事一般都由办公室负责，因为我和你们导师是老同学，非常要好，所以这次我亲自来给大家介绍一些情况。这里有一些我们部里印的纪念手册，我来送给同学们。"接下来，更尴尬的事情发生了，学生们都坐在那里，很随意地用一只手接过部长双手递过来的手册，部长脸色越来越难看。当他来到张轩面前时，张轩礼貌地站起来，身体微倾，双手接过手册，恭敬地说了一声："谢谢您！"部长眼前一亮，伸手拍了拍张轩的肩膀："你叫什么名字？"张轩照实回答，部长微笑点头，回到自己的座位上。早已汗颜的导师看到此景，才微微松了一口气。

分析思考：为什么说"修养是走向社会的第一课"？

（2）某照明器材厂的业务员金先生手拿企业新设计的照明器样品，兴冲冲地登上六楼，还未来得及擦拭脸上的汗珠，便直接走进了客户公司业务部张经理的办公室，正在工作的张经理被吓了一跳。"对不起，这是我们企业设计的新产品，请您过目。"金先生说。张经理停下手中的工作，接过金先生递来的照明器样品，随口赞道"好漂亮呀"，并请金先生坐下。递上一杯茶后，张经理拿起照明器仔细研究起来。金先生看到张经理对新产品如此感兴趣，如释重负，便往沙发上一靠，跷起了二郎腿，一边吸烟一边悠闲地环视张经理的办公室。当张经理问他电源开关为什么装在某个位置时，金先生习惯性地用手搔了搔头皮（好多年了，别人一提问题，他就会不自觉地用手去搔头皮）。虽然金先生做了较详尽的解释，但张经理还是半信半疑。谈到价格时，张经理强调："这个价格比我们的预算高出很多，能否再降低一些？"金先生回答："我们经理说了，这是最低价格，一分钱也不能再降了。"张经理沉默了半天，没有开口。金先生却有点沉不住气，不由自主地拉松领带，眼睛盯着张经理。张经理皱了皱眉："这种照明器的性能先进在什么地方？"金先生又搔了搔头皮，反反复复地说："造型新，寿命长，省电。"张经理借口有事离开了办公室，只留下金先生一个人。金先生等了一会儿，感到无聊，便非常随意地拿起办公桌上的电话打给了一个朋友，同他闲谈起来。这时，门被推开，进来的不是张经理，而是办公室秘书，客气地将金先生请了出去。

分析思考：金先生有哪些失礼之处？如果是你，应该怎么做？

第 2 章　商务人员仪容与仪态礼仪

学习目标

知识目标：领会商务人员仪容美的内涵，理解商务人员仪容美的基本要求；熟知化妆礼仪的原则，以及仪容和仪态礼仪的各项禁忌。

能力目标：能够通过练习，熟练掌握坐姿、站姿、行姿、蹲姿、手势和表情礼仪，并在日常生活和工作中不断实践。

素养目标：形成自身独有的气质，增强自信，进而对人际交往产生积极的影响。

任务驱动

子曰："君子不失足于人，不失色于人，不失口于人。是故君子貌足畏也，色足惮也，言足信也。甫刑曰：敬忌而罔有，择言在躬。"（节选自《礼记·表记》）

面必净，发必理，衣必整，纽必结；头容正，肩容平，胸容宽，背容直；气象勿傲、勿暴、勿怠；颜色宜和、宜静、宜庄。（南开中学镜箴）

2.1　商务人员仪容礼仪

商务人员保持良好的仪容，给人以端庄、稳重、大方的印象，既能体现自尊自爱的精神，还能表示对他人的尊重与礼貌。

2.1.1　商务人员仪容礼仪的概念

仪容通常由人的面容（相貌、长相）、发型及人体未被服饰装饰的肌肤构成，商务人员仪容礼仪是指在进行商务交往时所展现出来的仪容美。仪容礼仪是一个人的第一张名片，是商务人员良好精神面貌和积极态度的表现，也是最容易给他人留下深刻印象的部分。

1. 商务人员仪容美的内涵

商务人员仪容礼仪的要求是仪容美。仪容美的内涵包括以下三个层面。

（1）自然美。自然美是指仪容不应是矫饰造作的，而是自然的。仪容的先天条件好，天生丽质。尽管以貌取人不合情理，但先天美好的仪容无疑令人赏心悦目。

（2）修饰美。修饰美是指依照礼仪规范与个人条件，对仪容进行必要的修饰与美化，扬长避短，设计、塑造美好的个人形象。

（3）内在美。内在美是指通过努力学习，不断提升个人的文化艺术素养和思想道德水准，培养高雅的气质与美好的情操，使自己秀外慧中，表里如一。

真正意义上的仪容美，应当是自然美、修饰美和内在美三者的高度统一，强调整体的美、协调的美，而不能忽略其中任何一个方面。在这三者之间，内在美是最高境界，自然美是人们的普遍心愿，而修饰美则是仪容礼仪关注的重点。应特别注意的是，只有心情舒畅，并保持积极向上、充满活力的精神状态，才会使仪容美趋于完美。

2. 商务人员仪容美的基本要求

商务人员的仪容通常指头发、面部、脖颈、肩臂、手掌、腿部、脚部和化妆等几个方面。概括来说，美好的仪容一定能让人感觉其五官和谐，表情丰富、生动；发质好，发型合宜，使其容光焕发；肌肤健美，使其充满活力，给人以健康自然、鲜明和谐、富有个性的深刻印象。仪容美的基本要素是貌美、发美、肌肤美，基本要求是体现自然、讲究协调、美观得体。

（1）体现自然。自然美是化妆的最高境界，它使人看起来真实而生动，不是一张呆板、生硬的面具。正如一位化妆师所说："最高明的化妆是经过非常考究的化妆，让人看起来好像没有化过妆，并且妆容与其身份匹配，能自然表现其个性与气质。次级的化妆是把人凸显出来，让其醒目，引起众人的注意。拙劣的化妆是一站出来别人就发现其化了很浓的妆，而这层妆的目的是掩盖自己的缺点或年龄。最低劣的化妆是化妆后既扭曲了人自身的个性，又失去了五官的协调，如小眼睛的人竟化了浓眉，大脸蛋的人竟化了白脸，阔嘴的人竟化了红唇……"可见化妆的最高境界是无妆，是自然。因此，仪容要依赖正确的技巧、合适的化妆，要讲究适度、体现层次，要点面到位、浓淡相宜，这样才能使人感到自然、真实之美。

（2）讲究协调。一是要妆面协调，化妆部位色彩搭配、浓淡协调，妆容针对面部个性特点，整体设计协调。二是要全身协调，面部妆容、发型与服饰协调，力求取得完美的整体效果。三是要角色协调，要针对自己在社交中扮演的不同角色，使用不同的化妆手法和化妆品。四是要场合协调，妆容、发型要与所处的场合相一致。一般来说，日常工作略施淡妆即可，出入舞会、宴会则可化浓妆，参加追悼会则要素衣淡妆。

（3）美观得体。漂亮、美丽、端庄的外观仪容是良好礼仪形象的基本要求之一。要使仪容美观，必须了解自己的脸形及面部特点，清楚怎样化妆、美发才能扬长避短，变拙陋为俏丽，使容貌更迷人。这需要把握面部个性特征，并在正确的审美观指导下进行。

2.1.2 商务人员美发礼仪

头部是人体的制高点，是他人首先关注的地方。按照交往习惯，当人们注意、打量他人时，往往是从头部开始的。因此，在商务场合，个人形象的塑造一定要"从头做起"。商务人员的头发必须保持清洁、秀美、整齐，并且呈现健康的光泽。

商务人员要注意勤洗发，保持头发清洁，没有头皮屑。洗发时要选择适合自己发质的洗发水与护发素，以保持头发柔软、光滑。另外，必要的烫染是可以的，但染发时不宜选过于艳丽的颜色。若头发花白,则可将头发染成黑色或深棕色。商务人员最好随身携带一把发梳,以备不时之需,而不宜直接使用手指梳发。梳理头发是一种私人性质的活动,在外人面前梳理自己的头发是极不礼貌的。

头发不仅反映了个人的修养与艺术品位,而且是个人形象的核心组成部分之一。头发美化主要涉及头发的修剪、造型等问题,基本要求是:修饰之后的头发不能太夸张或太另类,必须以庄重、美观、简约、典雅、大方为主导风格。

> **案例**
>
> **卫董事长的新发型**
>
> 某集团的卫董事长有一次要接受电视台的采访。郑重起见,卫董事长特意向特聘的形象顾问咨询有无需要特别注意的事项。形象顾问提出了一项建议:换一个较为儒雅而精神的发型,并且一定要剃去鬓角,理由是发型对一个人的上镜效果至关重要。卫董事长听取了形象顾问的建议,改换了发型。果然,在电视上亮相时,新发型使卫董事长显得精明强干,谈吐深刻稳健,有效展示了一名成功商务人员的专业形象。
>
> 案例解析:卫董事长的新发型更加匹配他的气质,使整个人的形象焕然一新,与他本身的专业度相辅相成,相得益彰,不仅使他成功树立了自己的个人形象,也为集团的形象塑造起到了积极作用。

商务人员在选择具体发型时,除考虑个人偏好外,最重要的是要考虑个人条件和工作场合,体现和谐的整体美。总体来说,发型的选择与设计需要与脸形相适、与脖形相适、与头形相适、与性别相适、与年龄相适、与身材相适、与职业相适、与场合相适等。

女士的发型虽然不拘泥于短发和直发,但也要相对保守一些,不能过分张扬。商务场合最规范的发型是盘发、束发,披肩发也可以,但头发不要遮脸,不能因为发型而影响工作或经常用手拢头发。总之,头发一定要洁净、整齐,不可以披头散发,肩背上不应有散落的头发与头皮屑。

男士尽量不要留长发或某些奇特的发型,通常以短发为宜,并且要注意经常修饰、修理。男性商务人员发型美化的具体标准为:前发不覆额,侧发不掩耳,后发不及领。

商务人员不管选定了何种发型,在工作岗位上都不应滥用发饰。一般情况下,男士不宜使用任何发饰。女士有必要使用发卡、发绳、发带或发箍时,式样应该庄重大方,色彩宜为蓝、灰、棕、黑,并且不带任何花饰。应避免在工作中佩戴色彩鲜艳或带有卡通、动物、花卉图案的发饰。如果不是与制服配套或出于安全考虑,商务人员不应戴帽子。

2.1.3 商务人员面部礼仪

首先,面部要干净、整洁,不要有汗渍、油污、泪痕等任何不洁之物。其次,起床后、用餐后、运动后、外出后等都要进行清洁,同时需要注意以下几个细节。

(1)眉毛。若对自己的眉形不满意,可以略加修饰,但一定要与自身特点相符,切忌夸张。

(2)眼睛。主要保持干净,注意及时清除眼部分泌物,做到无眼屎、无睡意、不充血、不斜视。如果戴眼镜,就要随时保持镜面干净,做到眼镜端正、洁净、明亮。在商务场合一般不能戴太阳镜或墨镜，女士不画浓重的眼影，不用假睫毛。

（3）耳朵。要保持耳朵清洁，做到内外干净，无耳屎，注意及时修剪耳毛。女士不戴耳环。不要当着外人的面挖耳朵。

（4）鼻子。保持鼻腔清洁，不要随处吸鼻子、擤鼻涕、挖鼻孔等，做到鼻孔干净，不流鼻涕。有必要的话要剪鼻毛，不能使之露出鼻孔。

（5）胡须。男士最好不要蓄须，尤其是青年男士。胡须要刮干净或修整齐，不留长胡须，不留八字胡或其他形状怪异的胡须。

（6）口腔。注意口腔卫生，早晚刷牙，饭后漱口，不能当着外人的面嚼口香糖、剔牙齿。要注意牙齿洁白，口气清新、无异味，嘴角无泡沫。男士在商务活动中经常接触烟酒等有刺激性气味的物品，因此尤其要注意口腔清洁。咳嗽、打喷嚏时，应用手帕捂住口鼻，面向一旁，尽量减小响声。

2.1.4 商务人员化妆礼仪

化妆是修饰仪容的一种高级方法，是指用化妆品及艺术描绘手法对自己进行修饰、装扮，以使自己的容貌变得更加靓丽，达到振奋精神和尊重他人的目的。在商务交往中，进行适当的化妆是必要的。这既是自尊的表现，也意味着对交往对象的重视。但是，商务人员必须懂得如何化妆才能符合要求。

1．化妆礼仪的原则

（1）浓淡相宜。化妆的浓淡要根据不同的时间和场合而定。工作妆一般为淡妆，适合各种商务场合。工作妆的主要特征是简约、清丽、素雅，具有鲜明的立体感。

男士的工作妆一般包括：美发定型；清洁面部与手部，并使用护肤品进行保养；使用无色唇膏与无色指甲油，保护嘴唇与指甲；使用香水等。

女士的工作妆，一般需要使用相应的化妆品略施粉黛、淡扫蛾眉、轻点红唇，恰到好处地展现女性充满光彩与魅力的面颊、眉眼与唇部。其特点是：粉底颜色要接近肤色，薄施于整个面部，看起来淡雅、清爽；眼线可以细一些，轻一些；唇膏接近自然唇色，不可太明艳。出席正式的场合，女士化妆可以稍浓一些，让自己容光焕发。

（2）不当众化妆或补妆。在众目睽睽之下化妆或补妆是非常失礼的，尤其在男士面前。同样，在人前整理头发、衣服、照镜子等行为也应该尽量节制。如果有必要化妆或进行修饰，就要在化妆间或无人的地方做。

（3）维护妆面的完整。在工作中如果适当地化了一些彩妆，就要有始有终，努力维护妆面的完整。对于用唇膏、眼影、腮红、指甲油等化妆品化过的妆面，更要"常备不懈"，时常检查。妆面出现残缺，不仅有损自身形象，还会使自己显得做事缺乏条理、懒惰、邋遢。因此，女士发现妆面出现残缺后，要及时采取必要的措施，重新化妆，或者对妆面进行修补。

（4）不非议他人的妆容。由于民族、肤色和个人文化修养的差异，以及对美的标准认识不一致，每个人的妆容都不可能是一样的。不要以为自己化的妆是最好的，不要介绍自己化妆的心得或对别人的妆容指指点点，也不要主动为别人化妆、修饰或改妆。

（5）不借用他人的化妆品。出于卫生和礼貌，无论是谁，无论是否急需，都不要借用他人的化妆品。

2．化妆礼仪的基础

化妆礼仪主要是用化妆品和化妆工具对仪容进行恰当的修饰，了解化妆品的种类和主要的化妆工具是学习化妆礼仪的基础。

（1）化妆品的种类。化妆品的种类繁多，分类方法各异，但根据化妆品的实际效用，常分为洁肤类、护肤类、美容类和芳香类四大类。

① 洁肤类。主要功能是清洁皮肤，即把滞留在皮肤上的油腻与污垢洗掉，以便进一步化妆美容，包括洗面奶、清洁霜、卸妆液、香皂等。

② 护肤类。主要功能是护理面部、手部及身体其他部位的皮肤，使之更加细腻、柔嫩、滋润，延缓衰老，减少皮肤皱纹，并使皮肤与外界隔离，减少外界因素对皮肤的伤害，包括雪花膏、滋养霜、乳液、润肤露、化妆水等。

知识拓展

香水的类型及使用

③ 美容类。主要功能是美化皮肤，强化面部优点，掩盖面部缺陷，包括粉底霜、化妆粉、腮红、唇膏、眉笔、眼影、睫毛膏、眼线液等。

④ 芳香类。主要功能是溢香祛臭、芬芳宜人，有的还兼有护肤、护发和防止蚊虫叮咬等作用，包括香水、香粉、花露水等。

（2）主要的化妆工具。常用化妆工具包括化妆笔、粉扑、粉刷、腮红刷、眼影扫、海绵头、眉梳、眉刷、眉钳、睫毛夹等。其中，化妆笔包括唇线笔（用于描画或修改唇形）、眉笔（用于描画眉毛）、眼线笔（用于画眼线）。其形状类似于铅笔，携带方便。粉扑是面部扑粉用的工具，由绒布或海绵制成。粉刷由细羊毛、兔毛或貂毛等制成，质地柔软，形状有排笔形、圆形等，用于刷掉多余的敷粉。腮红刷由羊毛或兔毛制成，用于涂抹腮红。眼影扫是晕染眼影的工具，由羊毛或兔毛制成。海绵头是涂抹眼影的工具，由海绵制成。眉梳是一种专门用来梳理眉毛的小梳子，梳齿细而密。眉刷是用来整理眉毛的，使眉毛平顺、自然、清洁。眉钳是一种尖舌状的小金属镊子，用于修整眉毛或拔去多余的眉毛。睫毛夹是卷曲睫毛的工具。

💡 **课内实训2-1**

李琳刚从学校毕业，入职一家外贸公司。公司要求女员工每天上班都化妆。由于刚开始学化妆，在办公室里，她很注意观察其他同事的妆容。她发现很多同事的妆容都存在一定的问题。例如，稍年长的A同事没有对其他部位化妆，只涂了口红，而且口红的颜色非常艳，整体看来只突出一张"血盆大口"；较年轻的B同事妆容看起来很漂亮，可惜脖颈却泛着黑色；C同事用很粗的黑色眼线"包围"眼睛，看上去生硬、不自然；长得挺漂亮的D同事身穿浅蓝色的套裙，却涂着橘色的口红。李琳感到很困惑，工作妆到底应该怎么化呢？请你指出李琳四位同事的妆容各自存在的不足之处。

2.1.5 商务人员体貌仪容礼仪

（1）脖颈。要保持脖颈干净，防止过早老化，不要与面部产生较大的反差。

（2）肩臂。在正式商务场合，肩臂是不应当裸露在衣服之外的，也就是不穿半袖装或无袖装。在其他非正式场合，虽然无此限制，但同样要保持干净。

（3）手掌。随时随地都要保持手掌的清洁和健康。指甲要定期修剪、修饰，不要留长指甲。注意指甲的清洁，不要藏污纳垢。当手掌部位出现伤病（发炎、生疮、破损等）时，不要接触他人。另外，商务人员应当对自己面部与手部的皮肤进行必要的保养与爱护，除多加清洗外，有条件的还应定期进行皮肤按摩，使之干净、光洁、细腻。当众修剪指甲或用牙齿啃指甲，是一种既不卫生也不雅观的行为。

（4）腿部。在正式商务场合，一般不允许男士着暴露腿部的短裤类服装。女士可以穿裙子，但裙长应过膝，同时应着丝袜。丝袜的长度一定要高过裙边。

（5）脚部。一般情况下，在正式商务场合不允许光脚穿鞋，也不能穿使脚过于暴露的拖鞋、无跟鞋、凉鞋等。特别要注意脚部卫生，勤洗鞋袜，不要穿破损、有味的鞋袜。不要在他人面前脱鞋袜或抠脚，趾甲要勤修剪，不藏污纳垢。在休闲场合穿凉鞋时注意脚趾不要露出鞋外。

 课内实训 2-2

请说出上班前需要照镜子认真检查的容易出现失礼的地方。注意事项越多越好，特别鼓励提出本教材中没有提到的注意事项。

2.2　商务人员仪态礼仪

据体态语言学大师伯德斯·戴尔的研究，在沟通过程中，有 65%的信息是通过体态语言来表达的，所谓"此时无声胜有声"。在商务活动中，商务人员可以通过自己规范的、美好的仪态向他人传递自己的学识与素养等信息，并能够交流思想，表达感情。

2.2.1　商务人员仪态礼仪的概念

仪态是指人在行为中的姿势和风度。姿势是指身体所呈现的样子，风度则是指内在气质的外化。每个人总是以一定的仪态出现在别人面前，一个人的仪态包括他所有的行为举止，表现为一举一动、一颦一笑、站立的姿势、走路的步态、说话的声调、对人的态度、面部的表情等。仪态是胜过有声语言的形体语言。对方在接收信息时，不仅"听其言"，而且"观其行"。因此，仪态在传情达意方面的礼仪功能是不容忽视的。

仪态礼仪体现为人们挺拔的站姿、端庄的坐姿、优雅的走姿、恰当的手势、真诚的表情等行为举止。

 课内实训 2-3

美国著名的政治公关专家——罗杰·艾尔斯为美国总统竞选人效力了二十多个春秋，美国人称之为"利用媒介塑造形象的奇才"。1968 年，当尼克松参加竞选时，艾尔斯精心指导尼克松在一次电视竞选中克服自卑心理，在赢得竞选方面取得了意想不到的效果。1984 年，里根参加总统竞选。起初，公众对他印象不佳，觉得他年龄大，又当过演员，有轻浮、年迈无力之感。在艾尔斯的协助下，里根在竞选时，注意配合适当的服饰、发型与姿势，表现得庄重、经验丰富，外表看上去也非常健康，从而改变了公众先前对他的不佳印象，取得了竞选的成功。

请你谈一谈，为什么一个人的形象如此重要？如何塑造优雅的商务形象？

2.2.2 商务人员坐姿礼仪

坐是最常用的一种举止。良好的坐姿传递出自信、友好、热情的信息，同时显示出高雅、庄重的良好风范。商务人员多数时间都是坐着和客户谈话的，因此，良好的坐姿是塑造自身形象不可或缺的部分。

1．入座礼仪

入座礼仪的要求主要有以下几方面：一是先请对方入座；二是在适当之处就座，要注意座位的优劣及位置，主动将舒适的座位和上位相让于尊者；三是从座位左侧就座，从座椅的左侧接近并入座，既是礼貌，也易于就座；四是要动作轻缓，悄无声息就座；五是坐下后适当调整体位。

一般来说，正确入座礼仪是：入座时，走到座位前，转身后右脚向后撤半步，轻稳坐下，然后右脚与左脚并齐，女士穿裙装入座时，应将裙摆向前收拢一下再坐下；入座后，上身自然坐直，立腰，双膝自然并拢（男士可略分开些），双脚平落在地上，头正，表情自然亲切，目光柔和平视，嘴唇微闭，两肩平正放松，两臂自然弯曲放在膝上，也可以放在椅子或沙发扶手上，掌心向下；坐在椅子上，应至少坐满椅子的2/3，不可坐满椅子，也不要坐在椅子边上过分前倾。一般情况下，不要靠椅背，休息时可轻轻靠在椅背上；起立时，右脚先收半步，然后站起，起立后右脚与左脚并齐。

端坐时间过长，人会感到疲劳、不自然，可换一下姿势：男士可将双脚略向前伸或将双脚交叉，女士可将双腿并拢，双脚同时向左或向右放，双手叠放，置于左腿或右腿上形成优美的S形，也可以双腿交叉重叠，但要注意将上面的小腿回收，脚尖向下。

2．女士坐姿

（1）正坐式。双腿并拢，上身挺直、坐下，两脚尖并拢略向前伸，双手叠放在双腿上，略靠近大腿根部。入座时，若着裙装，则应用手将裙摆稍稍拢一下，然后坐下，如图2-1所示。

（2）曲直式。上身挺直，右腿前伸，左小腿回屈，脚掌着地，大腿靠紧，双脚前后在一条线上，如图2-2所示。

（3）重叠式。上身挺直，坐正，腿向前方，左腿重叠于右腿上，双腿方向一致，向内收，左脚尖绷直向下。双臂交叉支撑左右腿上，如图2-3所示。

（4）斜放式。坐在较低的沙发上时，若双腿垂直放置，则膝盖可高过腰，极不雅观。这时最好采用斜放式坐姿，即双腿并拢后，双脚同时向右侧或左侧斜放，并且与地面形成45°角，双脚方向处于双腿的延长线上，如图2-4所示。

（5）交叉式。双腿并拢，双脚在踝部交叉之后略向左侧斜放。坐在办公桌后面、主席台上或汽车上时，比较适合采用这种坐姿，感觉比较自然、舒适，如图2-5所示。

图 2-1　女士坐姿（正坐式）　　图 2-2　女士坐姿（曲直式）　　图 2-3　女士坐姿（重叠式）

图 2-4　女士坐姿（斜放式）　　　　　　图 2-5　女士坐姿（交叉式）

3．男士坐姿

（1）正坐式。上身挺直、坐正，双腿自然弯曲，小腿垂直于地面并略分开，双手分别放在两膝上或椅子的扶手上，如图 2-6 所示。

（2）重叠式。右小腿垂直于地面，左腿在上重叠，左小腿向里收，脚尖向下，双手放在扶手上或放在腿上，如图 2-7 所示。

（3）扶手式。坐在有扶手的沙发上，入座后上身自然挺直，男士可将双手分别搭在扶手上，如图 2-8 所示。

图 2-6　男士坐姿（正坐式）　　图 2-7　男士坐姿（重叠式）　　图 2-8　男士坐姿（扶手式）

课内实训 2-4

请指出图 2-9 中各种仪态失礼的原因，讨论这些仪态对个人形象塑造有何影响。

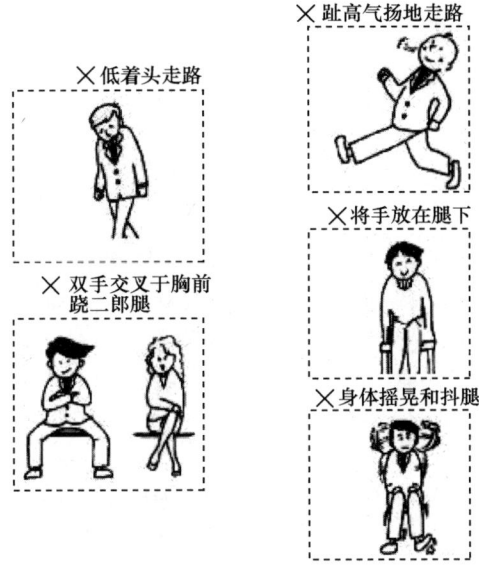

图 2-9 走姿与坐姿禁忌

 课内实训 2-5

练习坐姿。在教室摆放几把高低不同的椅子、沙发，或者到形体训练室，按照规范要求，练习不同交谈气氛下的各种坐姿。老师请每位同学演示一遍，然后引导其他同学对其表现进行评价，每位同学把自己的不足及正确的做法记录下来。

4．离座礼仪

离座礼仪的要求有以下几方面。一是先有表示。离开座椅时，身旁如有人在座，则须以语言或动作向其示意，随后方可站起身来。二是注意先后。与他人同时离座，须注意起身的先后次序，自己地位低于对方时，应稍后离座；自己地位高于对方时，应首先离座；双方地位相似时，可同时起身离座。三是起身缓慢。起身离座时，最好动作轻缓，无声无息，尤其要避免弄响座椅，或将椅垫、椅罩弄掉。四是从左离开。一般来说，起身后宜从左侧离开。与"左入"一样，"左出"也是得当的礼节。五是站好再走。离座不要慌乱，离开座椅站定之后，方可离去。

 课内实训 2-6

练习入座和离座。入座时，老师说"请坐"，学生说"谢谢"，学生按规范动作坐下。离座时，速度适中，既轻又稳，按照规范动作离开。老师请每位同学演示一遍，然后引导其他同学对其表现进行评价，每位同学把自己的不足及正确的做法记录下来。

2.2.3 商务人员站姿礼仪

站姿即站立的姿势，是人们在交往中最基本的姿势，是一个人全部仪态的根本。"站如松"是指人的站姿要像松树一样端直，不仅要挺拔，而且要优美和典雅，呈现一种静态美。正确、优雅的站姿会给人一种挺拔向上、舒展俊美、精力充沛、庄重大方的印象。

站姿的基本要领是：抬头，脖颈挺直，双目向前平视，嘴唇微闭，下颌微收，面带微笑；双肩放松，气向下压，身体有向上的感觉，自然呼吸；挺胸、收腹、立腰、肩平；双臂放松，自然下垂于体侧，虎口向前，手指自然弯曲；双腿并拢立直，提臀，双膝和脚跟靠紧，脚尖分开45°～60°角，呈V形，身体重心放在双脚上。在商务活动中，常用以下几种站姿。

1．标准站姿

标准站姿即肃立，其要领是：头正，颈直，双目平视，下颌微收，面容平和自然，双肩放松、稍向下沉，躯干挺直；收腹、立腰、挺胸、提臀；双臂自然下垂于身体两侧，手指并拢、自然弯曲，中指贴裤缝；双膝并拢，双腿直立，脚跟靠紧，脚尖分开45°～60°角，呈V形。肃立适用于隆重集会，如升旗、庆典等仪式，如图2-10所示。

2．直立站姿

男士直立有三种姿势：一是双脚平行分开，双脚之间的距离小于肩宽，以20厘米为宜，双手叠放在背后，双目平视，面带微笑，其余姿态同肃立，如图2-11所示。二是双脚分开，呈90°角，右脚在前，将双脚跟靠于左脚内侧中间位置，呈右丁字步；左手背后，右手下垂，身体直立，重心置于双脚，双目平视，面带微笑，其余姿态同肃立。三是双脚站成左丁字步，右手背后，左手下垂，身体直立，重心置于双脚，双目平视，面带微笑，其余姿态同肃立。此种站姿适用于为客人指示方向，解决疑难问题，或提供其他服务。在商务场合，男士为了表示对他人的尊敬，体现自身的风度和气质，在站立时，要注意表现出男性刚健、潇洒、英武、强壮的风采，力求给人一种挺拔如松的壮美感，给人留下深刻的第一印象。

女士直立的姿势为：双脚并拢或脚尖略展开，也可左脚在前，将脚跟靠于右脚内侧前端，丁字步站立；双手自然并拢，拇指交叉，一只手放在另一只手上，轻贴在腹前；身体直立，挺胸收腹，身体重心可放在双脚上，也可放在单脚上，通过重心移动减轻疲劳。此种站姿适用于商业服务，表示对客人的尊重与欢迎，如图2-12所示。

图2-10　男士标准站姿　　图2-11　男士直立站姿　　图2-12　女士直立站姿

总之，站立的姿势应该是自然、轻松、优美的。无论站立时采取何种姿势，能改变的只有脚的姿势及角度和手的位置，而身体一定要保持绝对挺直。女士在站立时要注意表现出女性轻盈、妩媚、娴静、典雅的韵味，给人一种亭亭玉立的"静"的优美感。

知识拓展

站姿禁忌

课内实训 2-7

请一名男同学利用教室墙壁练习站姿，后枕部、背部、臀部、脚跟成一条直线。腿部尽可能绷直，往墙壁贴靠；后枕部靠墙，下颌自然微收；脚跟顶住墙，把手放到腰和墙之间，示范男士站姿。

请一名女同学利用教室墙壁练习站姿，后枕部靠墙，双眼平视前方，嘴角上翘（微笑），下颌放平，肩膀下沉，挺胸、收腹、立腰，胯部夹紧，膝盖并拢，脚跟收紧。拿四张薄纸，分别放在后枕部与墙之间、双肩肩头与墙之间，以及双膝之间，在老师指导下说话、微笑，如果纸没有掉，则说明站姿初步达标。

请其他同学提出纠正意见，归纳直立站姿的要点，并记录下来。

2.2.4 商务人员行姿礼仪

行姿是指人在行走的过程中形成的姿势，是站姿的延续动作，在站姿的基础上展示人的动态美。因为其重点在于行进中的脚步，所以行姿有时也称步态。无论是商务场合还是社交场合，行姿往往是最引人注目的身体语言，轻盈自然、轻松敏捷、协调稳健的行姿最能表现一个人的风度和活力。

1. 正确的行姿

行走时，应以正确的站姿为基础，抬头、身直，目光平视前方，挺胸、收腹、立腰，重心稍向前倾，走得轻巧、自如、稳健、大方。手臂伸直放松，手指自然弯曲。摆臂时，要以肩关节为轴，上臂带动前臂向前，手臂要摆直线，肘关节略曲，前臂不要向上甩动；向后摆动时，手臂外开不超过30°角，前后摆动的幅度为30～40厘米。脚尖略开，脚跟先接触地面，依靠后腿将身体重心送到前脚脚掌，使身体前移。步位即脚落在地面时的位置，双脚内侧行走的路径应为一条直线，而不是两条平行线。步幅即跨步时双脚间的距离，一般前脚跟与后脚尖的距离为一脚长，但因性别和身高不同会有一定差异。这种行走动作符合人体结构，是最省力的。外八字、斜肩、弯腰、挺肚的走法都是不美观的。着不同服装时，步幅也不同。女士穿旗袍、西装裙、礼服时，步幅应小些；穿长裙、长裤时，步幅可大些。脚步要轻且富有弹性和节奏感。正确的行姿如图 2-13 所示。

知识拓展

不同着装的规范行姿

2. 行走中的礼仪规范

（1）陪同引导。陪同引导通常应注意三点：一是本人所处的方位，二是协调行进速度，三是及时关照提醒。在商务活动中，当需要陪同引导对方时，应注意方位、速度、关照及体位等，如双方并排行走时，陪同引导人员应居于左侧，引领手势应手指并拢，手掌朝上，以指尖方向表示前行方向，待对方明白后再前行。当对方不熟悉行进方向时，陪同引导人员应该走在前面、走在外侧。陪同引导人员行走的速度要考虑到和对方相协调，不可以走得太快或太慢。一定要处处以对方为中心，每当经过拐角、楼梯或道路坎坷、照明欠佳的地方时，都要提醒对方留意。同时有必要采取一些特殊的体位，如请对方开始行走时，要面向对方，稍微欠身；在行进中和对方交谈或答复提问时，把头部、上身转向对方。

图2-13　正确的行姿

（2）上下楼梯。坚持"右上右下"原则。上下楼梯、自动扶梯时，不应并排行走，而要从右侧走。这样一来，有急事的人就可以从左边通过。上下楼梯时，不要和别人抢行。出于礼貌，可以请对方先走。当陪同引导客人时，上下楼梯时应自己应先行一步。

（3）使用电梯。第一，如果企业有使用员工专用电梯的规定，就一定要自觉遵守。有可能的话，工作人员不要和来访客人混用同一部电梯。第二，使用无人操控的电梯时，工作人员必须先进、后出，以方便操控电梯。如果使用有人操控的电梯，则工作人员应当后进、后出。第三，在乘电梯时遇到了并不相识的来访客人，工作人员也要以礼相待，请对方先进、先出，自己后进、后出。第四，尊重周围的乘客。进出电梯时，应该侧身而行，免得碰撞别人。进入电梯后，要尽量站在里面。如果人多，则最好面向内侧，或者与别人侧身相向。出电梯前，应该提前换到电梯门口。

（4）出入房门。第一，在进入房门前，一定要用轻轻叩门或按门铃的方式通报房内的人。离开时也应示意。贸然出入或一声不吭都显得不礼貌。第二，出入房门时，务必用手来开门或关门。开、关房门时，最好反手关门、反手开门，并且始终面向对方。和他人一起先后出入房门时，为了表示自己的礼貌，应当自己后进门、后出门，而请对方先进门、先出门。第三，在陪同引导客人时，陪同引导人员有义务在出入房门时替对方开门。开门后要使自己处于门后或门边，以方便客人进出。

商务人员在其他情况下的行姿要求包括：走进会场、走向话筒、迎向客人，脚步要稳健、大方；进入办公机关、拜访别人，脚步应轻而稳；办事联络，脚步要快捷、稳重，以体现效率、干练；参观展览、探望病人，脚步应轻而柔，不要出声；参加喜庆活动，脚步应轻盈、欢快、有跳跃感；参加吊丧活动，脚步要缓慢、沉重，以反映哀悼之情。

2.2.5　商务人员蹲姿礼仪

蹲姿是人处于静态的一种特殊情况，在商务活动中多用于捡拾物品、帮助别人或照顾自己。

蹲姿的基本要求：下蹲时，应使头、胸、膝关节在一个水平线上，使蹲姿优美；双腿合力支撑身体，避免滑倒。特别需要注意的是，女士无论采用哪种蹲姿，都要将双腿靠拢，臀部向下，穿旗袍或短裙时需更加留意，以免尴尬。

蹲姿的基本要领：站在所取物品的旁边，蹲下屈膝去拿，不要低头，也不要弓背，要慢慢地把腰部低下；双腿合力支撑身体，掌握好身体的重心，臀部向下。常用的蹲姿有高低式、交叉式和半蹲式三种。

1．高低式

下蹲时，双脚不在一条直线上，且一只脚在前，一只脚在后，在前的脚全脚着地，小腿基本上垂直于地面，在后的脚脚掌着地，脚跟提起。后膝应低于前膝，头和腰应保持一条直线，臀部向下。选用这种蹲姿时，男士双腿之间可有适当距离，女士双腿应靠近，如图2-14所示。

2．交叉式

下蹲时右脚在前，左脚在后，右小腿垂直于地面，全脚着地。左膝由后面伸向右侧，左脚跟抬起，脚掌着地。双腿靠紧，合力支撑身体。臀部向下，上身稍前倾。在实际生活中，如集体合影前排需要蹲下时，女士可采用交叉式蹲姿，如图2-15所示。

3．半蹲式

这种姿态一般用来从地上取较高的物品，如较大的手提箱等。其要求是走到物品的一侧，上身稍许下弯，但不宜与下肢构成直角或锐角，臀部应向下而不是撅起，物品在右侧，则重心放在右腿上，反之亦然，如图2-16所示。

弯腰拾物时，双腿叉开，臀部向后撅起，是不雅观的姿态（见图2-17）。双腿展开平衡下蹲，其姿态也不优雅。下蹲时，注意内衣"不可以露，不可以透"。

   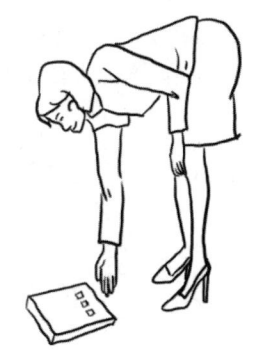

图2-14　高低式蹲姿　　图2-15　交叉式蹲姿　　图2-16　半蹲式蹲姿　　图2-17　不雅观的姿态

2.2.6　商务人员手势礼仪

手势通过手和手指的活动来传递信息，是人际交往中不可缺少的动作。因为手是人身体上最灵活的部位，所以手势是一种表现力较强的体态语言。

1. 手势礼仪的总体要求

手势运用要规范和适度，给人一种优雅、含蓄、彬彬有礼的感觉。手势礼仪的总体要求是准确、规范、适度。

（1）准确。在现实生活中，为避免手势使用不当而引发交际双方的沟通障碍甚至造成误解，必须注意手势的准确运用。用不同的手势表达不同的意思，并使手势表达与语言表达的意思一致。

（2）规范。在一定的社会背景下，如介绍、递名片、请、鼓掌等每个手势，都有其约定俗成的动作和要求，不能胡乱使用，以免产生误解，引起麻烦。运用手势要注意与面部表情和身体其他部位动作的配合，这样才更能体现尊重和礼貌。

（3）适度。与人交谈时，可随谈话的内容做一定的手势，这样有助于双方的沟通，但手势的幅度不宜过大，以免适得其反，显得粗俗。同时，手势的使用也应有所限制，并非多多益善。尤其当手势与语言、面部表情及身体其他部位动作不协调时，会给人一种装腔作势的感觉。

2. 商务交往中的常用手势

（1）横摆式。这种手势用来指引较近的方向。一只手臂上臂自然垂直，前臂轻缓地向一旁摆出，微弯曲，与腰间呈45°角，另一只手臂下垂或背后，面带微笑，双脚并拢或呈右丁字步，同时加上礼貌用语，如"请""请进"等，如图2-18所示。

（2）直臂式。这种手势用来指引较远的方向。一只手五指并拢伸直，手臂穿过腰间线，曲肘由身前向前方指起，抬到约与肩部相同高度时，再向要指示的方向伸出前臂。身体微向指示方向倾，并侧向客人，眼睛看着指引的方向，同时加上礼貌用语，如"小姐，请一直往前走""先生，里边请"等，如图2-19所示。

（3）曲臂式。当一只手扶把手或电梯门，或者一只手拿东西时，常用曲臂式做出"请"的动作或指示方向。一只手五指伸直并拢，从身体的一侧前方由下向上抬起，以肘关节为轴，手臂由体侧向体前摆动，摆到距身体20厘米处停住，掌心向上，手指指向一方，头部随客人由右转向左方，如图2-20所示。请人进门或进电梯时可采用这种手势。

图2-18　横摆式手势　　　图2-19　直臂式手势　　　图2-20　曲臂式手势

（4）双臂式。这种手势用来向众多客人表示"请"或指示方向。双手五指分别伸直并拢，掌心向上，从腹前抬起至上腹部，双手一前一后同时向身体一侧摆动，摆至身体侧前方,肘关节略弯曲,上身稍向前倾,面带微笑,向客人致意,如图 2-21 所示。

（5）斜臂式。右手臂由上向下斜伸摆动,多用于请人就座,如图 2-22 所示。

图 2-21　双臂式手势　　　　　　　　图 2-22　斜臂式手势

3．递接物品的手势

一是双手为宜,递于手中。双手递物于人最好,不方便双手并用时,也要使用右手。以左手递物通常被视为失礼之举,尤其是对于亚洲国家的客人。递给他人的物品,最好直接交到对方手中。不到万不得已,最好不要将所递的物品放在他处。

二是主动上前,方便接拿。若双方相距过远,则递物者理当主动走近接物者。如果递物者坐着,还应尽量在递物时起身站立。在递物于人时,应为对方留出便于接取物品的地方,不要让其感到接物时无从下手。将带有文字的物品递交他人时,还须使之正面面对对方。将带尖、带刃或其他易于伤人的物品递于他人时,要注意尖、刃向内,切勿以尖、刃直指对方。合乎礼仪的做法是使尖、刃朝向自己或他处。

三是目视对方,双手接取。接取物品时应当目视对方,不要只注视物品;一定要用双手或右手,绝不能单用左手。必要时,应当起身站立,并主动走近对方。

4．敬茶的手势

敬茶时应用双手,右手握住杯耳,左手垫于杯底,把茶杯置于客人的右上方,并注意把杯耳朝向客人的右边,同时右手五指并拢,指尖朝下,做一个"请用茶"的手势示意。

5．展示物品的手势

一是便于观看。要将被展示的物品正面面对对方,举到一定的高度,当四周都有观众时,展示物品还须变换角度。

二是操作标准。展示物品时,无论是口头介绍还是操作演示,均应符合有关标准。解说时,要口齿清晰,语言舒缓。动手操作时,则应干净利落,速度适宜,必要时重复演示。

三是手位正确。在展示物品时,一般有四种手位。一是将物品举到高于双眼之处,适合在众人围观时采用;二是将物品举到双臂横伸时自肩至肘之处,上不过眼、下不过胸,易于给人以安定感;三是将物品举到双臂横伸时肘部以外,上不过眼、下不过胸,便于他人看清展示之物;四是将物品举到胸部以下之处,一般不采用。

6．手势禁忌

日常生活中，某些手势会令人极其反感，严重影响商务形象。例如，反复摆弄自己的手指、活动关节、攥着拳头、手指动来动去、当众搔头皮、掏耳朵、抠鼻孔、剔牙、咬指甲等，往往让他人难以接受。又如，为人指路时，只伸直一根手指；在交际场合，用手指指点点；与人说话时打响指；用拇指指着自己的鼻尖和用示指指着他人等。在工作中，通常不允许把一只手或双手插在口袋里，否则会让人觉得你对工作不尽力。运用手势切忌过于单调、幅度过大、速度过快。男士与女士交流时应注意手势运用的分寸，女士应注重手势的优雅。不可向上级和长辈招手。

知识拓展

不同文化背景下几种手势的不同含义

2.2.7 商务人员表情礼仪

表情是人体语言中最丰富的部分，一个人的想法可以通过五官的变化表现出来。表情是人的思想感情的外露，也是人的心理状态的外在显现，是优雅仪态的重要组成部分。现代心理学家总结出一个公式：第一印象=7%触觉、嗅觉+38%听觉+55%视觉。在与他人相见时，表情能反映自己的生理和情绪状况。优雅的表情可以给人留下深刻的第一印象。在公众场合，表情主要是通过目光和微笑来传递信息的。

1．目光礼仪

目光是面部表情的核心。在人际交往时，目光是一种真实的、含蓄的语言。"眼睛是心灵之窗"，观察一个人的秘密，最好的方法是去观察他的眼睛。心理学家认为，最能准确表达人的感情和内心活动的是眼睛和眼神，如图 2-23、图 2-24 和图 2-25 所示。人的眼睛时刻在"说话"，能道出内心的秘密。例如，在和客户交谈时注视对方，意味着对其重视；在社交场合，走路时双目直视、旁若无人，意味着高傲；在公众场合频频左顾右盼，则意味着心中有事。

图 2-23 视线向上
表示权威感和优越感

图 2-24 视线向下
表示服从与任人摆布

图 2-25 视线水平
表示客观和理智

（1）目光的注视时间。研究表明，交谈时，目光接触对方面部的时间宜占全部谈话时间的 30%～60%。超过 60%，可以认为对对方本人比对谈话内容更感兴趣；不到 30%，则表示对谈话内容和对对方都不怎么感兴趣。这两者在一般情况下都是失礼的行为。在商务交往中，在不同场合、不同情况下，目光的注视时间长短也有所不同。见面时，无论是熟人还是初次见面之人，尤其是向对方问候、致意、祝贺时，都应面带微笑，用炯炯有神的目光注视对方，以示尊敬和礼貌。与对方目光接触的时间，一般以与之相处的总时间的1/3为宜。

（2）目光的注视区域。目光的注视区域是指目光所落的位置。注视对方什么区域，要依据传达什么信息、营造什么气氛而异；要依据不同场合、不同对象来选择目光注视对方的区域。与人交往时，不能死盯住对方某部位，或者不停地在对方身上上下打量，这都是失礼的行为。目光的注视区域一般可有以下三种。

第一，公务型注视。公务型注视的区域是以双眼为底线、额中为顶角所形成的三角形区域，一般在进行业务洽谈、商务谈判及布置任务时采用。看着对方的这个区域，表示自己严肃认真，对方会觉得你有诚意，便于你把握住谈话的主动权和控制权。因此，这种注视是商务人员和外交人员经常使用的。

第二，社交型注视。人们在普通社交场合通常注视对方眼部至唇部连接成的倒三角形区域。与人谈话时，注视这一区域最容易形成平等感，创造良好的社交氛围。注视谈话者这一区域，能让谈话者轻松、自然，以比较自由地发表观点和见解。因此，人们常在茶话会、舞会、酒会、联欢会及其他一般社交场合使用这种注视。

第三，亲密型注视。注视区域是对方的眼部至胸部，这是具有亲密关系的人在交谈时使用的注视。恋人之间、亲朋好友之间，注视这些区域能激发感情，表达爱意。这种注视往往带着亲昵、爱恋的感情色彩，因此非亲密关系的人不应使用这种注视，以免引起误解。

（3）目光的礼仪规范。用目光注视对方应自然、稳重、柔和、有神。商务人员的目光应当是坦然的、亲切的、友善的、和蔼的、诚恳的、有神的，这是心情愉快、充满信心的反映，也是尊重对方的表现。

知识拓展

商务交际中的目光

（4）目光的礼仪禁忌。商务交往中切忌目光向上向下、眯眼、斜眼、白眼、左顾右盼，这是傲慢、怯懦、漫不经心的表现。但当对方难堪时、休息时或停止谈话时，不要正视对方。不可以盯人太久或反复上下打量，更不可以对人挤眉弄眼。

英国人体语言学家莫里斯说："眼对眼的凝视只发生于具有强烈的爱或恨之时，因为大多数人在一般场合中都不习惯被人直视。"长时间的凝视有一种蔑视和威慑功能，有经验的警察在办案时常常利用这种手段来迫使罪犯坦白。因此，在一般商务场合不宜凝视。

另外，不同国家、不同民族、不同文化习俗对眼神的运用也有差异。例如，在美国，一般情况下，男士是不能盯着女士看的；两位男士也不能对视过长时间，除非得到对方的默许。日本人对话时，目光要落在对方的颈部，四目相视是失礼的。阿拉伯人认为，无论与谁说话，都应看着对方。大部分国家的人忌讳直视对方的眼睛，甚至认为这种目光带有挑衅和侮辱的性质。

课内实训 2-8

请几位同学面对全班同学，用不同的眼神分别表达敌视、鄙视、冷漠、不耐烦、惊奇、不满、害怕、痛苦、遗憾、疑惑、高兴、爱不释手、赞赏、鼓励、问好、感谢等情绪，然后将这些情绪分成积极、消极和中性三类。

2. 微笑礼仪

（1）微笑的种类。微笑是人类最富魅力、最有价值的体态语言。微笑是指不露牙齿，嘴角两端略微提起的表情。微笑是一种经过修饰的笑，可以分为含唇笑和开口笑。

知识拓展

世界微笑日

含唇笑是一种最浅的笑，它不出声、不露齿，只是面含笑意，表示接受对方，待人友善。在公众场合，与他人相遇时，可以采用这样的微笑与他人打招呼，向他人问好。

开口笑是一种较深的笑，眼角眉梢往上翘，牙齿稍外露。这是一种表示友好的笑，适用范围非常广。在社交场合与他人见面，都可采用这样热情、友好的微笑。任何人都会感受到你的真诚，你受欢迎的程度也会大增。

目前，在人际交往中，适用范围最广的是较深度的微笑，就是嘴唇轻开，上齿显露出6～8颗，但不出声音，表示欣喜、愉快。

（2）微笑的礼仪规范。微笑应是发自内心的，要真诚、适度、适宜，符合礼仪规范。

首先，微笑要真诚。微笑要亲切、自然、诚恳，发自内心，切不可故作笑颜，假意奉承。发自内心的微笑既是一个人自信、真诚、友善、愉快的心态表露，又能营造一种富有人情味的融洽气氛，它能温暖人心，消除冷漠，获得理解和支持。发自内心的真诚微笑应是笑到、口到、眼到、心到、意到、神到、情到的笑。

其次，微笑要适度。微笑的美在于文雅、适度，而不是随心所欲、不加节制。微笑的基本特征是不出声、不露齿，嘴角两端略提起，既不要故意掩盖笑意，压抑内心的喜悦以影响美感，也不要咧着嘴哈哈大笑。只有笑得得体、笑得适度，才能充分表达友善、真诚、和蔼、融洽等美好的情感。

最后，微笑要适宜。微笑应注意场合、对象。例如，在特别严肃的场合，不宜笑；当别人做错了事、说错了话时，不宜笑；当别人遭受了重大的打击，心情悲痛时，不宜笑。相反，当两人初次见面时，微笑可以拉近双方的距离；同事见面时点头微笑，显得亲切、融洽；商务人员对顾客微笑，表现出热情、主动；商务洽谈时微笑，显得潇洒大方、不卑不亢；当别人与自己争执时，微笑能缓解对方的紧逼势头；当对方提出一些不好回答或不便回答的问题时，轻轻一笑不作回答，更显出它的特殊功能。

 课内实训 2-9

请几位同学拍摄自己微笑的照片，接着面对镜子站立，调整呼吸，双唇轻闭，嘴角微微翘起，面部肌肉舒展，同时注意眼神的配合，练习微笑，之后再拍摄微笑的照片。请全班同学一起对比两次微笑的异同，共同讨论微笑是否需要练习，微笑又有何种力量。

 知识测试与技能训练

1. 知识测试

（1）坐姿、站姿、行姿、蹲姿的要领是什么？

（2）什么是手势？商务交往中的常用手势是什么？
（3）目光的注视区域有几种？
（4）商务人员的微笑礼仪有哪些要求？
（5）阐述仪容、仪表、仪态的概念及其联系。

2．技能训练

项目1　个人形象展示

情景设定：请几位同学针对个人形象的重要性进行主题发言，限时5分钟。

训练目标：提升口头与文字表达能力、信息整合能力，培养公关礼仪意识。

训练方法：抽选几位同学针对以上同学的发言，从仪容、仪态的角度分别说出他们发言过程中存在的优缺点。

测评要点：表述逻辑清楚、有条理，用语规范、不粗俗；普通话标准、规范，声音洪亮、清晰；举止优雅、端庄，表情自然、亲和，礼仪规范、应景，能够引起共鸣。

项目2　微笑训练

训练目标：形成富有内涵的、善意的、真诚的、自信的习惯性微笑。

训练口号：笑对自己，笑对他人，笑对生活，笑对一切。

训练方法：

（1）他人诱导法。同桌、同学之间互相通过一些有趣的笑料、动作引发微笑。

（2）情绪回忆法。通过回忆自己美好的往事，幻想自己将要经历的好事引发微笑。

（3）口型对照法。通过一些相似的发音口型，找到适合自己的最美的微笑状态。例如，练习"一""茄子""呵""哈""嘻"等。

（4）习惯性微笑。强迫自己忘却烦恼、忧虑，假装微笑。时间久了，次数多了，就会改变情绪的状态，露出自然的微笑。

（5）牙齿暴露法。笑不露齿是微笑；露上排牙齿是轻笑；露上下8颗牙齿是中笑；牙齿张开看到舌头是大笑。例如，口含一根筷子，嘴角上翘，喊"一"。

训练步骤：

（1）基本功训练。

① 每个人准备一面小镜子，做各种表情训练，活跃面部肌肉，使肌肉充满弹性；配合眼部运动，丰富自己的表情仓库，充分表达思想感情。

② 观察、比较哪种微笑最美、最真、最善，最让人喜欢和回味。

③ 出门前，心理暗示"今天真美、真高兴"。

④ 经常反复训练。

（2）创设环境训练。假设一些场合、情境，让同学们调整自己的角色，绽放笑脸。

（3）课前微笑训练。每次礼仪课前早到一会儿，与老师、同学微笑示意、寒暄。

（4）微笑服务训练。课外或校外参加礼仪迎宾活动和招待工作。

（5）具体社交环境训练。遇见每个熟人，都展示自己最满意的微笑。

项目3　目光训练

训练目标：练就炯炯有神、神采奕奕，会"放电"、会"说话"的眼神；同时，学会通过眼神洞察别人的心理。

训练口号：眼睛是心灵的窗口，让亲善的目光成为你培养人格魅力的法宝。

训练方法：

（1）学会察看别人的眼神与心理；锻炼自己各种各样的眼神。

（2）配合眉毛和面部表情，充分表情达意。

训练步骤：

（1）眼部动作训练。通过眼球向不同方向转动、眼皮开合程度、眨眼速度、目光集中与分散、目视持续时间等训练锻炼眼部肌肉韧性。对着镜子分析各种情况下的眼神给别人留下的印象。

（2）模仿动物的眼神。男性眼神像鹰一样刚强、坚毅、稳重、深沉、锐利、成熟、沧桑、亲切、自然；女性眼神像猫一样柔和、善良、温顺、敏捷、灵动、秀气、大气、亲切、自然。

（3）与不同年龄、不同性别、不同职业、不同性格、不同境况的人交流，大胆尝试使用不同的眼神，并考察社交效果如何。

（4）与亲朋好友进行目光交流，考察眼神是否与自己的思想感情相符。

项目 4　站姿训练

训练目标：站姿挺拔、向上，头、背、臀、脚跟四点一线。

训练方法：

（1）同学们在一间空教室里排队站立，按照站姿的基本要求练习。老师不断提醒动作要领，并逐个纠正。同学进行自我调整，尽量用心去感觉动作要领。训练时可放些优雅、欢快的音乐，调整心境，使微笑自然。每次训练20分钟左右。

（2）要求同学们脚跟、小腿、臀部、双肩、后枕部都紧贴墙壁站立。这种训练是让同学们感受到身体上下处于一个平面。

（3）要求两人一组，背对背站立，双人的小腿、臀部、双肩、后枕部都贴紧。两人的小腿之间夹一张小纸片，不能让其掉下。每次训练20分钟左右。

项目 5　走姿训练

训练目标：协调、昂扬、有朝气、富有节奏感。男性重稳健、力度；女性重弹性、轻盈。

训练方法：

（1）走直线。行走时双脚内侧稍稍碰到地上画的直线，即证明走路时两只脚几乎是平行的。配上节奏明快的音乐，训练行走时的节奏感。强调眼睛平视，不能往地上看，收腹、挺胸、面带微笑，充满自信和友善。

（2）顶书而行。这是为了纠正走路时摇头晃脑的毛病，从而保持行走时头正、颈直。

（3）练习背双肩包、拿文件夹和公文包、穿旗袍时的行走。

第 3 章 商务人员服饰礼仪

学习目标

知识目标：熟悉商务人员服饰礼仪的原则、方法和禁忌。
能力目标：熟练掌握商务服饰的选择、穿着、搭配等技巧。
素养目标：培养重视服饰礼仪的意识，养成服饰礼仪习惯。

任务驱动

这个人打扮与众姑娘不同，彩绣辉煌，恍若神妃仙子：头上戴着金丝八宝攒珠髻，绾着朝阳五凤挂珠钗；项下戴着赤金盘螭璎珞圈；裙边系着豆绿宫绦双鱼比目玫瑰佩；身上穿着缕金百蝶穿花大红洋缎窄裉袄，外罩五彩刻丝石青银鼠褂，下罩翡翠撒花洋绉裙。一双丹凤三角眼，两弯柳叶吊梢眉。身量苗条，体格风骚，粉面含春威不露，丹唇未启笑先闻。（节选自《红楼梦》）

身长八尺，面如冠玉，头戴纶巾，身披鹤氅，飘飘然有神仙之概。（节选自《三国演义》）

3.1 商务人员服饰礼仪概述

无论古今中外，服饰从来都体现着一种社会文化。服饰不仅可以用来蔽体、御寒，更是一种"语言"。它能表达一个人的社会地位、文化品位、审美意识及生活态度，将人的自我形象和自我价值显示于最外层，不但在心理学上会影响人们的自我激励和自我肯定，在交往中还会影响交往对象对人们的主观印象和价值判断。从某种意义上说，服饰能够传达的情感与意蕴甚至不是语言能够替代的。行为学家迈克尔·阿盖尔曾做过实验，他本人以不同的装扮出现在同一地点，结果却完全不同：当他穿着西装以绅士模样出现时，无论是向他问路还是问时间的陌生人，大多彬彬有礼，颇有教养；而当他装扮成无业游民时，接近他的人以流浪汉居多，他们或来借火，或来借物。因此，注重服饰礼仪是每个事业成功者的基本素养，商务人员应当对其予以高度重视。

3.1.1 商务人员服饰礼仪的概念

服饰指一个人穿着的服装和佩戴的饰物。商务人员服饰礼仪是其在工作岗位上和商务交往中的着装和配饰的礼仪规范，是人外在风度的重要组成部分，是展示自我和表现成就的重要工具。商务人员的服饰必须与其所在单位的形象、所从事的具体工作及身份、场合相称。

严格地说，服饰和穿衣不完全相同。穿衣看重的仅仅是服装的实用性，起到蔽体、御寒的作用即可。服饰则大不相同，是指一个人在力所能及的前提下，对服装和配饰进行的精心选择、搭配和组合。可见，服饰的穿着和搭配是一门学问和艺术，同时是一门技巧，有着相应的礼仪规范。

课内实训 3-1

有这样一句谚语："你就是你所穿的。"这是人类无法改变的天性。在美国的一次形象设计调查中，76%的人根据外表判断人，60%的人认为外表和服饰反映了一个人的社会地位。中国某投资银行总经理在谈到服饰的重要性时说："当我要裁员时，就先从穿着最差的人开始。"

想一想：如果你是总经理，你如何看待那些不修边幅的人？你是如何认识服饰的重要性的？

3.1.2 商务人员服饰礼仪的原则

在正式的商务活动中，置身于不同时空、面对不同的交往对象，商务人员在服饰上往往有多种多样的选择，但都遵循一定的原则，主要有以下三种。

1．TOP 原则

TOP 原则是世界通行的服饰礼仪的基本原则。TOP 是英文 Time（时间）、Object（目标）或 Occasion（场合）、Place（地点）几个单词的首字母组合。它的基本含义是人们在选择和穿着服装时，必须考虑着装的时间、目标或场合和地点协调一致，要求人们的服饰应力求和谐，以和谐为美。

案例 3-1

乔·吉拉德的穿衣法则

被称为全世界最伟大推销员的乔·吉拉德是一位颇受欢迎的人物。他对职业着装的研究非常到位。他提出不要吝啬，要买你承受得起的最好服装，质量好的服装更耐穿，也会使你更帅气；上班、宴会、谈判、休闲等各种不同的场合，着装要有不同的选择，你不能穿着牛仔裤去见银行总裁，也不能穿着西装去踢足球；俗艳的领带、过宽的皮带、劣质的纽扣、过于显眼的饰物都会影响你的职业形象，同时会分散别人对你本身的注意力；皮鞋与衣服一定要搭配好，而且在不同场合要选择不同的鞋子。

案例解析：成功并不是偶然的，成功的背后是更多其他人看不到的努力和付出。合适的着装能够帮助我们更好地展示自己，同时给予他人最大的尊重。

（1）时间。"T"代表时间，意味着着装要考虑时间的变化，有三层含义：一是指早、中、晚每天不同的具体时间；二是指春、夏、秋、冬不同的季节；三是指具有时代感，符

合时代趋势。例如，在寒冷的冬天，应该穿保暖、御寒的服装，同时服装的基本色调以深色为主；在炎热的夏天，应该穿吸汗、透气性好、有凉感的服装，同时服装的基本色调以浅色为主。白天要参加各种活动，与他人见面，着装应该得体、严谨；晚上一般居家不外出，着装应该随意、休闲等。如果一个人的穿着打扮不按时代、季节，不分白天、夜晚，就肯定让其他人难以理解和接受，更谈不上美了。

（2）目标或场合。"O"代表目标、对象、主体、着装者、场合等，是指应根据着装者自身特点、不同的交际目的，以及具体的交际对象和所处的场合，选择不同的着装，给人留下好的印象，以使商务活动顺利开展。简言之，就是要求穿着得体而应景。

① 服饰应该与着装者的年龄、身份、体形、肤色、性格和谐统一。年长者和地位高者，服装款式不宜太新潮，款式应简单，而面料质地则应讲究。青少年着装则着重体现青春气息，朴素、整洁为宜，清新、活泼最好。人的体形并非十分完美，要针对自己的脸形、颈形、肩形、手形、腿形等身体特征，找出其优点和缺点，再确定相称的服装的色彩、图案、款式和面料，并选择造型、色彩和大小合适的饰品，力求突出体形优点，淡化缺点。着装时还要考虑体现自己的职业、身份、特点，表现出内在的素养。

② 服饰应该与交际对象与目标相适应。着装选择应考虑沟通交往的目的。如果希望向交际对象推销自己的产品，则应事先了解对方的性格特点、着装风格，并尽量使自己的着装风格与对方趋同，帮助自己得到对方的认可。对方认可了自己，也就为认可自己的产品和信息做了良好的铺垫。着装还应与交际对象的习惯相适应。例如，与外宾、少数民族人民相处，要特别尊重他们的习俗和禁忌。在西方国家，少女身穿吊带背心、超短裙是司空见惯的，但在着装保守的阿拉伯国家，就显得很不合时宜了。

③ 选择服装应该与交际场合相适应。不同的场合有不同的服饰要求，服饰只有与特定场合的气氛相一致、相融洽，才能产生和谐的审美效果，实现人景相融。人们社交活动的场合大体有公务场合、公共场合、休闲场合三类，在不同的场合，人们服装的颜色、款式、面料等都应该有所不同。

第一，公务场合，即上班处理公务的场合。在公务场合中，着装的总体要求是突出"庄重、传统、大方"的风格。也就是说，在公务场合的着装不可强调个性、过于随便，而应端庄大方、符合传统。特别是在国际公务场合，不允许穿时装、便装、夹克衫、牛仔装、运动装、短裤、旅游鞋、凉鞋等，也要特别注意不要穿瘦、露、透的服装。

第二，公共场合。公共场合大体分为三种：一是喜庆场所，如生日聚会、婚礼、晚会等。在喜庆场所，衣着应色彩艳丽一些、款式新颖一些。二是庄重场所，如庆典仪式、正式宴请、会见会谈、外事活动等。在庄重场所，许多国家有穿礼服的习惯。我国没有正规的社交礼服，目前的做法是男士穿黑色的中山装套装或西装套装，女士则穿单色的旗袍、下摆长于膝盖的连衣裙或西装套装。三是悲伤场所，如追悼会等。悲伤场所应着庄重、深色的服装，切忌穿大红大绿、色彩鲜艳的服装。

第三，休闲场合，即在个人休息时间里独处或与不相识者共处的场合，如居家休息、健身运动、游览观光、休闲散步、漫步街头、商场购物等。在休闲场合，着装应舒适、随意，如穿牛仔装、运动装、夹克衫、T恤衫、短袖衫、短裤等，不必穿套装、套裙，也不必穿制服。

（3）地点。"P"代表地点。时间和空间总是紧密相依的，着装也总处在一定的空间、地点中。服饰需要与不同环境相协调，以获得视觉和心理上的和谐感。例如，穿泳装出现在海滨浴场是很正常的，但若穿着它去上班、逛街，则不成体统。

2．三色原则

当人们穿着各式各样的服饰出入各种社交场合时，最引人注目的是其色彩。色彩是服饰最活跃、最积极的因素。色彩能表达人们的审美情趣，显露其心境、情感，引起丰富的联想。服饰配色和谐，能给人以优雅、高贵的感觉；色彩搭配不当，即使衣着考究、精心打扮，也难以取得理想的效果。所以，色彩是服饰的灵魂。

服饰配色以"整体协调"为基本准则。全身最好不超过三种颜色，而且以一种颜色为主色调，并以它作为基础色，再配一两种次要色，使整套服饰的色彩主次分明、相得益彰。颜色太多，则会显得乱而无序，不协调。这样做有助于保持正装的庄重、传统、大方的总体风格，并使正装在色彩上显得规范、简洁、和谐。这就是着装的"三色原则"。在各种色彩中，灰、黑、白三种颜色在服饰配色中占有重要地位，几乎可以和任何颜色相配，并且都很合适。常用的服饰配色方法有以下几种。

（1）上下装同色。一种是上下装除了颜色相同，明度、纯度也完全相同，通常是套装，以饰物点缀；另一种是上下装使用同一色相，但明度、纯度有所不同，即同色系配色，如深红与浅红、橙色与黄色等，这种同色系中深浅、明暗度不同的颜色搭配给人以柔和、自然、协调的色彩美。这种搭配方法通常适合公务场合或庄重的社交场合。

（2）对比配色。利用可以明显区分颜色的色彩，如红绿、黄蓝等配色进行搭配。这种搭配可以使服饰在色彩上反差强烈，静中有动，突出个性，适合各种场合。对比色运用得当，会有相映生辉、令人耳目一新的效果。年轻人着上深下浅的服装，显得活泼、飘逸、富有青春气息。中老年人采用上浅下深的搭配，给人稳重、沉着的感觉。

（3）呼应配色。服饰的色彩上下呼应或内外呼应。例如，上身穿黑底红花纹上衣，下身穿黑色裤子；穿西装时，鞋子和皮包同色。这种搭配方法也适合各种场合。这样的服饰色彩给人遥相呼应、统一协调的感觉。

（4）点缀配色。例如，红色和绿色、黄色和紫色搭配在一起过于醒目、刺激，可以进行点缀和过渡，如在红衣绿裙之间增加一条白色的皮带，就可以使两种颜色取得协调；或者为红色或绿色加入白色，成为浅红或浅绿，就不会那么刺眼了。需要注意面积与分量的取舍。可在大面积的一种色彩上点缀其他的补色，这样就会既鲜明又不刺眼，形成强烈的对比美。例如，穿一身浅驼色的衣服，露出红色的衬衫领，这一点红色使整套服装的色彩活了起来，起到画龙点睛的作用。

3．三一定律

"三一定律"是指男士在正式场合穿着西装时，身上有三个部位的色彩必须协调统一，即鞋子、腰带、公文包的色彩必须统一。最理想的选择是皮鞋、皮带、皮质公文包皆为黑色。

课内实训 3-2

请同学互相分析他们的着装配色是否合理，是否能给人赏心悦目的感觉。在老师的指导下，集中分析几位着装配色合理的同学和几位着装配色不合理的同学，分别归纳着装配色的要点和着装配色的禁忌。

3.2 商务人员着装礼仪

3.2.1 男性商务人员着装礼仪

男性商务人员常常将西装视为商务活动中的制服。西装又称西装、洋服，起源于欧洲，设计造型美观、线条简洁流畅、立体感强、穿着舒适、适用范围广，成为当今世界最标准、最通用的礼服，在各种礼仪场合广泛使用。在男装中，尤其是男性商务人员的着装中，目前最普遍的是西装。人们常说："西装七分在做，三分在穿。"应注意的西装礼仪如下。

1. 西装的选择

（1）西装的色彩。西装的色彩必须显得稳重、正统，而不能轻浮和随便。男士在商务交往中所穿的西装应当为单色套装，且首选藏蓝色，这是标准的职业装。在世界各地，藏蓝色的西装往往是商务男士的首选。此外，还可以选择灰色或棕色西装，显得成熟、稳重。如果参加庄重、严肃的礼仪活动，则应该选择黑色西装。在日常工作中，一般不穿黑色西装。穿西装时，应遵守"三色原则"，即全身色彩不宜多于三种。最好选择深色西装、白色衬衫、黑色鞋袜。领带的色彩最好与西装的色彩保持一致。切记，越是正规的场合，越要选择单色和深色的西装。

（2）西装的图案。男性商务人员推崇成熟、稳重，所以西装一般不带图案，特别是上乘的西装。西装一般在两种情况下具有图案：一是在休闲场合穿的休闲装，可带有不同色调或图案；二是在正规场合穿的"牙签呢"细条纹西装。在欧洲，深灰色、带有细密竖条纹的西装是最为考究的。用"格子呢"缝制的西装，一般只在非正式场合穿。

（3）西装的面料。西装的面料应力求高档。在一般情况下，西装的面料应以毛料为首选，纯毛、纯羊绒及高比例含毛的毛涤混纺的面料都可以作为西装的面料。目前，以高档毛料制作的西装大都具有轻、薄、软、挺四个特点。轻，指的是西装重量轻，不显笨重，穿在身上轻飘犹如丝绸；薄，指的是西装面料单薄，而不过分厚实；软，指的是西装穿起来柔软舒适，既合身又不会给人束缚挤压之感；挺，指的是西装外表挺括、雅观，不起皱、不松垮、不起泡。这样的西装，穿起来合身、舒适、雅观，又不显笨重。而不透气、不散热、发亮的各类化纤面料则不适合用来制作西装。

（4）西装的款式。西装的款式有以下三种常见的分类方法。

① 按照西装的件数来划分，西装可以划分为单件与套装两种。依照惯例，单件西装即一件与裤子不配套的西装上衣，仅适用于非正式场合。男性商务人员在正式的商务交往中所穿的西装必须是西装套装，也称商务套装。

所谓西装套装，指的是上衣与裤子成套，其面料、色彩、款式一致，风格上相互呼应的多件套西装。通常，西装套装又有两件套与三件套之分。两件套西装包括一衣和一裤，三件套西装则包括一衣、一裤和一背心。按照传统看法，三件套西装比两件套西装更加正规。所以，男性商务人员在参与高层次的商务活动时，最好穿三件套的西装套装。

② 按照西装上衣的纽扣数量来划分，西装可以划分为单排扣与双排扣两种。一般认为，单排扣西装上衣比较传统，而双排扣西装上衣则较为时尚。

具体来说，单排扣西装上衣与双排扣西装上衣纽扣的数目又各自有所不同，因而又使其各自呈现不同的风格。单排扣西装上衣常见的有一颗纽扣、两颗纽扣、三颗纽扣三种。一颗纽扣和三颗纽扣的单排扣西装上衣穿起来比较时髦，而两颗纽扣的单排扣西装上衣则显得更为正统。双排扣西装上衣常见的有两颗纽扣、四颗纽扣、六颗纽扣三种。两颗纽扣和六颗纽扣的双排扣西装上衣属于流行款式，而四颗纽扣的双排扣西装上衣则明显地具有传统风格。

③ 按照西装适用的场合来划分，西装可以划分为正装西装和休闲西装两种。

（5）西装的板型。西装的板型又称西装的造型，指的是西装的外观形状。目前，西装主要有欧式、英式、美式、日式四种主要板型。

欧式西装的主要特征为：上衣呈倒梯形，多为双排两颗纽扣式或双排六颗纽扣式，而且纽扣的位置较低。它的衣领较宽，强调肩部与后摆，不太重视腰部，垫肩与袖笼较高，腰身中等，后摆无开衩。欧式西装洒脱、大气，其代表品牌有费雷、皮尔·卡丹等。

英式西装的主要特征为：不刻意强调肩宽，而讲究穿在身上自然、贴身。多为单排扣式，衣领是V形，并且较窄。它腰部略收，垫肩较薄，后摆两侧开衩。英式西装剪裁得体，代表品牌有登喜路等。

美式西装的主要特征为：外观方方正正，宽松舒适，较欧式西装稍短一些。肩部不加衬垫，因而被称为"肩部自然"式西装。其领形为宽度适中的V形，腰部宽大，后摆中间开衩，多为单排扣式。美式西装宽大、飘逸，知名品牌有布鲁克斯兄弟、卡尔文·克莱因等。

知识拓展

男士西装的选择与身型

日式西装的主要特征为：上衣外观呈H形，即不过分强调肩部与腰部。垫肩不高、领子较短、较窄，不过分收腰，后摆也不开衩，多为单排扣式。日式西装贴身、稳重，国内常见的日式西装品牌有仕奇、顺美、雷蒙等。

商务人员在选择西装时，应根据自己的身材、体态来决定。相对来说，英式和日式西装更适合中国人穿着。

（6）西装的尺寸。西装必须合身，宽松适度。要做到西装的尺寸合适，应注意以下三点。

① 了解西装的标准尺寸。众所周知，西装的衣长、裤长、袖长、胸围、臀围都有一定标准，只有对此加以了解，才能在选择西装时有章可循。

② 最好量体裁衣。市场上销售的西装多为批量生产，尽管尺寸十分标准，但穿在每个人身上的效果会有所不同。因此，有条件者最好量身定制西装。

③ 认真试穿。购买成衣时，应反复试穿，选择合身的西装。试穿时一定要将所有纽扣都扣上，看看肩部是否吻合，肩部过宽或过窄，在视觉上和穿着上都会令人觉得很不舒服。试穿的时候，注意将手臂抬起、放下，弯弯手肘，看会不会出现褶皱，或是否有紧绷的感觉。这些都可以看出西装的剪裁是否适合自己的体形。再好看、再昂贵的衣服，一旦出现褶皱、紧绷，整体感觉便会大打折扣。西装袖子的长度，以手臂下垂后，袖子的下端边缘离拇指10厘米为宜，比衬衫袖子短1厘米。

（7）西装的做工。在选择西装时，其做工精良与否是不可忽视的，一定要认真、仔细地选择。主要应注意六个方面：衬里是否外露；衣袋是否对称；纽扣是否缝牢；表面是否起泡；针脚是否匀称；外观是否平整。

2. 西装的穿着礼仪

西装的穿着有相当严格的规范和要求，只有与之相符的穿着才被认为是合乎礼仪的。具体的礼仪规范有以下几个方面。

（1）西装的套件。在非正式场合，可穿单件西装上衣，配以各种西裤或牛仔裤等时装裤。在半正式场合，应着西装套装，可视场合气氛在服装、色彩、图案上大胆些。在正式场合，必须穿颜色素雅的西装套装，以深色、单色为宜。

（2）西装的衬衫。与西装配套的衬衫应当是正装衬衫，应挺括、整洁、无褶皱，尤其是领口与袖口。正装衬衫以高织精纺的纯棉、纯毛制品为主。以棉、毛为主要成分的混纺衬衫可酌情选择。正装衬衫必须为单一色彩。在正式的商务场合，白色衬衫是男士的最佳选择。此外，蓝色、灰色、绿色、黑色有时也可考虑。正装衬衫以无任何图案为佳。在一般的商务活动中，可以穿具有较细竖条纹的衬衫，但不可同时穿带有竖条纹的西装。

正装衬衫的领形多为方领、短领和长领。选择衬衫衣领时，应与个人的脸形、脖颈及领带结的大小相适合，不能反差太大。有时可选用扣领的衬衫。立领、翼领和异色领的衬衫不适合同正装西装相配。正装衬衫必须为长袖衬衫。

衬衫有单层袖口和双层袖口之分。双层袖口的衬衫又称法国式衬衫，主要作用是佩戴装饰性袖扣（又叫链扣、袖链），可为自己增添高贵而优雅的风度。在国外，袖扣是男性商务人员在正式场合佩戴的重要饰物。但若将其别在单层袖口的衬衫上，就不伦不类了。

正装衬衫以无胸袋为佳。如果穿着有胸袋的衬衫，则要尽量少往胸袋内放东西。

除了上述问题，还要注意正装衬衫要合身，尤其领口、胸围要松紧适度，下摆不宜过短。穿西装的时候，衬衫的所有纽扣，无论是衣扣、领扣还是袖扣，都要全部系好。衬衫的袖长要适度，最美观的做法是令衬衫的袖口恰好长出西装袖口1厘米左右，以放下手臂时刚好看不见为准；衬衫衣领应高出西装衣领0.5厘米，以保护西装衣领，增加美感。穿长袖衬衫时，无论是否穿外衣，都必须将其下摆均匀而认真地掖进裤腰之内。男性商务人员在自己的办公室里，可以暂时脱下西装上衣，直接穿长袖衬衫、打领带，但不能以此形象外出办事，否则就有失体统。

（3）西装的领带。在欧美各国，领带、手表和装饰性袖扣并称"成年男子的三大饰品"。领带作为西装的灵魂和焦点，在正式场合要佩戴。一般情况下，对于领带与衬衫、西装的搭配，应注意以下问题。

① 同类型的图案不要搭配。例如，格纹西装不要配格纹衬衫和格纹领带。暗格纹西装配素色、条纹或花纹的衬衫和领带都很漂亮。格纹衬衫配斜纹领带，直纹衬衫配方格图案的领带，虽然都是直线条，却有纹路方向的变化，不会单调呆板。暗格纹衬衫也可以配花纹领带，印花或花形图案的领带最好配素色衬衫。

② 领带的颜色最好与衬衫或外套同色系。领带可与外套、衬衫同色系，但不同图案。在挑选领带时应注意，领带最好是用真丝或羊毛制作而成的。以涤丝制成的领带售价较低，有时也可选用。此外，由棉、麻、绒、皮、革、塑料等制成的领带，在商务活动中均不宜佩戴。领带的颜色以蓝、棕、黑、紫红色等为主，且同一条领带应不多于三种颜色。有条纹、圆点、方格等几何图案的领带多用于商务场合。

③ 领带必须系在硬领衬衫上。领带系好后，上面宽的一片要略长于下面窄的一片；领带尖须刚抵皮带上端。若内穿背心，则领带必须置于背心内，领带尖也不能露出背心。

领带的系法颇有讲究，其基本要求是：挺括、端正，并且在外观上呈倒三角形。领带结的大小最好与衬衫衣领的大小成正比。出席正式场合时，务必提前收紧领带结。领带的系法多种多样，可根据不同场合及领带本身的材质采取不同的系法。常用的系法有平结、交叉结、双环结、温莎结及双交叉结五种。

> 📖 **知识拓展**
>
> 领带的常见系法

 课内实训 3-3

请班里会系领带的同学为全班同学示范他们习惯的领带系法，然后在老师指导下分析各种领带系法适用的情况。要求每位同学新学两种以上领带系法，将新学的领带系法要点记录下来，以备日后使用。

（4）西装的纽扣。在非正式场合，一般可不扣纽扣，以显示潇洒飘逸的风度；在正式场合，双排扣西装应把纽扣都扣好。对于单排扣西装，一颗纽扣的，扣上端庄，敞开潇洒；两颗纽扣的，只扣上面一颗，洋气、正统；只扣下面一颗，牛气、流气；全扣，土气；全不扣，潇洒、帅气。可见，全扣和只扣下面一颗不合规范。三颗纽扣的，扣上面两颗或只扣中间一颗都是合乎规范的，如图 3-1 所示。

图 3-1　西装纽扣扣法

> **案例 3-2**
>
> **郑先生的纽扣**
>
> 郑先生是一位经常外出跑业务的商务人员，按照公司规定，他必须天天穿着蓝色西装上班，同时搭配白衬衫及深蓝色领带。郑先生自认为这身服装让他显得英姿焕发，但是他的上司却指着他的领带结处说："不及格呀！"经过同事的提醒，郑先生才知道，原来上司是怪他没扣上衬衫的第一颗纽扣，但他很不以为然："反正我已系了领带，有它箍着，衬衫的领子固定得很好，何必扣纽扣令自己不舒服呢？上司真会挑刺儿！"郑先生的上司是在挑刺儿吗？
>
> 案例解析：第一颗纽扣不扣，在感觉上或许比较舒服，但在视觉上并不美观。在系领带时扣好衬衫的第一颗纽扣是商务礼仪对于着装的要求之一。

 课内实训 3-4

预先要求同学上课时穿西装，选几位穿不同样式西装的同学上台，演示系上不同数量纽扣的形象效果，然后引导同学归纳不同样式西装纽扣的扣法，并将要点记录下来。

（5）搭配的鞋袜。

① 皮鞋。与西装配套的鞋子只能是皮鞋，夏天也如此。配套的皮鞋应该由真皮制作，而非仿皮。一般来说，牛皮鞋与西装最般配。皮鞋的款式最好是传统的有带皮鞋。深色的西装搭配黑、棕色皮鞋，夏天穿浅色西装可以搭配白色皮鞋。要注意的是，穿黑色皮鞋可以搭配各种颜色的深色系西装，但如果穿棕色皮鞋，就只能搭配棕色西装。除了进入

需要脱鞋的专门场所,不要当众把脚从鞋里伸出来。社交场合不应该出现系鞋带的举动。无论穿哪种鞋子,都既不应该拖地行走,也不应该跺地行走,这样不仅制造噪声,也会给别人留下不好的印象。在商务活动中穿皮鞋时,有五点需要做到:鞋内无味、鞋面无尘、鞋底无泥、鞋垫相宜、尺码恰当。

 课内实训 3-5

英国一位做皮鞋生意的商人说:"低头看看他脚上穿的,就知道他的真实身份。"在古罗马,人们也用鞋来标志一个人的身份。然而,大多数人却常常忽略脚下,而把全部精力放在西装、领带、衬衫、饰物上。在美国华尔街流行着这样一句俗语:"永远不要相信一个穿着破皮鞋或脏皮鞋的人。"想一想,这句俗语说明了什么道理?

② 袜子。袜子的要求比较简单,一般倾向于深色,如蓝、黑、灰、棕色等。不要穿白色袜子,也不要穿彩色、花纹或发光、发亮及浅色的袜子。穿西装时,袜口不要露出来。男士在穿袜子时,必须遵守三项基本规则:袜子干净、袜子完整、袜子合脚。

> **案例 3-3**
>
> **总经理的穿搭**
>
> 某公司的总经理到国外某展会宣传推广自己的公司,来宾都是国际著名投资公司的管理人员,场合很正式。但来宾发现台上的总经理虽然西装革履,裤脚下却露出一截"棉毛裤的边",而且黑皮鞋里是一双白色袜子。来宾因此产生了疑问:这样一个公司总经理能管好他的公司吗?产品的品质能保证吗?后续的合作也就不了了之。
>
> 案例解析:一个人的穿搭不仅代表着他个人的形象,也会影响其所在组织的整体形象。应掌握商务人员穿搭的基本原则和要求,避免因不重视细节而导致严重的后果。

 课内实训 3-6

在讲台上摆放一把面向同学的椅子,选几位同学依次坐在椅子上,优雅地跷起二郎腿,然后请其他同学分析其鞋、袜、裤子、上衣色彩、样式等是否和谐。老师引导同学归纳出鞋、袜、裤子、上衣搭配的禁忌,并记录下来。

(6)与西装搭配的必备物品。

① 公司的徽标。公司的徽标需要随身携带,准确的佩戴位置为男士西装的左胸上方。

② 钢笔。在商界,钢笔历来被视为商务人员的"武器",也是常备的饰品。选择钢笔要考虑品牌、式样、功能、类别四方面。钢笔的式样应朴实、大方、简洁。附加功能过多的钢笔,或书法笔、工艺笔等,商务人员不宜选用。因为从事商务活动经常使用钢笔,所以钢笔正确的携带位置应该是男士西装内侧的口袋,而不应该是男士西装外侧的口袋。一般情况下尽量避免把它放在衬衫的口袋中,否则容易把衬衫弄脏。

③ 名片夹。应该选择一个比较好的名片夹来存放自己的名片,这样可以使名片清洁、整齐。同时,在接受他人名片时,应把名片妥善保存在名片夹中,避免直接把对方的名片放在自己的口袋中,或者放在手中不停摆弄。

④ 公文包。公文包被称为商务人员的"移动式办公桌",是其外出时不可离身的物品。商务人员腰间不应悬挂钥匙等物品,此类物品应放在随身携带的公文包内。在选择公文包时,其式样、大小应该和商务人员的整体着装保持一致。公文包应该由牛皮、羊皮制成,黑色、棕色最正统。从色彩搭配的角度来说,如果公文包的色彩和皮鞋的色彩一致,看上去就显得完美而和谐。除商标外,公文包在外表上不要带有任何图案、文字,包括真皮标志,否则就是有失身份的。手提式的长方形公文包是最标准的。

(7)穿西装应注意的问题。

① 和谐的色彩搭配。穿西装时要注意色彩搭配。如果西装很合体,但色彩的搭配不合理,也同样穿不出西装的品位。色彩搭配要讲究"三色原则"和"三一定律"。

② 拆除商标。穿西装前,务必将上衣左袖口处的商标等物拆除,切不可故意留下商标以显示西装的品牌和档次。

③ 熨烫平整。无论是新的还是已经穿过的西装,都必须要在穿之前将其洗干净,而且一定要熨烫,使其平整、挺括,线条笔直,这样才能显示西装应有的韵味。

④ 穿着整齐。在社交活动中穿着西装时,无论在何种情况下,都不得将衣袖卷起、裤筒挽起。同时,不要在众人面前随意将上衣脱下,更不要将西装上衣像披风一样披在肩上;在西装上衣内,除了衬衫与背心,最好不要再穿其他任何衣物。出于保暖的需要,可穿上一件单色、薄的 V 领羊毛衫或羊绒衫,而不要穿色彩、图案繁杂的毛衣或扣式毛衣,领带应置于羊毛衫与衬衫之间。衬衫内可配内衣或背心。西装的上衣口袋一般只装一块干净的叠法讲究的丝质手帕,与领带的色、质、纹相配,且多用于社交活动中。西装的其余口袋不宜放其他物品。西裤两侧的口袋可放纸巾、钥匙包或零钱包。

> 课内实训 3-7

请男同学对照图 3-2、图 3-3 所示的男性商务人员服饰礼仪要点与禁忌,先做自我检查,然后请邻座女同学为自己指出需要改善的地方。思考图中还有哪些礼仪要点没有标示出来,请尽可能多地列举出来,然后添加到图中。

图 3-2 男性商务人员服饰礼仪要点

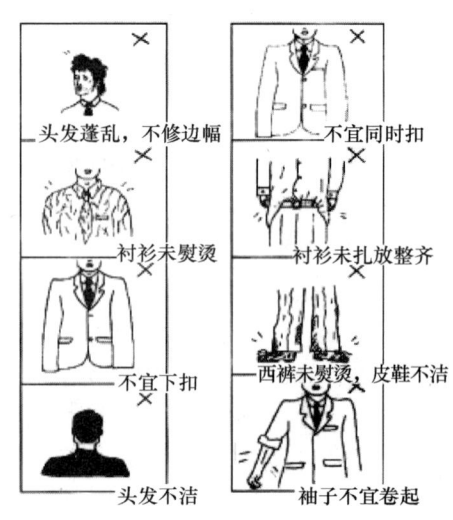

图 3-3 男性商务人员服饰礼仪禁忌

3.2.2 女性商务人员着装礼仪

从传统上说,在正式场合,女性商务人员的着装唯独以裙装为佳,各种裤装都是不宜选择的。不仅如此,商务人员还约定俗成地认为,在所有适合女性商务人员在正式场合穿着的裙装之中,套裙又是名列首位的选择。

套裙是西装套裙的简称,它是由男士西装演变而来的,是女士的西装,一般有两件套和三件套之分。两件套由一件上衣和一条裙子组成;三件套就是在两件套的基础上再加一件背心。套裙可使着装者看起来干练、洒脱和成熟,还能衬托出女性独有的优雅、文静的韵味。套裙是体现职业女性工作态度与女性美的"最好的道具"。

> **案例 3-4**
>
> **女财税专家的困惑**
>
> 一位女财税专家有很好的学历背景,常能为客户提供很好的建议,在公司中的表现一直很出色。但当她到客户的公司提供服务时,对方却不太重视她的建议,使她的才能无法充分发挥。一位形象设计师发现,这位财税专家在着装方面有明显的缺点:她28岁,身高147厘米,体重43千克,喜爱穿可爱的服装,看起来像个小女孩。其外表与她从事的工作相距甚远,因此客户对于她提出的建议缺少信赖感。这位形象设计师建议她用服装来增强专家的气势,穿深色的套裙,用对比色的上衣、丝巾、镶边帽子来搭配,甚至戴上框架眼镜。女财税专家照办了,结果,客户的态度有了较大的转变。
>
> 案例解析:职业化的着装能够给他人带来专业感和安全感,因此在工作时应穿职业装。在生活中,可以根据自己的喜好来选择合适的服装。

1. 套裙的选择

(1)面料。套裙的面料质地应当上乘,上衣与裙子应使用同一种面料。除了女士呢、薄花呢、人字呢、法兰绒等纯毛面料,还可选择高档的丝绸、亚麻、府绸、麻纱、毛涤面料来制作套裙。应当注意的是,用来制作套裙的面料应当匀称、平整、滑润、光洁、丰厚、柔软、挺括、富有弹性,而且不易起皱。

(2)色彩。套裙的色彩以冷色调为主,应当淡雅、清新、庄重,不宜选择过于鲜亮、"扎眼"的色彩,意在体现着装者的端庄与稳重。在此基础上,有时也可小有变化。以两件套西装套裙为例,上衣与裙子可以一色,也可以采用上浅下深或上深下浅两种不同的色彩,使之形成对比。前者正统而庄重,后者则富有动感与活力,二者各有千秋。套裙的色彩应当与具体的工作环境相协调。例如,藏蓝、炭黑、烟灰、雪青、黄褐、茶褐、蓝灰等较冷的色调,都是很好的选择。

(3)图案。正式场合的套裙应不带任何图案。若想让套裙静中有动、充满活力,可以选用以各种或宽或窄的格子、或大或小的圆点、或明或暗的条纹为主要图案的套裙。点缀不宜过多,可用装饰扣、包边、蕾丝等加以点缀。

(4)尺寸。套裙在尺寸上的变化,主要表现在它的长短与宽窄两个方面。一般来说,上衣与裙子的长短是没有明确具体规定的。套裙曾被要求上衣不宜过长,下裙不宜过短。传统的观点是:裙短则不雅,裙长则无神。裙子的下摆恰好达到着装者小腿中间位置,是最标准、最理想的裙长。然而,在现实生活中,套裙中的裙子有的是超短式,有的是及膝式，有的则是过膝式。

（5）造型。套裙的造型变化也主要集中于长短与宽窄两个方面。在套裙中，上衣与裙子的长短没有明确的规定。上衣与裙子的造型，有上长下长、上短下短、上长下短、上短下长四种形式，在视觉上都能取得较好的效果。

套裙的裙子的式样可以有不少选择，如西装裙、围裹裙、一步裙、筒裙等，式样端庄，线条优美；百褶裙、人字裙、喇叭裙等，飘逸洒脱、高雅漂亮。套裙的裙子一般不宜添加过多花边或饰物。因此，在选择裙子时，应当首先从实际出发，不要一味追求时髦。穿套裙，特别是穿丝、麻、棉等薄型面料或浅色面料的套裙，一定要穿衬裙。

知识拓展

女士套裙的选择与身型

2. 套裙的穿着礼仪

一套大方、得体的套裙除了做工精良、面料优质，还必须穿着得当。

（1）大小适度。通常情况下，套裙中的上衣最短可以齐腰，裙子最长可以达到小腿的中部。应特别注意，上衣的袖长以正好盖住着装者的手腕为宜。衣袖如果过长，甚至在垂手而立时挡住着装者的大半个手掌，往往使其看上去矮小而无神；衣袖如果过短，甚至将着装者的手腕完全暴露，则使其显得滑稽而随便。还应注意，上衣或裙子均不可过于肥大或包身。穿套裙时不能露臂、露肩、露背、露腰、露腹，不可"捉襟见肘"。

（2）穿着到位。在穿套裙时，必须依照常规的穿着方法，将其认真穿好，处处到位。上衣的领子要完全翻好，衣袋的盖子要拉出来盖住衣袋；不允许将上衣披在身上，或者搭在身上；裙子要穿得端端正正，上下需要对齐之处务必对齐。特别需要指出的是，女士在出席正式场合之前，一定要抽出一点时间仔细地检查自己所穿衣裙的纽扣是否系好、拉锁是否拉好。在大庭广众之下，如果上衣的纽扣系得有所遗漏，或者裙子的拉锁忘记拉上、稍稍滑开一些，都会令着装者一时无地自容。不可随便脱下上衣和解开纽扣，否则会给人太随便的感觉。

（3）考虑场合。女士在各种正式的商务场合中，一般以穿套裙为宜。在国际商务活动中尤其如此。此外，一般没有必要非穿套裙不可。

（4）协调妆饰。因为女士在工作岗位上要突出的是工作能力、敬业精神，而非自己的性别特征和靓丽容颜，所以穿套裙时要化淡妆，恰到好处即可。佩饰也要尽量简单。按照惯例，不允许佩戴与个人身份不符的珠宝饰物，也不允许佩戴有可能过度张扬自己"女人味"的耳环、手镯、脚链等饰物。高雅的穿着打扮，讲究的是着装、化妆与佩饰风格统一、相辅相成。因此，在穿着套裙时，女士必须具有全局意识，将其与化妆、佩饰一起全面考虑。

（5）兼顾举止。着装者举止雅观，讲究个人的仪态，这样才能将套裙的美感表现出来。穿上套裙之后，女士要站得稳且正。就座以后，务必注意姿态，切忌双腿分开过大，或跷起一条腿、抖动脚尖，更不可以脚尖挑鞋，甚至当众脱鞋。一套剪裁合身或稍微紧身的套裙，在行走之时或取放东西时，有可能对着装者产生一定程度的约束。由于裙摆所限，行进之中，步子以轻、稳为佳，需要去取某物时，若其与自己相距较远，可请他人相助。

（6）要穿衬裙。穿套裙的时候一定要穿衬裙，特别是穿丝、棉、麻等较薄面料或浅色面料的套裙时。可以选择透气、单薄、柔软的衬裙，颜色要与外面套裙的颜色相协调。需要注意的是，衬裙的裙腰不能高于套裙的裙腰，衬衫下摆应掖在衬裙裙腰和套裙裙腰之间。

（7）讲究搭配。套裙的穿着能否体现女士端庄、文雅的气质，还要关注它与衬衫、鞋袜的搭配是否得当。

① 衬衫的搭配。衬衫面料要求轻薄，可采用真丝、麻纱、府绸、罗布、花瑶、涤棉等。衬衫色彩要求雅致而端庄，不能过于鲜艳，常见的是白色。

② 鞋袜的搭配。袜子可以选用尼龙丝袜或羊毛袜。颜色以肉色、黑色、浅灰、浅棕等几种颜色为主，肉色最佳，单色为主，一些加了网眼、镂空或印有图案的袜子只能给人肤浅的感觉。鲜红、明黄、艳绿、淡粉等艳丽的颜色不可选择。袜子不能随意乱穿，高筒袜和连裤袜是套裙的标准搭配。不要同时穿两双袜子，也不可将九分裤、健美裤等当成袜子穿。中筒袜、低筒袜也不可以和套裙搭配，因为这样穿着会露出袜口，既不美观，又是一种公认的缺乏服饰品位且失礼的表现。不仅穿套裙的时候要避免露出袜口，穿开衩裙的时候也应注意。

和套裙配套的鞋子应该是皮鞋，最好是黑色的牛皮鞋，与套裙色彩一致的皮鞋也可以选择。样式可选高跟或半高跟的船式或盖式皮鞋，但应该尽量避免鞋跟过高、过细。系带式、丁字式的鞋子和皮靴、皮凉鞋均不适宜。鞋袜应当大小配套、完好无损，且不能当众脱下鞋袜。穿套裙的时候，鞋、袜、裙之间的颜色应协调。鞋、裙的色彩必须深于或略同于袜子的颜色。无论是鞋子还是袜子，图案和装饰都不要过多。

知识拓展

女士着装"十过分"

 课内实训 3-8

请女同学对照图 3-4 和图 3-5 所示的女性商务人员服饰礼仪要点与禁忌，先做自我检查，然后请邻座男同学为自己指出需要改善的地方。思考图中还有哪些礼仪要点没有标示出来，请尽可能多地列举出来，然后添加到图中。

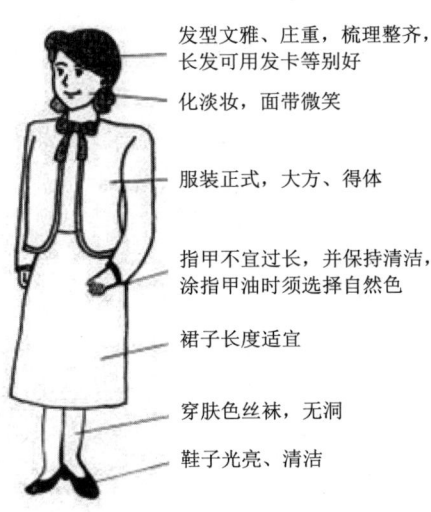

图 3-4 女性商务人员服饰礼仪要点

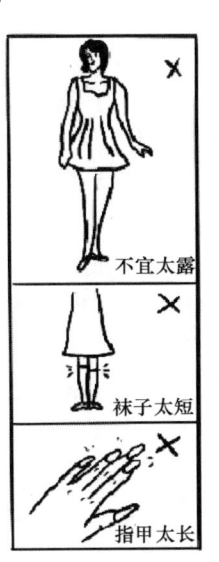
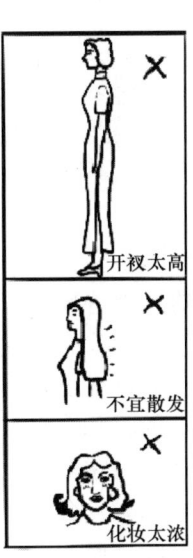

图 3-5 女性商务人员服饰礼仪禁忌

3.3 商务人员配饰礼仪

一身美观大方的服装如果有与之相协调的饰物相配，就起到了画龙点睛的作用，使形象更加完美。配饰是指与服装搭配并对服装起修饰作用的其他物品。配饰不是财富的象征，而是一个人文化素养、气质风度和审美格调的表现。在商务交往中，应重视佩饰的使用。

3.3.1 商务人员配饰礼仪的原则

饰物的佩戴有一套约定俗成的规则，不可随心所欲。

1．以少为佳

佩戴饰物宜少不宜多。具体来说，有三种情况：一是一件饰物都不戴，如在穿制服时就不能戴任何饰物。二是同时佩戴多种饰物时，最多为三种，每种最多为两件。例如，在服务岗位上工作时，饰物佩戴最多为两种；在社交场合，饰物佩戴最多为三种。三是除耳环、手镯外，同种饰物最好不要超过一件。

2．同质同色

同质，就是所有饰物应该尽量质地相同，如都为黄金制成。同色，就是如果同时佩戴多种饰物，则应该力求所有饰物在颜色上相同。所戴的饰物千万不要颜色各异，使佩戴者像一棵"圣诞树"。

3．符合身份

在佩戴饰物时，要考虑佩戴者的性别、身份、年龄、体形、职业等因素。在商务场合，应力戒带有炫耀性的饰物，因为这类饰物不仅让交往对象产生低人一等的感觉，还容易让他人产生有损职业形象的联想。中年人应避免佩戴发光、发亮、发声的饰物。男性佩饰不要花哨、繁杂，否则会令人感到矫揉造作，有损男性的雄浑气度。

4．搭配恰当

佩饰与服装搭配恰当，是锦上添花；搭配不当，则是画蛇添足。一般来说，佩戴饰物时需要考虑以下几个问题。

（1）要注意各种饰物之间相互呼应，同时饰物与服装的质地、颜色、款式相互照应，风格一致。

（2）要注意场合。参加晚会或外出做客时，可佩戴大型胸针、带宝石坠的项链、带坠的耳环等，在灯光下会显得更加美丽；平日可佩戴小型胸针、串珠、耳环等；在上班、运动或旅游时，少戴或不戴饰物为好；吊唁、丧礼场合只允许佩戴结婚戒指、珍珠项链和素色饰品。正式场合不应佩戴粗制滥造的饰物，佩戴的饰物要求质地与做工俱佳。

（3）要与季节相符。一般来说，季节不同，所佩戴的饰物也应有所不同。例如，金色、深色的饰物适合冷季佩戴，而银色、艳色的饰物则适合暖季佩戴。

（4）要注意饰物的寓意及习俗。佩戴饰物要遵循不同文化背景

知识拓展

生日宝石的寓意

中关于佩饰的传统和习惯。例如，项链是平安富贵的象征；戒指是饰物中最明显的爱情信物等。

3.3.2 商务人员常用配饰礼仪

配饰种类很多，根据其作用不同，大致可以划分为两大类：装饰类和实用类。戒指、手镯、项链、耳饰、胸针等属于装饰类。鞋子、袜子、丝巾、领带夹和袖扣、皮带、皮包等属于实用类。其中鞋袜、皮包前面已经讲过，在此不再赘述。

1．戒指的佩戴

戒指的佩戴很有讲究，通常应戴于左手。戒指戴在左手示指上，代表无偶求爱；戴在中指上，表示正处于恋爱之中；戴在无名指上，表示已订婚或结婚；而把戒指戴在小指上，则暗示自己是独身主义者，将终身不嫁（娶）。在不少西方国家，未婚女士的戒指是戴在右手中指上的，修女则把戒指戴在右手无名指上，这意味着将爱献给上帝。一般情况下，一只手上只戴一枚戒指，戴两枚或两枚以上均不适宜。

2．手镯的佩戴

手镯与手链的佩戴规范相似。一般情况下，已婚者应将之佩戴在自己的左腕或左右双腕同时佩戴；仅戴于右腕者则表示自己是自由而不受约束的。一只手上不能同时戴两只或两只以上手镯或手链。在戴手表时不应同时戴手镯。另外，还要考虑到手镯的佩戴方式会因各地、各民族的不同习俗而有所差异。

3．项链的佩戴

项链是戴于颈部的环形饰物，男女均可佩戴。男士佩戴的项链一般不应外露。通常，佩戴的项链不应多于一条，但可将一条长项链折成数圈佩戴。

项链是女士常用的饰品之一。不同质地的项链艺术效果不同，金银项链富贵，珍珠项链清雅，钻石项链华贵，景泰蓝项链古朴，玛瑙项链柔美，象牙项链高洁，贝壳项链自然，玻璃项链活泼，骨质项链典雅，木质项链朴素。

从长度上区分，项链可分为四种：一是短项链，约长40厘米，适合搭配低领上装；二是中长项链，约长50厘米，可广泛使用；三是长项链，约长60厘米，适合女士在社交场合佩戴；四是特长项链，约长70厘米以上，适合女士在隆重的社交场合佩戴。

项链应和自己的年龄、体形、季节、场合等相协调。例如，马鞭链粗实、成熟，适合年龄较大的女士选用。脖子较粗的人应选择较细的项链，脖子细长的人佩戴仿丝链显得玲珑娇美。夏天身着柔软飘逸的丝绸衫裙时，宜佩戴精致细巧的项链，显得妩媚动人。浅色的毛衫要搭配深色或艳一些的宝石项链，深色的毛衫可搭配紫晶或红玛瑙项链。个子偏矮且脸形较圆的人佩戴长至胸部的项链，可以显得更高。身材瘦高且颈部细长的人，佩戴短粗项链可以在视觉上缩短颈长。用金银、珍珠等制作的价值颇高的项链不宜太粗、太长，应以精致短小为佳，适宜贴颈而戴。一些仿制的工艺项链可以夸张、粗大些，以增加艺术效果，适宜戴在羊毛衫、套头衫外面。

4．耳饰的佩戴

耳饰可分为耳环、耳链、耳钉、耳坠等。在一般情况下仅为女士佩戴，并且讲究成对使用，即每只耳朵均佩戴一只，一般不宜在一只耳朵上同时戴多只耳环。在国外，男士也有戴耳环的，但习惯做法是左耳上戴一只，右耳不戴；双耳皆戴者，会被人视为同性恋者。

耳环的形状应避免与脸形重复，也不可与脸形极端相反。方脸的女士适合佩戴直向长于横向的弧形设计的耳环，如长椭圆形、弦月形、新叶形、单片花瓣形等；长脸的女士可佩戴圆形、方扇形横向设计的耳环，或传统的珍珠、宝石耳钉，紧紧地扣在耳朵上，散发个人的独特魅力；圆脸的女士应选择长方鞭形、水滴形等耳环和耳坠，能让丰腴的面部线条柔中带刚，增添几许英挺。

耳饰的色彩应与着装色彩相协调，同一色系的调配可产生和谐的美感。反差比较大的色彩搭配要恰如其分，可使人充满动感。耳饰的色彩还应与肤色相衬。肤色较暗的人不宜佩戴过于明亮鲜艳的耳饰，可选择银白色耳饰掩饰肤色的暗淡，而皮肤白嫩的人适合佩戴红色和暗色系耳饰，衬托肌肤的光彩。

耳饰还应与场合、年龄、季节等相符。例如，在比较正规的社交场合，如参加宴会、婚礼或庆典仪式，应选用钻石、翡翠、宝石镶嵌的高档耳环。耳饰颜色要鲜艳，款式要选择更端庄的。老年人不宜选用大型的、新潮的、鲜艳的耳环，以不失端庄与稳重。夏季可以选择轻质、小型的耳环，但冬季最好选择金属类耳环。

5．胸针的佩戴

胸针是别在胸前的饰物，多为女士佩戴，其图案以花卉为多，故又称胸花，是一年四季都可以佩戴的饰物。胸前佩戴一枚精巧而醒目的胸针，不仅可以引人注目，给人以美感，而且能够加强或减弱他人对外表某部位的注意力，取得服装和饰物相得益彰的审美效果。

胸针的质地、颜色、位置，需要考虑与服装的搭配与和谐。一般来说，穿套裙时，可以选择大一些、质地好一些、色彩纯正的胸针；穿衬衫或薄羊毛衫时，可以佩戴款式新颖别致、小巧玲珑的胸针。

根据季节不同（服装会随之变化），选用的胸针也有所不同。夏季宜佩戴轻巧型胸针；冬季宜佩戴较大、款式精美、用料华贵的胸针；而春季和秋季可佩戴与大自然色彩相协调的绿色和金黄色的胸针。佩戴胸针时放在什么位置也有讲究。一般来说，穿带领的衣服，胸针佩戴在左侧；穿不带领的衣服，则佩戴在右侧；头发发型偏左，胸针佩戴在右侧，反之则佩戴在左侧。如果发型偏左，而穿的衣服又是带领的，则胸针应佩戴在右侧领子上，或者干脆不戴。胸针的上下位置应与第一颗及第二颗纽扣之间的位置平行。

6．丝巾的佩戴

丝巾对女士的穿着搭配非常重要。巧用丝巾，会取得非常好的装饰效果。丝巾的常见系法有巴黎结、领带结、西班牙结、牧童结、海芋结、竹叶结、凤蝶结。

知识拓展

丝巾的常见系法

 课内实训 3-9

请班里会系丝巾的同学为全班同学示范他们习惯的丝巾系法，然后在老师指导下分析各种丝巾系法适用的情况。要求每位同学新学两种以上丝巾系法，将新学的丝巾系法要点记录下来，以备日后使用。

7．领带夹和袖扣的佩戴

领带夹把领带固定在胸前，一般佩戴领带夹的位置应在领带结下方 3/4 处，或者从上往下数第四颗衬衫纽扣处为宜，过高或过低都不太合适。西装上衣系上纽扣后，领带夹应当看不见。在正式场合，若佩戴领带夹，则须选择线条优美、工艺精湛、材料考究的领带夹，尤其是有一定地位的人士。袖扣是佩在男式衬衫袖口上的特有装饰，常与领带夹配套使用。因此，两者应在造型、图案、色彩、材质等诸方面风格统一，相互协调。

8．皮带的选用

皮带要与服装、身材相协调。想使身材看上去修长，则应选用和衣裙同色的皮带；如果个子虽高，但腰部窄，就应系与衣裙材质不同、颜色不同的宽皮带。男士要想使自己在社交场合的穿着优雅、体面，也可以挑选一条好皮带。

9．围巾和帽子的选用

围巾和帽子对服装的整体美影响很大，围巾和帽子与服装风格一致，可以使整体形象更加和谐。在冬季，人们着装色彩较暗，也可以用颜色鲜艳的围巾和帽子点缀，使整个形象生动、活泼。同样，如果服装颜色很艳丽，则可以用颜色素雅的帽子、围巾来取得色彩的平衡。帽子对脸形的影响最直接，圆脸的人适合戴宽边、较高的帽子，窄脸的人适合戴窄边的帽子，方脸的人可选择圆尖形的帽子，忌戴方形帽子。

10．手套的选用

应根据服装的颜色、类型选择手套。手套的选择要与个人年龄、气质相协调；与人握手时，必须首先脱下手套；在吃东西、饮茶或吸烟时，也应先脱下手套；不能把戒指、手镯、手表等饰物戴在手套外；穿短袖或无袖上衣参加舞会或晚会时，一定不要戴短手套；在交际场合，女士可戴纱手套；手套应保持整洁。

11．手表的佩戴

手表是用来看时间的。在正式的社交场合，手表往往被视为饰物，特别是对男士来说。因此，有人认为，手表是男士最重要的饰物。在西方国家，有"男人三件宝，金笔、火机和手表"的说法。在社交场合，人们佩戴的手表往往体现着其身份、地位和财富。

佩戴手表时需要注意两点：一是手表大都戴在左手腕上；二是表带的松紧要适度。一般来说，皮革类的表带，系好后手表基本上在手腕部不能自由滑动；金属类的表带，系好后表带和手腕应该留有一定的空隙，手表可以自由地在手腕部滑动而不脱落，体现佩戴者的潇洒风度。

 ## 知识测试与技能训练

1．知识测试

（1）简单叙述商务人员服饰礼仪的 TOP 原则。

（2）简要叙述西装的穿着礼仪。

（3）简要叙述套裙的穿着礼仪。

（4）简要叙述商务人员配饰礼仪的基本原则与常用配饰礼仪。

（5）阐释商务人员服饰礼仪中的"三色原则"与"三一定律"的基本内容。

2．技能训练

项目1　礼仪培训

情景设定：限于篇幅，本书主要介绍了短丝巾的系法。请同学们课后学习长丝巾的各种系法，每位同学选择其中一种系法，并挑选几位同学利用 5 分钟时间为全班同学讲解。

训练目标：提升口头与文字表达能力、信息整合能力，培养公关礼仪意识。

训练方法：每位同学发言后，请几位同学演示学会的丝巾系法，并归纳发言的同学在讲授丝巾系法的过程中存在的优点和缺点。

测评要点：表述逻辑清楚、有条理，用语规范、不粗俗；普通话标准、规范，声音洪亮、清晰；举止优雅、端庄，表情自然、亲和，礼仪规范、应景，能够引起共鸣。

项目2　案例分析

炎夏的一天，苏小姐家的门铃突然响了。正在做家务的苏小姐打开门一看，门口站着一位戴墨镜的年轻男子，身着白衬衫、西裤，由于天气很热，上衣纽扣解开了四颗。苏小姐并不认识他，于是问道："请问您是……"这位男士没有摘下墨镜，直接从口袋里摸出一张名片，递给苏小姐："我是保险公司的，专门负责这一地区的业务。"苏小姐接过名片看了看，不错，他的确是保险推销员。但是这位推销员的形象却让她打心底里反感，便说："对不起，我不买保险。"说着就要关门。而这位男士动作却很敏捷，用手快速地挡住门，将一只脚迈进门内，挤了进来，在屋内一边打量一边说："你家的房子装修得这么漂亮，真令人羡慕。可天有不测风云，万一发生个火灾什么的，若重新装修，势必要花很多钱，倒不如现在你就买份保险……"苏小姐越听越生气，光天化日之下，竟然有人闯进门来诅咒她的房子着火。于是，她把这位没礼貌的男士赶了出去。

分析思考：你认为这名保险推销员被苏小姐赶出去的原因是什么？他在个人礼仪方面有哪些不妥之处？

第 4 章　商务求职礼仪

学习目标

知识目标：了解书面求职材料的内容；熟悉电话求职礼仪；熟悉面试中的礼仪要求；熟悉面试前的礼仪准备和面试后的礼仪工作。

能力目标：掌握撰写求职信、个人简历的技能。

素养目标：树立正确的职业观，提升职业竞争力。

任务驱动

秦之围邯郸，赵使平原君求救，合从于楚，约与食客门下有勇力文武备具者二十人偕。平原君曰："使文能取胜，则善矣。文不能取胜，则歃血于华屋之下，必得定从而还。士不外索，取于食客门下足矣。"得十九人，余无可取者，无以满二十人。门下有毛遂者，前，自赞于平原君曰："遂闻君将合从于楚，约与食客门下二十人偕，不外索。今少一人，愿君即以遂备员而行矣。"平原君曰："先生处胜之门下几年于此矣？"毛遂曰："三年于此矣。"平原君曰："夫贤士之处世也，譬若锥之处囊中，其末立见。今先生处胜之门下三年于此矣，左右未有所称诵，胜未有所闻，是先生无所有也。先生不能。先生留！"毛遂曰："臣乃今日请处囊中耳。使遂蚤得处囊中，乃颖脱而出，非特其末见而已。"平原君竟与毛遂偕。（节选自《史记·平原君虞卿列传》）

4.1　书面求职礼仪

书面求职是求职最常见的形式。一个求职者无论通过什么途径求职，都需要一份介绍自己的书面材料。

4.1.1　书面求职礼仪概述

书面求职是一份写在纸上的"自我介绍"，能以无声的语言起到自我宣传、自我推销和说服用人单位的作用。书面求职礼仪一般体现在书面求职材料在书写时规范的格式和按照要求准备的完整的相关资料。撰写并准备有说服力的、能吸引用人单位注意的书面资料，是求职获得成功的关键一步。

常见的书面求职材料包括求职信、个人简历和用人单位要求的其他各种证件、各类证明，以及可以代表求职者专业水平的作品等。

应届大学毕业生在求职时，除提交上述材料外，可能还需要提供全国普通高等学校毕业生就业协议书和毕业生推荐表等应届毕业生专属的材料。应认真填写这些表格，字迹工整、清晰、整洁。下面重点介绍求职信与个人简历的礼仪。

4.1.2　求职信礼仪

求职信是针对特定的招聘单位写的信函。写好求职信是敲开职业大门的重要步骤。在求职信中要重点突出个人特征与求职意向，书写清晰、简明，态度诚恳，用语得当，以有效打动招聘者的心。

1. 求职信的格式

求职信是个人求职意愿的书面反映，没有严格而固定的统一模式，但典型的求职信一般分为三个部分：一是开篇部分，简要说明写信的目的；二是主体部分，重点阐述自己具备的求职资格和工作能力；三是结尾部分，请求对方给予面试机会。

下面就是一封典型的求职信。

求职信

×××经理：

　　您好！长期以来我一直期望能有机会加入贵公司，荣幸地成为贵公司的一员。近日我在招聘网站上看到贵公司的招聘信息，心里十分高兴。给您写此信的目的是希望应聘贵公司的经理助理职位。

　　两年前我毕业于××××大学国际经济与贸易专业，在校期间学习了国际贸易实务、国际商务谈判、国际商法、经贸英语等专业课程。毕业后，我就职于太原市一家外贸公司，从事市场助理工作，主要协助经理制订工作计划、开展一些外联，以及管理公司文件和档案。本人具备一定管理和策划能力，熟悉各种办公软件，英语熟练，略懂日语。我深信可以胜任贵公司的经理助理一职。个人简历及相关材料一并附上，真诚希望能尽快收到您发给我的面试通知。我的联系电话：×××××××××××。

　　感谢您阅读此信并考虑我的应聘请求！

　　此致

　　　　敬礼！

您真诚的朋友：×××
××××年××月××日

（1）开头部分。求职信的开头由称谓、问候语、缘由和意愿等组成。称谓即招聘单位全称或招聘单位主管人员的姓名及其职位。问候语一般写"你好"或"您好"。缘由和意愿要根据具体情况来写。通常向某个单位发出求职信的动因有两种：一是看到用人单位的招聘信息而求职，可称为"应征性求职"；二是没有看到用人单位的招聘信息，直接向用人单位申请，可称为"申请性求职"。

在写求职的缘由和意愿时，应征性求职信应先说明在什么地方看到了该单位的招聘信息，然后说出自己对该工作的兴趣，以及自己能满足招聘信息中提出的各项要求。例如："本人看到贵公司于 2024 年 3 月 1 日在××网站上发布的招聘广告，并对英语翻译一职甚感兴趣。我曾赴美留学 3 年，有较强的英语听、说、读、写能力，并能熟练应用中、英双语版本的常用办公软件。我相信自己能够为贵公司做好这项工作。"

申请性求职信开头可直接写这封求职信的具体目的，表明自己想寻找什么类型的工作，以及自己具备的从事这项工作的知识和能力。

求职信的常见开头有以下三种：一是赞扬用人单位近期取得的成就或发生的重大变化，表明自己渴望加盟的愿望；二是表述自己的特长和能力；三是先说明用人单位要求具备哪些技能，然后陈述自己的工作能力，表明自己有足够的能力做好此项工作。

（2）主体部分。求职信的主体部分要概述自身所具有的对目标工作有用的知识和技能，主要包括求职资格、工作经验、相关社会活动经历和个人素质等内容。

（3）结尾部分。结尾部分主要是请求用人单位做出回应，给予面谈的机会。写作口气要自然，不可强人所难。例如，可以建议如何进一步联络，留下可以随时联系的电话或地址。如果能对阅信者表示感谢，效果就会更好。现在许多公司招聘任务是十分繁重的，招聘者每天要阅读大量的简历，一句关切的问候会给人留下很深的印象。

2．撰写求职信的礼仪

（1）书写规范。一要字迹清晰；二要内容正确；三要格式标准；四要通篇整洁。

（2）言简意赅。求职信其实是一种自我介绍信，求职时要把重点放在自我介绍和推荐上，与此无关的话题越少越好。在求职信中要重点突出背景材料中与未来雇主最有关系的内容。通常，招聘者对与其企业有关的信息是最敏感的，所以要把自己与企业和职位之间最重要的信息表达清楚。也就是说，求职信要短，但一定要引人入胜，吸引招聘者继续看下去。

（3）谦恭有礼。招聘者从求职信中看到的不仅有一个人的经历，还有品格。求职信应采用规范书面语言，字里行间要体现自谦与敬人。一份好的求职信不仅能体现求职者清晰的思路和良好的表达能力，还能体现求职者的性格特征和职业化程度。因此，在写求职信时一定要注意措辞，写完之后要通读几遍，精雕细琢，切忌有错字、别字、病句及文理欠通顺的情况。否则，求职信就可能"黯然无光"，或带来更加负面的影响。

4.1.3 个人简历礼仪

个人简历用于简要介绍自己以往学习、生活、工作的基本情况，是求职者自我评价和认定的主要材料。

个人简历有表格式和行文式两种形式。这两种形式的简历，在内容上都是自己的基本情况和以往的经历，都应注意时间上的衔接，一般不要出现时间上的空当。表格式简历一般只要依据表格内容依次填写即可。时间上要依照先后顺序，不可轻易颠倒。行文式简历以行文形式介绍自己，可以更详细地介绍个人情况。

简历是求职者的脸面，文如其人，用人单位通常以简历为窗口，判断是否向求职者发出面试通知。一份简历的成功不仅取决于你说了什么，而且取决于你怎么说。撰写与众不同的简历是获得面试机会的一种有效方法。

1. 个人简历的格式

个人简历一般可分为以下三个部分。

（1）介绍个人概况。这部分要求概括介绍自己的基本情况，一般用一目了然的格式、简洁的语言说明个人的情况，主要包括姓名、性别、民族、政治面貌、籍贯、学历、通信地址、联系方式及求学和工作经历等。

（2）说明本人求职目标，陈述求职资格和工作能力。求职目标即求职者希望获取的工作岗位，此项可用一句简短、清晰的话来说明。求职目标要充分表明个人在该项目方面的优势和专长，尽可能选择一个具体的部门，以免降低被录用的可能性。

求职资格和工作能力是个人简历中的重要部分，陈述的语气要积极、坚定、有力，列举的事例要有一定的说服力，不要让人产生疑问。这部分包括学历、工作经历及相关的资料信息。

如果是应届毕业生，受教育的经历就是主要优势。首先，按顺序列出初中至最后学历每个阶段的起止日期、学校名称、所学专业、各阶段证明人。某阶段如担任学生干部职务，可一并列出。其次，列明所参加的与求职目标相关的各种教育和训练及取得的成绩。最后，写明在上学期间取得的各项奖励和荣誉。此外，在校期间组织或参与的各项社会活动，以及实习和兼职的经历也要一一写明，这可以表明个人的组织能力、交际能力、创造能力等综合素质。

如果已有工作经验，工作经历则是主要优势，对工作经历的陈述要作为重点。陈述工作经历一定要真实、全面，按时间顺序把每阶段的工作情况列出，包括工作单位、工作起止时间、工作部门、具体的工作岗位、取得的工作成绩等内容。填写时需要注意以下几方面。

第一，工作单位。一般情况下应真实填写，如果不方便透露，则可标明"个人资料敬请保密"，仅说明目前工作单位性质，如"省级中学""广告公司"等。

第二，工作部门。要说明具体的工作性质、职责和职务，不要过于笼统，如"市场营销部"就不如"推销员"给人的印象清晰。不要过分把个人的工作说得比实际更重要，以免有浮夸之嫌。

第三，工作成绩。在工作中取得的任何成绩都很重要，因为这是展示个人能力的重要筹码，用人单位看得最多的也是这部分。在修辞方面，要多用职业化的动词作为开头，如"节省了开支""增加了收益""设计了新产品""拓展了市场"等。如果有其他专长，就应当说明这项专长对目标工作的作用，也可以增加成功入职的机会。例如，英语水平可以填写通过了哪种考试，实际运用能力如何；计算机操作技能可以填写掌握了哪种软件和操作系统，通过了什么等级考试；其他如写作能力、书画特长、公关社交等专长均可简略说明。

（3）参考性资料。为增加简历的真实性，可在结尾附上相关证书和资料，如毕业证书、各种奖励证书、外语水平证书、各种技能等级证书、职业资格证书、科研成果证明、专利证书、设计作品、发表的文章、主要社会活动兼职聘任书，以及专家、教授、权威人士、原单位领导的推荐信等。

2. 个人简历的注意事项

简历看上去要让人感到简单、愉悦。招聘者面对众多简历，不可能都仔细阅读。简历内容最好简洁、易懂，语言尽量不要过于口语化。一般来说，白纸黑字应该是个人简历的最佳形式。排版时，应注意间隔及字体的常规性，同时注意语法、标点及措辞，应避免错别字和病句。

一份含糊笼统、毫无针对性的简历会使求职者失去很多机会。招聘者希望在简历中看到求职者的经历，进而考察求职者的经验、能力和发展潜力，找到真正的闪光点。在简历中应仔细列出自己的工作经历，在这些经历中积累了什么经验，有什么样的优势，挑选出自己与他人的不同之处，以突出自己特有的优势。招聘者关心主要经历的目的是考察求职者能否胜任拟聘职位，因此，无论是经历还是自我评价，一定要抓住所应聘的职位来写，招聘者只对和招聘职位相关的信息感兴趣。如果求职者有多个求职目标，则最好写多份不同的简历，每份针对不同招聘单位的特点和要求，突出相应的重点。

知识拓展

撰写个人简历的技巧

案例 4-1

"精美"的求职材料

大学生活就要结束了，作为商务系的"才子"，方建对那些已经开始着手找工作的同学不屑一顾：最后的才是最好的！在班上大部分同学签了就业协议之后，方建才开始行动。他花了三个晚上，写了一份三页的求职信和一份四页的个人简历，词句工整，读起来朗朗上口，颇有《少年中国说》的气势。然后，他又用整整一天的时间，对求职信和个人简历进行了精美的设计，最后"不惜成本"用彩色打印机打印了20份。方建说："这材料，洋洋洒洒万言，让人看了就不想放下。"可事与愿违的是，20份"精美"的求职材料寄给那些他比较中意的企业后，竟然没有一家企业和他联系。

案例解析：个人简历的内容在精不在多，一定要抓住重点、突出亮点，一般以一页A4纸的篇幅为宜。对于艺术类、设计类等需要提供作品集的岗位，按照招聘要求准备即可。

案例 4-2

不一样的简历

毕业于市场营销专业的小陈很早就想加盟惠普公司。他在投寄简历之前，连续一周在中关村几个电子市场销售惠普打印机的摊位前观察，专门询问那些不买惠普打印机的人原因。一周后，他写了一份详细的调查报告：有多少人不买惠普打印机？他们的年龄、性别、职业等情况如何？他们认为惠普打印机需要哪些改进？最后，在长达几页纸的调查报告末尾，他加上了一句话：如果想知道详细情况，就请与我联系。应聘惠普公司的简历堆积如山，小陈的简历却脱颖而出。他凭借自己对招聘企业的关注而达到了获得面试机会的目的，从而迈出了应聘的第一步。

案例解析：应聘前要做好充足准备，了解应聘企业的相关信息，甚至像小陈一样做好针对性的准备，提高应聘的成功率。

4.2 非书面求职礼仪

非书面求职礼仪主要指通过电话、互联网等方式进行求职沟通的相关礼仪。

4.2.1 电话求职礼仪

很多时候，求职前需要进行电话联系。能否在求职电话中树立良好的形象直接影响求职者能否进入随后的笔试与面试，因此，打求职电话一定要注意礼仪、技巧。想在电话中给招聘单位留下良好的第一印象，应做到彬彬有礼、思维敏捷、谈吐清楚、表达准确。具体来说，打求职电话要注意以下几方面。

1．选择通话时间

求职者应根据受话人的工作时间、生活习惯选好打电话的时间。例如，白天宜在早晨8点以后，节假日应在9点以后，晚间则应在22点以前打电话，中午12点到14点之间不要打电话，以免打扰受话人休息。此外，还应避开对方刚刚上班或临近下班的时间打电话，给对方充足的准备时间和处理时间。例如在对方上班后半小时左右打求职电话，效果更为理想，也能给对方留下一个良好的印象。

2．准备通话要点

在电话中应该说些什么，一次电话该打多久，打电话前应有"腹稿"，如果怕有遗漏，则可以事先拟出通话要点，理顺说话思路，备齐与通话内容有关的资料。电话拨通后，应先向对方问一声"您好"，接着问"您是××单位吗"，得到明确答复后，再说明自己的身份和意图。接着要用简短的话语描述自己的特长和擅长的技能，扼要地介绍自己的经验，并询问对方是否需要"我这样的员工"。打电话的时间宜短不宜长，每次通话最好在3～5分钟。

3．讲究通话方式

通话中，不仅要用"您好""请""谢谢"等礼貌用语，而且要控制语气、声调。要态度谦虚，声调温和且富有表现力，语言简洁，口齿清晰。嘴要对着话筒，说话音量不要太大，也不要太小，咬字要清楚，语速比平时略慢一些，语气要自然。当对方不够热情时，更要注意语气和声调。

4．倾听通话内容

打电话时要认真倾听对方讲话，重要内容要边听边记。还要礼貌地呼应对方，适度附和、重复对方话中的要点，要让对方感到你在认真听他讲话，但也不要轻易打断对方讲话。通话完毕要礼貌地说"再见"，切不可突然挂断电话。

4.2.2 互联网求职礼仪

随着互联网技术的不断发展，越来越多的用人单位和求职者开始在网上进行简历的投递、笔试和面试。掌握互联网求职礼仪能够拓宽求职渠道，为自己争取更多机会。

在互联网填写简历，要严格按照对方的要求填写。发送简历时，如果通过电子邮件发送，则应按照相关要求编写邮件标题，并把求职信作为邮件的正文，再把个人简历直接复制到邮件的正文后，同时上传到此邮件的附件中，方便对方阅读和下载。如果通过招聘网站求职，则可以直接把填好的个人简历上传至招聘网站，网站的在线招聘管理系统能把个人简历以数据库的方式存储起来，根据求职者的要求供用人单位检索和筛选。尤其要注意信息的准确性，避免错失良机。

有些企业在招聘时会直接通过网页进行临时对话，或通过添加企业微信、QQ 等方式进行对话，这时一定要注意互联网通信礼仪的各项要求，详见第 7 章。

4.3 面试礼仪

面试是求职过程中非常重要的一个环节，是求职者直接展现整体素质的时机，需要在面试前、面试中及面试后都遵循相关礼仪，以助力面试成功。

4.3.1 面试前礼仪

1．着装得体

求职者的着装是第一印象的重要内容。着装应尊重社会规范，符合大众的审美观，不要奇装异服。

选择服装的关键是职位要求。应聘单位为银行、政府部门时，着装应侧重传统、正规，男士可穿西装、系领带，皮鞋一定要擦亮；女士可穿套裙、化淡妆，饰物少而精。应聘单位为公关公司、时尚杂志、广告公司时，则可适当地在服装上加些流行元素，如男士穿花格衬衫、系鲜艳的领带、佩戴适当的饰物等；女士则可打扮得时尚一些。

在求职面试时，男士不应留长发，应修面，可带公文包或皮夹以随身携带个人资料。

2．准时到达

守时是职业道德的一个基本要求，是一个人良好素质的表现。面试一定要准时到达，不仅证明了自己的诚意，也表明了对面试官的尊重。

在面试前，一定要明白面试的具体时间、地点，熟悉交通路线，甚至事先搞清楚洗手间的位置。要了解途中需要的时间，预计到达的时间，以便准时到达。还要考虑到途中堵车或迷路等意外情况，可提前 20 分钟或半小时到达。如果一切顺利，则可利用这段时间先熟悉一下环境，稳定情绪，检查仪表，调整心态，做一些简单的准备。如果确有特殊情况不能按时到达，则应事先打电话告知面试官，以免对方久等。面试官是允许迟到的，面试时，不要因为面试官的迟到影响情绪，流于外表。面试也是一种人际交往能力的考察。得体大方的表现自然有利于面试的成功。

3．耐心等候

来到公司前台，应先把访问的主题、访问者的名字和自己的名字报上，然后在等候室耐心等候，并保持安静及正确的坐姿。如等候室有公司的介绍材料，则应仔细阅读，了解情况。等候时间越久，越要沉稳，不可露出焦急与不耐烦的神态，也不要与别的求职者聊天。对于接待人员的询问,应礼貌回答,但不要贸然与之闲聊,除非对方主动问话,以免妨碍他人工作。接待人员或秘书的好评也许不能起决定性的作用,但是"目中无人、不懂礼貌"的差评必将造成一定的负面影响。

4．精心准备

在进入面试房间前,还应再做一些必要的准备工作,如稳定情绪、整理妆容。如果携带物品太多,与面试无关的物品则可以委托他人代管,最好不要带进面试房间。特别注意将手机调成静音。

4.3.2 面试中礼仪

在面试过程中,要留心自己的一举一动,因为不仅着装、回答,还有身体语言,包括面部表情、姿势、仪态等,都会受到对方的仔细观察,这些细节决定着面试的成败。

1．敲门礼仪

敲门时应将示指弯曲后敲门,这样发出的声音大小适宜,有一定的穿透力。敲门要有节奏,一般是三下一停顿,停顿数秒后,若对方没有回答,则稍加力度继续敲。对方请敲门者进门后方能进入。

2．握手礼仪

面试时与对方握手,要有感染力。要在面试官的手伸过来之后立即握住它。正确的方法是:态度诚恳,双眼直视对方;自信地介绍自己;使自己的整个手臂呈 L 形并有力地摇两下,再把手自然地放下。专业化的握手能营造平等、彼此信任的商业氛围。你的自信也会使人感到你能够胜任而且愿意做任何工作,这是创造好的第一印象的最佳途径。

3．距离礼仪

面试时,求职者和面试官必须保持一定的距离,留有适当的空间。如果求职者多,则招聘单位一般会预先布置好面试房间,把求职者坐的位置固定好。进入面试房间后,待有人请你坐下时再就座。如果求职者少,则面试官也许会让你和他同坐在一张沙发上,这时你就应该界定距离,太近不好,太远也不好。太近容易和面试官产生肌肤接触,这是失礼的行为。太远则会使面试官产生一种疏远的感觉,这会影响沟通效果。

> 📖 **知识拓展**
> 面试就座"三大纪律"和"八项注意"

4．仪态礼仪

挺直腰身坐在椅子上,要自然、放松。此外,若特地为面试买了新衣服,则最好先穿一两次。面试时间太长的话,可在适当的时候换个姿势。

5．目光礼仪

回答问题时应主动与面试官进行亲切、有神的目光交流。合乎礼仪的目光交流应介于扫视和凝视之间。双方目光相遇时,对视应持续 2~3 秒,眼神应坦然、自信。要适当地望着对方的眼睛,尤其是面试官向你发问时。在你向对方说"我希望可以为贵公司服务"这一类的话时，若希望面试官给你一个肯定的正面答复，则不妨面带诚恳的微笑正视面试官。

6. 名片礼仪

能够拿到面试官的名片，对求职者来说是一件极其有利的事。很多人事经理习惯将名片放在桌面上，求职者进入房间后，应留意看面试官身前的桌子，也许有名片盒或单张名片摆放。如果有，你就可以看着桌子，再以询问的眼神看向面试官，这时面试官一般会主动递上名片。接名片的时候要用双手，确认一下对方的姓名和职位，再收入名片夹。不是所有面试官都有递名片的习惯。如果对方没有递出名片的意思，就立刻调整你的眼神，变成向面试官问好的姿态。

7. 应答礼仪

语言是求职者的第二张名片，客观地反映了自己的文化素质和内涵修养。

（1）慎选语言。面试时对于语言和用词应慎重选择，每个词甚至每个字都应有所挑选。标准的普通话可以最大限度地减少交流障碍。如果求职者的普通话并不好，就要用语速弥补这项不足，务必让对方听清楚，理解你的意思。说汉语时夹带英语有炫耀的嫌疑，更有一个致命的麻烦：万一面试官不会英语，就根本无法理解你的意思！如果面试官想要了解你的外语能力，就会主动与你用外语交谈。

（2）仔细倾听。求职者必须让面试官先开口发问。在面试过程中，求职者要注意倾听面试官的问题及要求，然后针对问题核心做最正确、完善的回答，以便和面试官取得共识，获得较高的评价。

（3）理性应答。求职面试的核心内容就是应答，求职者必须认真把握自己的语言和谈吐。回答问题时不要只用"是""嗯""对"等进行简单的回应，连接词也不要反复使用相同的词语，如"然后"。

面对比较苛刻的问题，甚至和招聘没有什么关系的问题，应委婉地拒绝，这关系你的修养。作为求职者，面对面试官的咄咄逼人，无论如何都不要被"激怒"。如果因为面试官的某些提问过于尖锐、不友好或欺人太甚而激起怒火，你就已经输掉此次面试了。

（4）用心思考。回答问题之前要思考几秒，给面试官留下"深思熟虑"的印象。一般来说，招聘单位并不希望录用只能接事照办、老实听话、工作呆板、遇事无措、缺乏主动性、缺乏创新精神、缺乏思考能力的员工。因此，求职者应表现出善于思考问题、积极主动、把握机会，将自己的观点、想法及时提供给招聘单位，以充分展示自己某些方面的才能，赢得面试官的重视。

（5）诚实坦率。面试时，面试官要了解的不仅是求职者所学的课程和学习成绩，更重要的是求职者的性格特征、可塑性及潜力。面试官没有问到的问题不要主动谈及，但可以简单地介绍一下自己，并要饱含热情、诚实而有礼貌地展示自己最擅长的技术和最精通的领域，语气要肯定并积极。任何人都不可能是"万事通"，在面试中遇到实在不会回答的问题，就应坦诚地回答："这个问题我没有思考过，不会回答。"这样反倒给面试官留下诚实、坦率的好印象。

（6）察言观色。面试中要多谈对方，少谈自己。要从对方入题，引起对方的好感，使对方感到你能尊重、关心公司的需要，愿为公司尽绵薄之力。要随时注意对方的反应，应特别注意一些重要信号，如身体前倾（表示对你说的话有兴趣）、打哈欠或目光无神（表示厌烦)、整理文件或站起来(表示希望尽快结束对你的面试)。如果对方对你或你说的话有兴趣,就表明你表现出色,可以继续说下去;如果对方表现出不耐烦,你就可以停下来征求对方的意见:"您是希望我继续讲,还是想听听我在某某方面的技能?"

实际上,无论是面试前还是面试中,求职者都应主动与面试官交谈、致意;也可用幽默的话语打破沉闷,给面试官留下热情、健谈、积极的良好印象。

> **案例 4-3**
>
> **"良好的"自我感觉**
>
> 小李刚从大学毕业,十分健谈。有一次,他到一家公司求职,和这家公司的人事经理侃侃而谈了大半天。面试结束时,人事经理对他说:"很抱歉,我们这儿没有空缺了,你再到别的公司看看吧。"小李很纳闷。他对自己刚才"指点江山、激扬文字"的表现自我感觉良好,不明白为什么人事经理并不想录用他。
>
> 案例解析:求职者在面试中需要通过对话和交流来展示自己的长处,给面试官留下良好的印象。但是不观察实际情况,自顾自地说话,反而会产生反效果。

(7)巧妙提问。在面试中,求职者提问不但是应当的,而且是必需的,但要对提问做好足够的准备,以免轮到自己提问时不知道怎么说。很多面试官希望求职者提问题,关键是求职者提什么问题。如果求职者提出的大多是薪酬等问题,面试官就有可能不高兴。如果求职者提的问题侧重于工作,侧重于求职本身,面试官就有可能有意无意地向求职者透露一些信息。注意,在提问时要遵守交谈的原则,如不要打断对方说话。事实上,一个好的问题胜过简历中的无数笔墨,会令面试官刮目相看。

(8)慎谈薪酬。薪酬问题一直是个既敏感又实际的问题,在面试应答中常被提及。在面试时,无论是否被明确提问,都要注意以下三方面:一是摸清情况。求职者和面试官面谈时,可事先了解行业的一般待遇及前任的薪酬。二是选择时机。求职者不宜在刚与面试官见面时谈待遇问题,而应掌握"火候"。最好等到面试官表示出合作意向时,再谈论薪酬问题。三是留有余地。当面试官有意聘用求职者时,可能突然提问:"你希望的月薪是多少?"此时,求职者可以根据自己掌握的有关情况,说出自己能接受的最低待遇和希望获得的最高月薪。商谈薪酬要坚定而灵活,达到或接近期望的目标就可以了。上岗后干得出色,招聘单位自然会给你加薪。

4.3.3 面试后礼仪

1. 致谢

为了加深招聘者对求职者的印象,提升求职成功的可能性,面试后的两三天内,求职者最好给招聘者打个电话或给某个具体负责人写一封短信表示感谢,感谢他为你花费的精力和时间。感谢电话要简短,最好不超过 3 分钟。感谢信要简洁,最好不超过一页纸。感谢信的开头应提及自己的姓名、简单情况及面试时间,并对招聘者表示感谢。感谢信的中间部分要重申自己对招聘单位、应聘职位的兴趣,增加一些对求职成功有用的新内容,尽量修正自己可能留给招聘者的不良印象。感谢信的结尾可以表示自己符合招聘单位要求的信心,主动提供更多材料,或表示为招聘单位的发展壮大做贡献的决心。

2. 不要过早打听面试结果

在一般情况下，每次面试结束后，招聘者都要进行讨论和投票，然后送人力资源管理部门汇总，最后确定录用人选，这个阶段可能需要三五天的时间。求职者在这段时间内一定要耐心等候，不要过早打听面试结果。

3. 适时查询面试结果

一般来说，如果求职者在面试两周后，或者在面试官许诺的时间到来时还没有收到对方的答复，就应该写信或打电话给招聘单位，询问面试结果。如果得到落选的信息，也不要惊慌失措，而应虚心地向面试官请教你有哪些欠缺，以便以后改进。如果你在电话中听出自己有希望中选，但最后尚未决定，就一定要在近期再打一次电话落实。每次打电话后，你还应该写封短信，哪怕他们已经暗示你落选了。在信中可以这样表示：一是觉得有必要重新强调一下自己的优点；二是你又发现了一些新的理由、成绩或经验，有必要让他们知道，也许他们会重新考虑你。

求职不可能每次都成功，万一在竞争中失败了，千万不要气馁，这一次失败了，还有下一次，就业机会不止一个，关键是必须总结经验教训，找出失败的原因，并针对这些不足重新做好准备，以求"东山再起"。

课内实训

拟定求职面试情景和角色，通过自荐与随机的方式从全班同学中选出每个角色的扮演者，根据所学面试礼仪内容，模拟实际面试情景。

案例 4-4

迟来的录用通知

张芳刚从大学毕业，就有一家她心仪已久的外资公司通知她去面试。那家公司的总经理是一位名叫约翰的美国人。近半小时的面试，全程气氛融洽。在面试结束前，约翰很愉快地给了张芳一张名片，张芳恭敬地收下了。接下来便是漫长的等待，张芳天天在电话旁边等着。一天、两天、一周、两周过去了，一点消息都没有，而且张芳在等待中也放弃了其他一些机会。无奈中，张芳又查阅招聘广告，但那些招聘单位她都不满意。这时她才发觉自己非常在乎那份工作，于是找到总经理约翰的名片，按照上面的电子邮箱地址写了一封电子邮件，感谢总经理给了她面试的机会，并期望得到进一步的通知。当邮件发出去的时候，她感觉心里一阵轻松。第三天，她接到了约翰的电话。约翰在电话中告诉她："You are employed. Congratulation!"（祝贺你被录用了！）张芳高兴得跳了起来。上班后再次见到约翰，张芳问他："为什么最后录用了我？"他笑着说："因为你的那封电子邮件让我知道你是一个有礼貌的人。在近百名求职者中，你是唯一写了感谢信的人，虽然来得有点迟。"

案例解析：面试的结束并不意味着求职的结束，适时的感谢与询问可能起到意想不到的作用。

知识测试与技能训练

1. 知识测试

（1）书面求职材料包括哪些？
（2）求职信的格式是什么？
（3）如何制作个人简历？
（4）如何进行电话、网络求职？
（5）面试前、面试中、面试后的礼仪包括哪些？

2. 技能训练

项目1　撰写个人简历

情景设定：有一家单位发布招聘信息，要招聘一位营销经理助理。现在，请同学们用15分钟时间撰写一份个人简历。

训练目标：提升口头与文字表达能力、信息整合能力，培养公关礼仪意识。

训练方法：随机抽选几位同学上台就个人简历做自我介绍，然后由老师引导全班同学分析总结这几位同学个人简历的优缺点及需要改进的方面。

测评要点：表述逻辑清楚、有条理，用语规范、不粗俗；普通话标准、规范，声音洪亮、清晰；举止优雅、端庄，表情自然、亲和，礼仪规范、应景，能够引起共鸣。

项目2　案例分析

（1）现在已身为某外资企业市场总监的赵先生，提起8年前的第一次面试，还记忆犹新。当时的就业压力并不大，但赵先生还是早早地为面试做好了充分的准备。无论是求职信、个人简历，还是自己的着装，都请教过很多人，可以说很完美。并且，他事先也做了充分的心理调节，所以心态上也很放松。面试的时候，无论是说自己的经历，还是谈技术，从面试官的表情来看，对他还是非常满意的。40分钟的面试就要接近尾声了，面试官突然问："赵先生，我看你事先做了很充分的准备，说明你对我们公司和这份工作很重视。那你知道我们公司是干什么的吗？""干什么的？"赵先生一下子就懵了，对呀，这点我还真没注意过！半晌，赵先生尴尬地说："对不起，这点我还没来得及进行足够的关注……"面试官手一挥："好了，赵先生，你可以走了。"

分析思考：赵先生为那场面试做了哪些必要的准备？漏掉了什么？求职面试前应该做好哪些必要的准备，才能提高面试成功的概率？

（2）一位毕业于某名牌大学、各方面都很优秀的大学毕业生参加面试，招聘单位请他首先介绍自己的简历。这位毕业生没有重点介绍自己的情况，而是以"我毕业于某某大学"开头，然后详细介绍学校的情况。他的目的是让招聘单位知道自己的学校如何优秀，从而侧面证明毕业于这所大学的自己当然也是很优秀的。可是招聘单位最后并没有录用这位毕业生。

分析思考：该毕业生面试失败的原因是什么？他在个人礼仪方面有哪些不妥之处？

第 5 章 商务办公礼仪

学习目标

知识目标：了解商务办公室礼仪和商务差旅礼仪的基本内容，熟悉商务办公人员礼仪的基本要求。

能力目标：熟练掌握步行礼仪、乘车礼仪和乘坐飞机礼仪，并指导日常实践。

素养目标：养成基本的商务办公礼仪习惯与素质。

任务驱动

既罢，归国，以相如功大，拜为上卿，位在廉颇之右。

廉颇曰："我为赵将，有攻城野战之大功，而蔺相如徒以口舌为劳，而位居我上。且相如素贱人，吾羞，不忍为之下！"宣言曰："我见相如，必辱之。"相如闻，不肯与会。相如每朝时，常称病，不欲与廉颇争列。已而相如出，望见廉颇，相如引车避匿。

于是舍人相与谏曰："臣所以去亲戚而事君者，徒慕君之高义也。今君与廉颇同列，廉君宣恶言，而君畏匿之，恐惧殊甚。且庸人尚羞之，况于将相乎？臣等不肖，请辞去。"蔺相如固止之，曰："公之视廉将军孰与秦王？"曰："不若也。"相如曰："夫以秦王之威，而相如廷叱之，辱其群臣。相如虽驽，独畏廉将军哉？顾吾念之，强秦之所以不敢加兵于赵者，徒以吾两人在也。今两虎共斗，其势不俱生。吾所以为此者，以先国家之急而后私仇也。"

廉颇闻之，肉袒负荆，因宾客至蔺相如门谢罪，曰："鄙贱之人，不知将军宽之至此也！"

卒相与欢，为刎颈之交。（节选自《史记·廉颇蔺相如列传》）

5.1 商务办公室礼仪

办公室是公司业务人员、管理人员处理日常事务、集中办公的地方，同时是接待来访者，进行商务洽谈、协商、交流的场所。在一个整洁干净、格调高雅的办公环境中，人们会自觉地要求自己与环境相协调，从而自然而然地变得文明礼貌、庄重大方。办公区内整洁、明亮，工作环境舒适，不但会使员工产生积极的情绪，充满活力、工作卓有成效，而且会给来访者以积极的心理暗示。

5.1.1　商务办公环境礼仪

环境的清洁卫生，不仅能使人振奋精神，也能使人爱惜这个环境。一间办公室，始终保持清洁卫生、一尘不染，不仅体现了对办公室主人的尊重，也体现了对客人的尊重。办公室的地面、墙壁、走廊应经常打扫，门窗玻璃、办公桌应擦洗得干净明亮，办公室的办公用品及公共设施等都需要保持干净整洁、井井有条。

办公室一般设有办公桌、文件柜、座椅、电话、传真机、复印机、计算机等办公设施。办公桌要求干净、清爽，一般只放些必要的办公用品，并且一定要摆放整齐，废纸、废物应及时丢到纸篓中。文件应及时归类整理，放入抽屉或文件柜，在下班时文件应当锁好。

办公设备、办公用品的现代化是企业实力的象征和高效办公的体现。办公室整齐美观、安全有序，既能有效利用空间，又便于员工行动和联系。

5.1.2　商务办公氛围礼仪

办公环境不但要整洁、有序，还要拥有美好、舒适的办公氛围。

1．空间装饰美好、舒适

办公室的布置要体现以人为本，强调为人服务。这里的"人"，既包括本单位员工，也包括进出此地的各类人员。因此，办公室不但要整洁、有序，还要注意其光线、色彩、声音及空气流通等因素。办公室要选用符合大多数人审美观的色调，并有效地控制噪声的产生与传播，使员工在办公时心情愉快、轻松。办公室里还可以有一些辅助设施，如造型美观的茶几、精致的台灯、古朴的书柜，以及美丽的花草等，还可以设有衣帽架、杂志架、消毒柜等。这些辅助设施的点缀，一方面可以为员工和来访者提供方便，另一方面也可以为严肃的办公环境增添几分情趣。

2．人际心理空间美好、舒适

在日常工作中，人际关系的融洽非常重要。商务人员如果没有健康的心理素质，不懂得正确的办公礼仪，那么整个办公室中，人们的精神状态必然是压抑且紧张不安的。因此，在工作中，应选择适当的心理调节方式，以礼貌的言谈举止、衣着打扮、表情动作及健康的思维方式与他人和谐相处，创造一个美好、舒适的人际心理空间，在整个办公室营造积极、稳定的工作氛围，从而大大提高工作效率。同时，这种积极的氛围也会影响来访者，给对方留下良好的印象，进而塑造良好的企业形象。

5.2　商务办公人员礼仪

对于商务办公人员，规范性的、分寸得当的言谈举止既表现了对他人（同事、长辈、领导、客户等）的尊重，也维护了办公室的严肃性。

5.2.1　商务办公人员个人礼仪

在进入办公室工作之前，商务办公人员要对自己的仪容、仪表进行修饰，还要注意自己的仪态。这不仅是个人形象问题，也是企业形象问题。工作时的形象应当庄重而规范。

1．服饰礼仪

商务办公人员的服饰礼仪与商务人员在公务场合的服饰礼仪相一致。若公司要求统一着装，则男女员工上班时都应按公司要求穿统一的工作服；若不要求统一着装，则应该与办公室工作性质和工作环境相协调，以能够体现权威、声望和精干的服饰为宜。一般来说，商务办公人员的服饰必须干净、平整、合体、大方，不要穿着拖鞋等过于休闲且容易发出声音的鞋，不要佩戴过多或过于华丽的饰物，以免在办公时分散注意力。

2．行为举止礼仪

在办公室工作，商务人员应该注意行为举止的细节，因为这最能反映一个人的道德水准和礼仪风范，所以务必做到行为举止庄重自然、大方规范。行为举止礼仪具体如下。

上下班准时，有事提前请假。走路时身体挺直，速度适中，坐姿端正、优雅。开关门窗、抽屉时，动作轻缓，不发出巨大的声响。去其他办公室应该先轻轻敲门，得到允许后方可入内。与他人一同进出门时，请他人先行。尊重客户，对客户的态度要热诚。遇到棘手的问题时，首先找直接领导，切勿越位去找更高层的领导。工作时间不在办公室内做与工作内容无关的事，如吃东西、玩游戏、看小说、打瞌睡、"聊八卦"等。在办公室不拨打或接听私人电话，一般情况下不在办公室接待私人来访，不占用工作时间办私事，不利用办公设备（用品）干"私活"等。在男女交往中，要避免过于亲密，把握好交往尺度。下班之前，要将办公桌上的物品摆放整齐，将文件锁好，将椅子放回原处，这是工作作风严谨的表现。

5.2.2 商务办公人员沟通礼仪

商务办公人员之间良好的沟通有助于营造和谐的办公环境，提高工作效率。

1．沟通礼仪要求

上班进入办公室时，应向每个人微笑打招呼，下班走出办公室时，应与大家礼貌道别。同事之间可互相称呼姓名，但对长辈或领导则应用尊称或职务称呼。如果同事、领导、长辈等因病、因事没来上班，应该主动打电话问候，并根据情况决定是否去看望。对同事的成功、升迁、得奖应予以衷心的祝贺。要注意保持安静，在办公室讲话声音要轻。对于新来的同事，应该不厌其烦地回答他的问题，以帮他尽快熟悉环境，投入工作。当自己初来乍到时，应多听少说，待人应一视同仁，还应注意保持距离。做事要留有余地。如果向人做出承诺，就一定要言而有信。

> **温故知新**
>
> **留有余地的智慧**
>
> 英国当代雕塑家安尼什·卡普尔凭借雕塑《坠入地狱》一举成名。有一名记者向他请教成功的秘诀，他说："根本没有什么秘诀，我个人的体会是，要当好一名雕塑师，只要做到两点——一是把鼻子雕大一点，二是把眼睛雕小一点。"记者不解地问："为什么要这么做呢？如果鼻子大、眼睛小，那雕出来的人像岂不是太难看了吗？"安尼

什·卡普尔解释:"鼻子大、眼睛小,才有修改的余地啊!你想想,鼻子大了还可以往小里修改,眼睛小了还可以向外扩大。反之,如果一开始鼻子雕小了,就再也无法加大;如果一开始眼睛雕大了,就再也无法改小。"

2. 沟通礼仪禁忌

(1)忌拉帮结派。同事间的关系远近有所不同,也是正常现象,但万不可拉帮结派,这样容易引起圈外同事的对立情绪。

(2)忌谈与工作无关的话题。工作上的交流、生活上的互助都是应该的,但旁若无人地拉家常、问隐私,背后议论领导和同事,传播小道消息、搬弄是非等,都是商务办公活动中非常忌讳的事情。这样做,你会得不到他人的真心对待,使他人对你避之不及。对于外企的员工,还要知道薪酬也是在办公室里应当回避的话题。当有人试图打听你的薪酬时,不妨一笑置之,或给他一个不着边际的答复。

(3)忌将个人情绪带入办公室。每个人都可能有一些消极、颓废的情绪,但切勿将此带入职场。不要牢骚满腹、逢人诉苦,更不要在当时的状态下去划分同类和异己。

(4)忌用语不规范。说粗话、带脏字、恶语伤人及给同事起绰号等,都是言语有失分寸的表现。同事之间,即使私交很深,在工作场合言语也不宜太过随便。

(5)忌人际交往趋炎附势。不要人前人后两张面孔,在领导面前拼命表现自己,在同事面前爱搭不理。

课内实训 5-1

假设你是客户服务部经理,请试着概括下列客户接待礼仪要求。

商务接待三声,是指"来有(　　)声,问有(　　)声,去有(　　)声"。

尊敬语在接待服务"五声"要求中,体现得较明显。这"五声"指的是宾客到来有(　　)声;遇到宾客有(　　)声;得到协助有(　　)声;麻烦宾客有(　　)声;宾客离店有(　　)声。

5.3 商务交通礼仪

商务交通礼仪涉及在商务交往活动中常见的步行、乘车、乘坐飞机等礼仪,有助于商务人员保持良好风度。

5.3.1 步行礼仪

步行礼仪是商务交通礼仪中最常见且应该注意的一个重要方面,是商务交通礼仪的核心内容,涉及一个人在行走时的各个环节。

1. 步行仪态

走路时要目光直视。一个人在行走时不仅要做到仪态优雅、风度不凡,而且要做到稳健自如、轻盈敏捷。要保持的基本姿态是:脊背与腰部伸展放松,脚跟首先着地。

2. 步行方位

任何人走路，都有前、后、左、右的方位问题。在商务交通礼仪中，需要注意的步行方位问题主要包括以下两个方面。

（1）与交通规则有关的方位问题。在任何国家，每个人都有遵守交通规则的义务。步行要走人行道，过马路要走人行横道。在路口，一定要等绿灯亮了，确认两边没车时才通过。

（2）与礼仪惯例有关的方位问题。与他人同时行进时，自己是居前还是居后，是居左还是居右，是同礼仪直接相关的。对于这方面的规定，务必严格遵守。

在人多之处，往往需要单行行进。在单行行进时，通常讲究的是"以前为尊，以后为卑"。应当请客人、女士、尊长行走在前，主人、男士、晚辈与职位较低者则应随后而行。在单行行进时，还应注意自觉走在道路的内侧，以便其他人通过。

两人或两人以上并排行走时，一般讲究"以内为尊"，即以道路内侧为尊贵之位。若当时经过的道路并无明显内侧、外侧之分，则可采取"以右为尊"的国际惯例，以前进方向为准，将右侧视为尊贵之位。

当三个人一起并排行走时，有时也可以居于中间的位置为尊贵之位。以前进方向为准，并行的三个人的具体位次，由尊而卑依次应为居中者、居右者、居左者。

3. 步行礼仪的要求

在步行时，很可能遇到问路的问题。要注意问路的礼貌，最好不要去问正在急行的人、正在与人交谈的人及正在忙碌的人。无论对方能否给予满意的回答，问前都要礼貌称呼，问后都要道谢。被问路时应尽力相助，不要不耐烦或不予理睬。

走路遇到熟人时，应主动打招呼或问候。在路上碰到久别重逢的朋友，想多交谈一会儿时，应靠边站立。

使用楼梯和自动扶梯时，应遵循"单行右行"的规则，以免阻挡他人。上楼时，一般长者、女士在前，下楼则相反。因为走楼梯或乘自动扶梯时不便交谈，所以最好等到达目的地后再交谈，这样可以避免他人因不便交谈而感到尴尬。

知识拓展

步行禁忌

5.3.2 乘车礼仪

在商务活动中，商务人员讲究的是高速度、快节奏。在商务往来中，更是来去匆匆、分秒必争。对于商务人员，乘车已经成了商务生活的一部分。商务人员在乘坐轿车、火车（动车、高铁）时，尤其是当乘车外出参加较为正式的活动或与他人一同乘车时，应当注意保持自己的风度，做到彬彬有礼。

1. 乘坐轿车礼仪

（1）座次礼仪。在乘坐轿车礼仪中，座次是最重要的问题。通常在确定任何一种轿车座次的安排时，应当考虑司机的身份、轿车的类型、安全与否及客人本人的意愿四个基本要点。

① 司机的身份。何人驾驶轿车是关系座次的头等大事。通常认为，轿车的座次应以后排座为上，前排座为下。这一规定的基本依据是轿车的前排座，即驾驶座与副驾驶座最不安全。然而商务人员在应用这一规定时，对于"谁在开车"这一问题却不能忽视。驾驶轿车的司机一般分为两种，一是主人，二是专职司机。

当主人亲自驾驶轿车时，前排座为上，后排座为下；后排座以右为尊，中间的座位一般不坐人。当主人亲自驾驶双排五人座轿车时，车上其余座位的顺序依次应为副驾驶座、后排右座、后排左座、后排中座，如图 5-1（a）所示。当主人亲自驾驶三排七人座轿车时，车上其余座位的顺序依次应为副驾驶座、中排右座、中排左座、后排右座、后排左座、后排中座，如图 5-1（b）所示。

当主人亲自驾驶三排九人座轿车时，车上其余座位的顺序依次应为前排右座、前排中座、中排右座、中排中座、中排左座、后排右座、后排中座、后排左座，如图 5-1（c）所示。

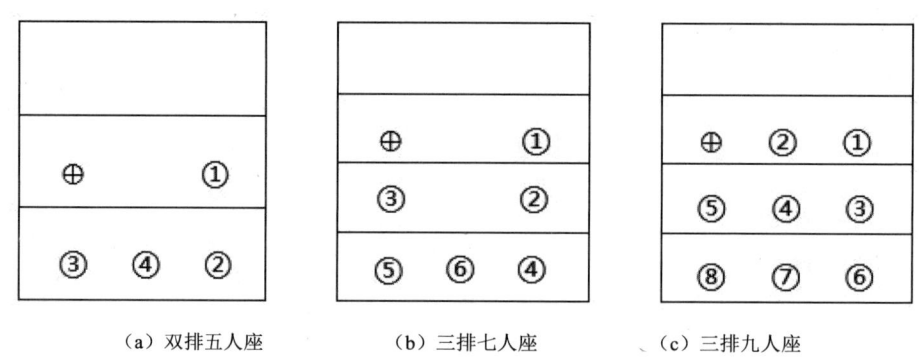

（a）双排五人座　　　（b）三排七人座　　　（c）三排九人座

图 5-1　主人亲自驾驶轿车时的座次排列（驾驶员居前排左座）

在这里应特别强调的是，当主人亲自驾车时，前排的副驾驶座为上座。车上的乘客若不止一人，则一般不应当使之闲置。应当推举其中地位、身份最高者为代表，坐在副驾驶座上作陪。如果除开车的主人外，车上只有一名客人，则其务必就座于前排，表示自己对主人的友好、尊重。如果主人夫妇开车接送客人夫妇，则女主人应就座于副驾驶座，客人夫妇应当坐在后排。若主人一人开车接送一对夫妇，则男宾应就座于副驾驶座，而请女宾坐在后排。若前排可同时坐三人，则应请女宾在中间就座。

当专职司机驾驶轿车时，商务礼仪规定，后排座为上，前排座为下，以右为尊。

当专职司机驾驶双排五人座轿车时，车上其余座位的顺序依次应为后排右座、后排左座、后排中座、副驾驶座，如图 5-2（a）所示。当专职司机驾驶三排七人座轿车时，车上其余座位的顺序依次应为中排右座、中排左座、后排右座、后排左座、后排中座、副驾驶座，如图 5-2（b）所示。当专职司机驾驶三排九人座轿车时，车上其余座位的顺序依次应为中排右座、中排中座、中排左座、后排右座、后排中座、后排左座、前排右座、前排中座，如图 5-2（c）所示。

应当特别说明的是，在乘坐由专职司机驾驶的轿车时，按照国际惯例，通常不应当让女士在副驾驶座上就座。

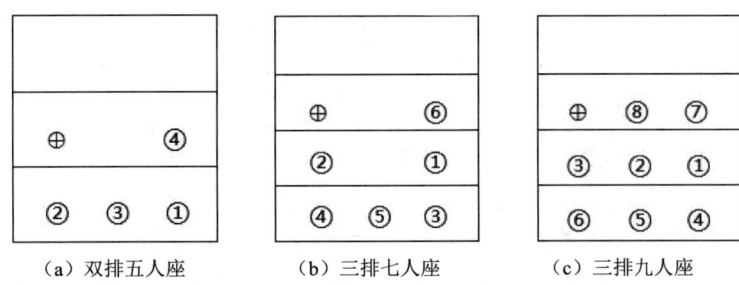

(a) 双排五人座　　　　(b) 三排七人座　　　　(c) 三排九人座

图 5-2　专职司机驾驶轿车时的座次排列（驾驶员居前排左座）

② 轿车的类型。上述座次安排主要适用于双排、三排轿车，对于其他特殊类型的车并不适用。例如，在吉普车上，副驾驶座总是上座。至于其后排座位，则讲究右尊左卑。

在大中型轿车上，通常合乎礼仪的座次排列应当是由前而后，由右而左。其座次的排列，可由尊而卑依次为：第一排右侧右座，第一排右侧左座，第一排左侧座；第二排右侧右座，第二排右侧左座，第二排左侧座；第三排右侧右座，第三排右侧左座，第三排左侧座；第四排右侧右座……如图 5-3 所示。

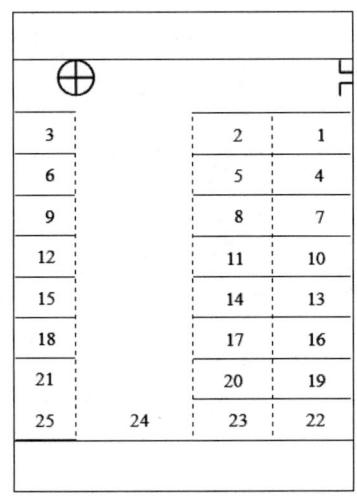

图 5-3　多排座大中型轿车上的座次排列（驾驶员居前排左座）

对于这种礼仪上的座次顺序，商务人员应当了然于胸，但更重要的是懂得灵活运用。例如，当与上司乘坐一辆由专职司机驾驶的双排座轿车外出办公事时，虽然后排坐得下，但还是应当自觉去前排副驾驶座上就座，而不要在后排与上司一起"平起平坐"。当然，大家若是私下一同外出观光游览，那自己坐在后排左座，而请上司坐在后排右座，则是完全可以的。

③ 安全与否。乘坐轿车外出，除了迅速、舒适，安全问题是不容忽略的。从某种意义上讲，甚至应当将其作为头等大事来对待。在轿车上，后排座比前排座安全，最不安全的座位为前排右座，最安全的座位为后排左座或后排中座。当主人亲自开车时以副驾驶座为上座，这里还有另一层意思，即与开车的主人"同甘苦，共患难"，表示与主人同舟共济。有专职司机驾驶时，副驾驶座也叫随员座，通常坐于此处者多为随员、译员、警卫

等。孩子与尊长也不宜在此座位就座。在有些城市，出于安全考虑，出租车上的副驾驶座通常不允许乘客就座。

④ 客人本人的意愿。通常在正式场合乘坐轿车时应请尊长、女士、客人于上座就座，这是给予对方的一种礼遇，但是与此同时，还要尊重客人本人的意愿和选择，并把这一条放在最重要的位置。应当据此认定，客人选择就座的地方就是上座。即使客人不明白，坐错了座位，也不要轻易指出或纠正，要"主随客便"。通常除了某些重大的礼仪性场合，对于轿车上座次的尊卑，不宜过分墨守成规。从总体上说，只要乘车者自己的表现合乎礼仪，就完全"达标"了。

在商务旅行中，当宾主不乘坐同一辆轿车时，依照礼仪规范，主人的车应行驶在前，目的是开道和带路。它们各自的先后顺序亦应由尊而卑地由前往后排列，只不过主方应派一辆车殿后，以防止客方的车辆掉队。

（2）上下车礼仪。

① 上下车顺序。在正式情况下，与他人一起乘坐轿车时，如果当时环境允许，应当请女士、长者、上司或客人先上车，最后下车。但具体又分为多种情况。

乘坐由专职司机驾驶的轿车，并与他人同坐于后排时，应首先请女士、长者、上司或客人从右侧后门上车，在后排右座就座。随后，应从车后绕到左侧后门登车，就座于后排左座。到达目的地后，若无专人负责开车门，则应首先从左侧后门下车，从车后绕行至右侧后门，协助女士、长者、上司或客人下车。

乘坐有折叠椅的三排座轿车时，应当由在中间一排加座上的就座者最后登车，最先下车。

乘坐三排九座轿车时，应当由低位者，即男士、晚辈、下级、主人先上车，而请高位者，即女士、长者、上司、客人后上车。下车时，其顺序正好相反。唯有坐于前排者可优先下车，拉开车门。

当主人亲自开车时，出于对客人的尊重与照顾，可以由主人最后上车，最先下车。

乘坐由专职司机驾驶的轿车时，坐于前排者大都应后上车、先下车，以便照顾坐于后排者。

② 上下车举止。商务人员在上下车时，动作应当"温柔"一点，不要大步跨越，连蹦带跳。穿短裙的女士，上车时，应首先背对车门，坐下之后，再慢慢地将并拢的双腿一齐收入，最后转向正前方。下车时，应首先转向车门，并将并拢的双腿移出车门，双脚着地后，再缓缓地移身出去。

上下车时，低位者需主动为高位者开关车门。具体来讲，当高位者准备登车时，低位者应当先行一步，以右手或两只手为高位者拉开车门。拉开车门时，应尽量将其全部拉开，即形成 90°角。在下车时，低位者也可先下车为高位者开车门，以示尊敬。其方法与上车时基本相同。

③ 乘车礼节。商务人员在乘坐轿车外出之前，应提前联系。所需轿车的类型、数量、预定上车或会合的地点等需事先通知司机。尤其是当商务人员搭乘他人的车辆时，更应当提前讲清楚。到了预定的时间，商务人员应当准时在约定的地点等候。"车等人"的现象是很不应该的。因故不能前来时，应提前告诉司机，不要浪费他人的时间。

主动要求或应邀中途搭乘他人的轿车时，应该以不妨碍对方为前提。不要忘记向车主、司机或邀请自己的人当面道谢。上车之后，若碰上自己以前不认识的人，应主动打招呼。必要时，还需为对方受到自己的连累而道歉。下车时要礼貌道别。

乘坐轿车时要井然有序，相互礼让。开关车门时不要发出声音。要注意上下车的正确姿势和动作，尤其是裙装女士。讲究卫生，不在车内抽烟、随地吐痰，不吃零食，不往车窗外扔东西。不在车里脱鞋袜、换衣服，不用脚蹬踩座位，不将头、手、脚伸出窗外，不对着车内后视镜补妆等。

商务人员应当注意自己在车上的谈吐与举止。轿车在行驶过程中，同车人之间可略作交谈。在轿车内不宜与司机过多交谈，不宜谈论隐私内容。

2．乘坐火车礼仪

商务人员出差或长途旅行时，经常需要乘坐火车，因此有必要了解有关乘坐火车（动车、高铁）的礼仪。

（1）自觉遵守候车规则。检票时自觉排队，有序上车。不要从车窗等地方上车。多人同行时，低位者先上车，高位者后上车，便于低位者寻找座位，照顾高位者。

（2）按号就座并按要求放好行李。乘坐火车时，往往需要对号入座，座位可供选择的余地并不太大。相对来说，有关座次的讲究也较少。基本的规矩是，靠窗的座位为上座，靠过道的座位为下座；与车辆行驶方向相同的座位为上座，与车辆行驶方向相反的座位为下座。

在有些车辆上，乘客的座位分列于车厢两侧，乘客面对面就座。在这种情况下，应以面对车门一侧的座位为上座，以背对车门一侧的座位为下座。

行李应放在行李架上。长途旅行一般携带行李较多，乘客间要相互照顾，合理使用行李架，踩在座位上存取行李时应脱掉鞋子。自己的行李要摆放整齐，尽量不压在别人的行李上，即使不得不压，也应征得别人的同意。

（3）自觉维护车厢环境。不在车厢内吸烟，吸烟时要去吸烟区。不能毫无顾忌地打喷嚏，没有特别原因不要在车厢狭窄的过道上走来走去，坐在座位上不把脚伸到车厢过道上。不应旁若无人地大嚼食品，不要把果皮、残渣及废弃物抛向窗外或在车厢内随地乱扔。不随地吐痰。不在车厢内大声说话。

（4）邻座之间友好相处。上车后应主动与邻座的乘客打招呼并相互照顾。与邻座的乘客交谈时应先看清对象，与不喜欢交谈的人谈话是不明智的，与正在思考问题的人谈话也是失礼的。即便与邻座的乘客谈得很投机，也不要没完没了。看到对方有倦意，就应立刻停止谈话。交谈要适度，注意话题的分寸。要阅览他人的报刊或使用他人的物品，应先征得对方同意。别的乘客看报时，不能凑上去瞧。

（5）维护个人形象。在车上休息时，不要宽衣解带，也不要脱鞋袜（卧铺除外）。不要当众换衣服。不要东倒西歪，卧倒于座位上下、茶几上或过道上。不要靠在他人身上或把脚跷到对面的座位上。不要注视他人的睡前准备和睡相等。

💡 **课内实训 5-2**

A君是某公司的销售人员，乘火车到外省某公司洽谈一笔生意。火车上人很多，A君感到很疲惫，就将腿伸到过道上，整个人歪在座位上睡了起来，他的头一会儿便歪在旁边一位女士的身上。那位女士很不舒服，不断地移开自己的身体。看着他熟睡的样子，听着他发出的呼噜声，邻座的乘客都觉得很可笑。他睡醒以后，又打开手机旁若无人地听起音乐，还跟着音乐哼哼，声音很大，并取出香烟，开始"吞云吐雾"。邻座的乘客不禁皱起了眉头。请讨论A君有哪些失礼行为。

（6）用餐要文明。在餐车用餐时，如果人数过多，则应耐心排队等候。在用餐时，应节省时间，不要大吃大喝，猜拳行令。用餐完毕，应立即离开。

在车厢用餐时，一般情况下不能要他人的东西吃，他人请自己品尝时也应婉言谢绝。尽量不要在车上吃气味刺鼻的食物。吃剩的食物应妥善放好或丢到垃圾箱。公用茶几上不要过多堆放自己的食物。

（7）下车要礼貌。到达目的地后，拿好自己的物品，有礼貌地与邻座乘客道别，有序下车。与人同行，通常由高位者后下车。

5.3.3 乘坐飞机礼仪

随着经济的发展，许多商务人员需乘坐飞机进行商务旅行。在乘坐飞机时，必须认真遵守乘机礼仪，这不仅是为了保持良好的形象，避免出现尴尬局面，更重要的是维护乘机安全。

（1）登机前要耐心办理手续。无论是乘坐国内航班还是国际航班，都必须办理乘机手续。在世界各国，乘机者在办理乘机手续之后，还必须接受例行的安全检查，此后方可登机。在进行安全检查时，每位乘客都要通过安全门，而其随身携带的行李则需要通过安检仪。如有必要，安检人员还有可能对乘客或其随身携带的行李用探测仪检查或手工检查。在接受此类检查时，乘客要予以谅解，耐心等候，主动配合。

（2）乘机时应尊重乘务员。上、下飞机时，乘务员都会站在机舱门口迎送乘客，乘客应表示感谢或点头示意。飞行中，当需要服务时，可按呼唤按钮或向乘务员招手示意，接受服务后要有礼貌地致谢。为了保证飞行安全，乘客应在乘务员的指点下，按规定系好安全带。在乘机过程中，对乘务员的服务要给予配合。

（3）乘机前认真收看飞机安全设备知识。在飞机起飞前，所有客机均会播放相关视频或由客舱乘务员向全体乘客介绍氧气面罩、救生衣的位置及正确的使用方法，以及机上紧急出口位置及疏散、撤离飞机的方法。在每位乘客身前的物品袋内，通常还备有专门介绍上述有关内容的图册。对此一定要细心观看，认真阅读，并且牢记在心。

（4）飞机飞行期间，牢记并遵守各项有关安全乘机的规定。当起飞或降落时，一定要自觉系好安全带，并且收起自己使用的小桌板，同时将自己的座椅调直。当飞机受到高空气流的影响而发生颠簸、抖动时，也要将安全带系好。在飞行期间，不得使用移动电话、手提电脑、激光唱机、微型电视机、调频收音机、电子式玩具、电子游戏机等电子设备。对飞机上的一切禁用之物不要乱摸乱动，否则可能危及自己和其他乘客的生命安全。

（5）飞机上应以礼律己、以礼待人。上、下飞机及使用卫生间时要注意依次而行。在机上放置自己随身携带的行李时，与其他乘客要互谅互让。在属于本人的座位上就座，就座时可以向旁边的乘客点头示意。在自己的座位上就座时，要保持自尊。与他人交谈时，说笑声切勿过高。万一晕机呕吐，务必使用专用的清洁袋。

（6）下机时带好随身携带的物品。国际航班上、下飞机后需办理入境手续，通过海关后便可凭行李卡认领托运行李。许多国际机场都有传送带设备，还有机场行李搬运员可协助乘客，但要给一定小费。

5.4 商务差旅礼仪

酒店是为商务人员提供住宿和餐饮服务的场所，常被称为"家外之家"。身居酒店，要自觉遵守酒店的规章制度，做一个有礼貌的客人。

5.4.1 预订与登记入住礼仪

1. 预订礼仪

在信息高度发达的今天，预订酒店的方式有很多，如电话、互联网、信函、传真等，但最常用的还是电话预订。在确定要入住的酒店后，拨打酒店的电话，告知入住和停留的时间、入住的人数、房间的类型、申请住房人的姓名及房费。若比预定时间晚到，则应尽快打电话通知酒店，否则预订就会被取消。如果对房间有什么特殊要求，也应该在预订时提出，这样入住酒店后会更加称心舒适。

2. 登记入住礼仪

到达预订的酒店后，应先到前台登记。如果行李过多，门童就会帮助客人搬运行李，礼貌地表达谢意后便可登记入住。当前面有正在登记的其他客人时，应该静静地按顺序等候。注意应与其他客人保持一定距离，虽然不必排成一队，但也不能毫无秩序。入住酒店要出示身份证或其他证件，如结婚证或护照等。办理完入住登记、领取房门钥匙后，便可到客房休息。在前台登记或咨询问题时，要表现得友好而有耐心。

5.4.2 客房住宿与离店礼仪

客房是客人付费享受的主要用来休息的房间。客人在客房内休息时，虽然拥有极大的个人自由，但是依然不能忘乎所以、随心所欲。

1. 客房住宿礼仪

（1）爱护客房内的设施。酒店客房内备有供客人生活使用的各种常用物品，如桌、椅、灯具、电视、空调及盥洗用具等，使用时应予以爱护，不慎损坏应主动赔偿。故意破坏房内物品或把房内不属于自己的东西带走等行为都是违背社会公德的行为。

（2）注意内外有别。室内着装，可相对随便。走出客房后，则应衣着整齐，不可穿着背心、短裤、睡衣、拖鞋等在走廊或酒店内外的公共场合游逛。不可窥视他人居住的房间。如果同室还有其他客人，则出入房间时应随手关门。休息的时候，可在门外悬挂特制的"请勿打扰"牌子。

（3）保持房内卫生。在客房内，衣物和鞋袜不要乱扔乱放。废弃物应投入垃圾桶内，也可放到茶几上让服务员来收拾，千万不要扔进马桶里，以免堵塞。吸烟者不要乱弹烟灰、乱抛烟头，以免烧坏地毯或家具，甚至引起火灾。出门擦鞋应用擦鞋器，用枕巾、床单擦鞋是不道德的行为。

（4）不要影响他人休息。到别的房间找人，应轻摁门铃或轻敲房门。开关门时，动作要轻，声音要小。不要在房间内大声喧哗或举行吵闹声较大的聚会。晚间看电视也应尽可能调小音量，以免影响其他客人。在走廊里说话、走路也应注意不要发出太大的声音，夜深时更应如此。

（5）尊重服务员的劳动。酒店内的服务一般都是比较周到的，服务员会每天按时打扫房间，整理床铺，洗刷脸盆、浴缸等。当服务员来房间送水或打扫卫生时，要起身相让。服务员离去时，应表示感谢。当遇到一些特殊情况，如有客来访而服务员恰好来打扫房间时，如果觉得不方便，就可以有礼貌地请服务员稍过一会儿再来打扫。

（6）注意安全。进入客房后应先阅读房间门后的消防逃生路线图，熟悉所在房间的位置和逃生楼梯的方位。之后，要查看一下窗户和侧门是否锁好。如果酒店员工无法将侧门锁好，就可以要求换一个房间。不要把钱或贵重物品留在房间里，要把护照、重要文件等都锁在酒店的保险箱里。在房间时，把门关好并上好锁。除非在等人，否则不要随便开门；开门前要先问一声，或从窥孔查看一下来人是谁。如果对方宣称自己是酒店员工，可以给前台打电话进行核实。房门钥匙要随身携带。

2．离店礼仪

结账离店是客人和酒店的最后一次接触，要给人留下一个完美的印象。在准备离开之前，可以给前台打个电话通告一声，当行李很多时，可以请前台安排一个人来帮忙提行李。不要从酒店拿走毛巾、睡衣或其他物品。如果想要些纪念品，则可以到酒店的商店里看看。如果不小心弄坏了酒店的物品，就要勇于承担责任加以赔付。结完账，礼貌地致谢并道别。

知识拓展

付小费的礼仪

知识测试与技能训练

1．知识测试

（1）办公环境礼仪有哪些？
（2）商务办公人员有哪些礼仪规范？
（3）乘坐轿车的座次礼仪是什么？
（4）商务差旅中的住宿礼仪有哪些？

2．技能训练

项目1　角色扮演

情景设定：在一次商务旅行期间，当张经理办理离店结账手续时，使用的一张纸币通过验钞机时多次报警，前台服务员误以为该纸币是假币，提出要按规定予以没收。张经理确信该纸币并非假币，该纸币也确实并非假币。张经理身旁和身后还有许多刚刚认识的一起参加会议的其他宾客等待办理离店手续……假如你是该服务员，在很难凭借自身经验判别纸币真假的情况下，你会如何处理此事？假如你是张经理，你会如何处理此事？

训练目标：提升口头与文字表达能力、信息整合能力，培养公关礼仪意识、危机公关意识和能力。

训练方法：随机抽选几位同学，两两分组，分别扮演该服务员和张经理，演示处理这一事件的方法。然后由老师引导全班同学分析总结这几组同学处理这一事件的优缺点及需要改进的方面。

测评要点：表述逻辑清楚、有条理，用语规范、不粗俗；普通话标准、规范，声音洪亮、清晰；举止优雅、端庄，表情自然、亲和、礼仪规范、应景，能够引起共鸣。

项目2 案例分析

某公司的吴先生年轻能干，点子又多，很快引起了总经理的注意，拟提拔他为营销部经理。慎重起见，总经理决定对吴先生再进行一次考察。恰巧总经理要和董事长去省会参加一个商品交易会，需要带两名助手，于是选择了公关部杜经理和吴先生。吴先生也很珍惜这次机会，想好好表现一下。出发前，因为司机小王乘火车先行到省会安排一些事务，尚未回来，所以他们临时改为搭乘董事长驾驶的轿车一同前往。上车时，吴先生很麻利地打开了前车门，坐在驾车的董事长旁边的位置上。董事长看了他一眼，但吴先生并没在意。上路后，董事长很少说话，总经理好像也没有说话的兴致，似乎在闭目养神。为活跃气氛，吴先生找了一个话题："董事长开车的技术不错，有机会也教教我们。如果大家都会自己开车，那么办事效率肯定更高。"董事长专注地开车，不置可否，其他人均无反应。吴先生感到没趣，便也不再说话。一路上，除董事长向总经理询问了几件事，总经理简单回答外，车内再无人说话。到达省会后，吴先生悄悄问杜经理："董事长和总经理好像都不太高兴？"杜经理告诉他原委，他才恍然大悟："噢，原来如此。"

从省会返回时，轿车改由司机小王驾驶，杜经理由于还有些事要处理，需在省会多留一天，同车返回的还是四人。这次不能再犯类似的错误了，吴先生想。于是，他打开前车门，请总经理上车。总经理坚持要与董事长一起坐在后排，吴先生诚恳地说："总经理，您如果不坐前面，就是不肯原谅来时我的失礼之处。"他坚持让总经理坐在前排才肯上车。回到公司后，同事们知道吴先生这次是同董事长、总经理一起出差的，猜测领导肯定要提拔他，都纷纷向他祝贺。然而，提拔之事却一直没有人提及。

分析思考：吴先生错过这次晋升机会的原因是什么？

第 6 章 商务交际礼仪

学习目标

知识目标：熟悉称谓礼仪、握手礼仪、拜访礼仪、接待礼仪、馈赠与接受礼品等基本礼仪知识；掌握现代商务活动中常用的介绍、递接名片、握手、迎送客人等基本礼仪规范。

能力目标：熟练掌握商务交际中的各种礼仪，并指导日常实践。

素养目标：恰如其分地使用各种商务交际礼仪，养成良好习惯。

任务驱动

鹅毛赠千里，所重以其人。鸭脚虽百个，得之诚可珍。
问予得之谁，诗老远且贫。霜野摘林实，京师寄时新。
封包虽甚微，采掇皆躬亲。物贱以人贵，人贤弃而沦。
开缄重嗟惜，诗以报慇勤。（宋·欧阳修《梅圣俞寄银杏》）

6.1 商务会面礼仪

商务会面礼仪是商务人员进行商务交往的基本礼仪，主要包括商务介绍礼仪和商务见面礼仪等，能够帮助商务人员在见面之初给对方留下一个知礼、懂礼的印象。

课内实训 6-1

华新公司的徐总经理在一次房地产交易会上听说伟业集团的崔董事长也来了，想利用这次机会认识这位素未谋面又鼎鼎大名的商界名人。通过相关人员的介绍，崔董事长同意与徐总经理在华新公司见面。为了表示对这次见面的重视，华新公司办公室主任王主任安排人手把会客室装扮一新，并派公司职员小李亲自到崔董事长所住的酒店去接他。你认为王主任的安排妥当吗？如果你是办公室主任，你该如何安排此次见面？

6.1.1 商务介绍礼仪

介绍，就是在社交场合把一方介绍给另一方。介绍是人与人之间相识的一种手段，是在人际交往中与他人进行沟通、增进了解、建立联系的一种最基本、最常规的方式。介绍不仅可以使不相识的人相互了解，拉近人们之间的距离，帮助人们扩大社交圈，而且有助于人们进行必要的自我展示、自我宣传，表现出良好的交际风度。介绍主要有自我介绍、为他人介绍、被他人介绍和集体介绍四种方式。

1. 自我介绍

（1）适合自我介绍的情况。自我介绍是指在商务活动中，由自己担任介绍的主角，自己将自己介绍给他人，以便对方认识自己。在商务活动中，自我介绍是人们用得最多的一种介绍方式。以下情况适合采用自我介绍的方式。

① 自己希望结识他人时。在多人聚会中，如果你想结识一个不熟悉的人，但又没有合适的人引荐，就可以亲自把自己介绍给对方。交谈之前，可以先向对方点头致意，得到回应后，再向对方介绍自己的姓名、身份和单位等。一般情况下，对方也会主动向你做自我介绍。

② 他人希望结识自己时。在社交场合，如果有不相识的人对自己感兴趣，点头致意，表示想结识的愿望时，自己应当主动做自我介绍，表现出对对方的好感和热情。

③ 需要让其他人了解、认识自己时。平时联系工作和求职时，或在社交场合彼此都不熟悉时，主持人提议各人做自我介绍，以便让大家互相了解、认识，这时的自我介绍既是一种礼貌，也是进一步交流的前提和基础。

（2）自我介绍的礼仪。根据场合、对象和实际需要的不同，自我介绍的内容应该具有鲜明的针对性，不能够"千人一面"，一概而论。应酬式的自我介绍，应该简单明了，只介绍一下姓名即可；工作式的自我介绍，除介绍姓名外，还应介绍工作单位和从事的具体工作；社交式的自我介绍，则需要进一步交流和沟通，在介绍姓名、单位和工作的基础上，可进一步介绍兴趣、爱好、经历、同交往对象的某些熟人的关系等，以便加深了解，建立情谊。

无论在什么场合，自我介绍都应该做到举止庄重、大方，讲到自己时可将右手放在自己的左胸上，表情应坦然、亲切，面带微笑，充满自信与热情，眼睛应看着对方或大家，落落大方。在自我介绍时，要把握好态度，力求真实，注意谦虚，不能自我吹捧，要语气自然、语速正常、吐字清晰、从容不迫，这样会使对方产生好感，对自我介绍的成功大有好处。介绍自己的时间一般以半分钟左右为最佳，如无特殊情况，最好不要长于一分钟。

2. 为他人介绍

为他人介绍，就是介绍互不相识的人彼此认识，或把一个人引荐给其他人认识的过程。善于为他人介绍，可以在朋友中享有更高的威信和影响力。为他人介绍，在不同场合由不同的人承担。公关礼仪人员、单位领导、东道主或与被介绍人双方都相识的人，都分别是商务活动、接待贵宾和其他社交场合中的合适介绍人。

（1）为他人介绍的顺序。介绍人在介绍之前必须了解被介绍双方各自的身份、地位及双方有无相识的愿望，或衡量一下有无为双方介绍的必要，再择机行事。介绍的先后顺序为：先把男士介绍给女士，先把晚辈介绍给长辈，先把主人介绍给客人，先把未婚者介绍给已婚者，先把职位低者介绍给职位高者，先把本公司职位低的人介绍给职位高的客户，先把个人介绍给团体，先把晚到者介绍给早到者。

（2）为他人介绍的方式。根据实际情况，为他人介绍可以采取不同的方式。

① 一般式。也称标准式，以介绍双方的姓名、单位、职务等为主，适用于正式场合。例如："请允许我为两位引见一下。这位是宏达公司营销部主任张强先生，这位是新信集团副总裁刘英女士。"

② 简单式。只介绍双方姓名，甚至只提到双方姓氏，适用于一般的社交场合。例如："我来为大家介绍一下，这位是王总，这位是赵董。希望大家合作愉快。"

③ 附加式。也称强调式，用于强调其中一位被介绍者与介绍者之间的关系，以期引起另一位被介绍者的重视。例如："这位是飞跃公司业务主管杨先生，这是小儿王鹏，请多多关照。"

④ 引见式。介绍者要做的是将被介绍双方聚到一起，一般适用于普通场合。例如："两位认识一下吧。其实大家都曾经在一个公司共事，只是不在一个部门。请自己介绍一下吧。"

⑤ 推荐式。介绍者经过精心准备将一个人举荐给另一个人，通常对前者的优点加以重点介绍，一般适用于比较正规的场合。例如："这位是赵伟先生，这位是海亮公司的刘海亮董事长。赵先生是经济学博士，管理学专家。刘总，我想您一定有兴趣和他聊聊。"

⑥ 礼仪式。这是一种最正规的为他人介绍的方式，适用于正式场合。其语气、表达、称呼都更加规范和谦恭。例如："孙女士，您好！请允许我把北京东方公司执行总裁刘力先生介绍给您。刘先生，这位就是广东润阳集团人力资源经理孙女士。"

（3）为他人介绍的礼仪。为他人介绍时，介绍者应该热情、诚恳，身体姿态文雅、大方。无论介绍哪位被介绍者，介绍者都应手心向上，手背向下，四指并拢，以肘关节为轴，指向被介绍者一方，并向另一方点头微笑。切不可用示指指来指去。必要时，可以说明被介绍一方同自己的关系，以便被介绍的双方增进了解和信任。

介绍者要注意，介绍时语言要清晰明了，不要笼统、含糊，以便双方记清对方姓名；介绍某人优点时要恰如其分、实事求是、掌握分寸。如果要介绍几个朋友互相认识，则应把他们邀在一起，简单扼要地介绍他们相互认识。介绍后应略停片刻，引导双方交谈，再借故离开。

3．被他人介绍

被介绍者在介绍者询问自己是否有意向认识某人时，一般应欣然接受。如果实在不愿意，则应向介绍者说明缘由，取得谅解。当介绍者走上前来为被介绍者进行介绍时，被介绍者除女士和长者外，一般都应起身站立，面带微笑，大方地目视介绍者或对方，态度要谦和。在被介绍时，若在会谈进行中或宴会等场合，就不必起身，只微微欠身致意就可以了。

介绍后，身份高的一方或长者应主动与对方握手，问候对方，表示非常高兴认识对方等。身份低的一方或晚辈应根据对方的行为做出相应反应，如果对方主动与你握手，你就应立即将手伸出去与对方相握。当双方身份相当时，主动、热情地对待对方是有礼貌的表现。

4．集体介绍

集体介绍是为他人介绍的一种特殊方式，是指介绍者在为他人介绍时，被介绍者其中一方或双方不止一个人，甚至是许多人。在正式活动和隆重场合中，集体介绍时的顺序是礼节性极强的问题，因此应根据具体情况慎重对待。一般有两种情况：一是将集体的双方或各方相互做介绍，即双向的集体介绍；二是只将集体的一方介绍给另一方，即单向的集体介绍。

（1）双向的集体介绍的礼仪。双向的集体介绍所遵循的顺序一般是"尊者先知"，即尊者优先了解情况。具体来说，介绍顺序有如下三种。

①"少数服从多数"的方式。这是指被介绍的各方在地位、身份上大体相似，或很难确定，可先将人数少的一方介绍给人数多的一方，再将人数多的一方介绍给人数少的一方。

②"尊者先知"的方式。这是指当双方在身份、地位、年龄等方面存在明显的差别时，无论各方人数多少，都要按"尊者先知"的规则，先向位尊者一方介绍位卑者一方，再向位卑者一方介绍位尊者一方。

③"从高到低、从长到幼、从尊到卑"的方式。当被介绍的集体是三方以上时，其介绍的顺序应该是从高到低、从长到幼、从尊到卑。为此，在介绍前，应该正确地进行位次排序。位次排序的具体方法一般有六种：以其负责人的身份为准；以其单位的规模、规格为准；以单位名称的英文字母顺序为准；以抵达时间的先后顺序为准；以座次顺序为准；以离介绍者远近为准。

在以上三种介绍方式中，无论具体介绍哪方，若需要对其中每位成员都一一介绍时，也应按从高到低、从尊到卑、从长到幼、先女后男的顺序。

（2）单向的集体介绍的礼仪。在进行单向的集体介绍时，介绍顺序一般有如下两种。

①"先尊后卑"的顺序。当被介绍的双方在身份、职务、年龄、性别等存在较大差别时，应该采取此种介绍顺序。

②自然顺序。当被介绍的双方在身份、地位、年龄等方面差别不大，基本相似时，可按其自然就座或站立的顺序加以介绍。例如，把在主席台上就座的人介绍给观众，当这些人在职务和年龄上无太大差别时，应按其自然就座顺序介绍；或先从左边或右边介绍，一般从右边介绍为宜。

（3）集体介绍注意事项。在做集体介绍时，要注意以下三个问题：一是介绍的内容要准确。特别是涉及的名称、职务、职称、专长等，不可想当然地介绍，也不能用容易产生歧义的简称等。二是介绍的程度要恰当。该介绍哪些内容，介绍到何种程度，要根据情况做到恰到好处。三是介绍时的语言要清楚、简洁。必要的手势、眼神、表情的运用要协调、统一、得体，不可太夸张，也不可太呆板。

5．商务名片使用礼仪

名片是人际交往的"身份证""介绍信"，社交的"联谊卡"，是一种经过设计、能表示自己身份、便于商务交往和开展工作的卡片。在名片的小小方寸之中，浓缩着个人的重要资料，因此名片在现代社会交际中被越来越多地运用。名片不仅可用作自我介绍，还可用作祝贺、答谢、拜访、辞行、委托、慰问、吊唁、赠礼附言、备忘、访客留话等。正确地使用名片，有利于商务交往的顺利进行。

（1）名片的制作。名片的制作是有严格规定的。我国现在通用的名片规格为 9 厘米×5.5 厘米，这是名片制作的首选规格。此外，名片还有另两种规格：10 厘米×6 厘米和 8 厘米×4.5 厘米。10 厘米×6 厘米的规格多为境外人士使用，8 厘米×4.5 厘米的规格多为女士使用。制作名片的材料多为再生纸。

印制名片时，以横排为佳，名片的质地应是柔软耐磨的白板纸、布纹纸，宜选用庄重、淡雅、端庄的白、米、淡蓝、浅灰、浅黄为底色，并且一张名片最好只有一种底色。图案可以选择企业标志、本企业所处位置地图或本企业的标志性建筑、主打产品等，一般不提倡在名片上印人像、花卉、宠物等。我国的习惯是把姓名印在前面，职务用较小号的字印在姓名之后。境外人士习惯把姓名印在中间，职务用较小号的字印在姓名下面。如果同时印中外双语，则通常一面印汉语，另一面印外语，外语要按国际惯例排列。无论是印制个人名片还是商务名片，上面列的职务都不要太多，列一两个主要职务即可，以免给人华而不实之感。

名片在中国内地（大陆）使用时，字体采用清晰、标准、易识的楷体或印刷体为好。尽量不采用草书、花体字印刷，更不要用手写体。与港澳台同胞及海外华侨打交道的场合，名片可采用繁体字。名片上不要印格言警句。

> **案例6-1**
>
> ### 制作名片的小巧思
>
> 张小姐的美容小店开张在即，让她苦恼的是店铺的位置有些偏僻。张小姐是个细心的人，她想利用名片来做文章。她要求自己的名片别具一格，体现美的内涵，让客户一看见名片就能有一种美的享受，最好还能有提示作用，让客户循着名片就能找到店铺。一家广告公司满足了张小姐的要求，并把张小姐的店铺名称做了特殊字符处理，让客户即使匆匆一瞥也能牢牢记住，而且整张名片都是四色印刷的，精美大方。另外，名片的背面是一张小小的地图，张小姐店铺的位置十分醒目，这下再也不用担心客户找不到店铺了。后来，小店逐渐从最初只有几个人的门面发展到在全市拥有十几家分店的美容连锁店。
>
> 案例解析：张小姐在制作名片时融入的小巧思给她带来了诸多收益，可见名片在商务活动中的重要性，以及了解和掌握名片使用的礼仪规则对商务人士的重要性。

（2）名片的类型和内容。常用的名片分为私用名片、商务名片和单位名片三种类型。单位名片的主角是单位，其内容大体包括两项：一是本单位的全称及标志；二是与本单位联络的方法，包括地址、邮编、电话号码、传真号码、电子邮箱等。私用名片、商务名片的主角则是个人。通常，一张标准的名片应包括三方面内容：一是本人所属的单位、标志及自己所在的具体部门；二是本人的姓名、学位、职务或职称；三是与本人联络的方法，包括单位地址、办公电话、邮政编码和电子邮箱等。此外，还可酌情列出本单位的传真号码、本人的手机号码。私用名片和商务名片一般都不提供本人家庭住址。如确有必要，可在交换名片时当场提供。这样做往往被视为向交往对象表明自己的重视与信赖。

（3）名片的使用场所。名片通常在三种情况下使用：一是在礼节性社交拜访活动中；二是在具有商业性质的横向联系与交往中；三是在某些表达感情或表达祝贺的场合中。

（4）递送名片的方式。递送名片时要用双手或右手，应起身走到对方面前，双目正视对方，微笑致意，文字正面朝向对方，用双手拇指和示指执名片两角，恭敬地递送过去，目的是让对方能够直接读出来，同时配以口头的介绍和问候，如"请多关照""请多指教"等。

（5）接受名片的方式。接受名片时，也应目视对方，用双手接，态度也要毕恭毕敬，说一些"谢谢""认识您很高兴"等客套话。要使对方感到你对他的名片很感兴趣,接到名片时要认真地看一下,最好用半分钟左右的时间从头至尾默读一遍对方名片所载内容,不懂之处可以当即向对方请教。可以重复一下对方名片上所列的职务或单位,以示仰慕。然后郑重地放入自己的口袋、名片夹或其他稳妥的地方。如果接下来与对方谈话,那么不要将名片收起来,应该放在桌子上,并保证不被其他东西压住,使对方感觉到你对他的重视。

(6)递接名片的礼仪要求与禁忌。

① 递送名片应该把握好时机。当双方谈得较融洽,表示愿意建立联系时,就应出示名片。当双方告辞时,可顺手取出自己的名片递给对方,以示愿结识对方并希望能再次相见,这样可加深对方的印象。

② 递送名片不能厚此薄彼。同时向多人递送本人名片时,可按由尊而卑、由近而远的顺序依次递送。对以独立身份参加活动的来宾,也应同样递送名片,不可只给领导和女士,跳跃式进行,给人厚此薄彼的感觉。

③ 名片放在容易拿出的地方。可以将名片放入专门的名片夹中,若穿西装,则宜将名片置于左上方口袋;若有公文包,则可放在包内容易取出的部位。

④ 递送名片时,切忌漫不经心地滥发一气,尤其忌讳向一个人重复递送名片。

⑤ 切忌接过名片一眼不看就随手放在一边,或放到桌子及其他地方,也不要拿在手中随意摆弄,这样做是对对方的不恭,会伤害对方的自尊,影响彼此的交往。接到名片后,如自己带有名片,可立即送上,忌到处寻找或错把别人的名片递过去,这是严重的失礼;如没有带,可向对方说明,并主动做自我介绍。

课内实训 6-2

请两位同学上台演示递接名片行为,请全班同学分析他们的行为有哪些正确的地方和需要改进的地方,并将要点记录下来。

案例 6-2

"丢失"的百万订单

某公司新建的办公大楼需要添置一系列办公家具,价值数百万元。公司的总经理已做了初步决定,向 A 公司购买这批办公家具。这天,A 公司的销售人员打来电话,要上门拜访这位总经理。总经理打算等对方来了,就在订单合同上盖章,定下这笔生意。不料销售人员比预定的时间提前了 2 小时到达。原来他听说这家公司的员工宿舍也要在近期落成,希望员工宿舍需要的家具也能向 A 公司购买。为了谈这件事,销售人员还特地带来了许多资料,摆满了台面。总经理没料到对方会提前到访,刚好手边又有事,便请对方等一会儿。这位销售人员等了不到半小时,就开始不耐烦了,一边收拾资料一边说:"我还是改天再来拜访吧。"这时,总经理发现对方在收拾资料准备离开时,将自己刚才递上的名片不小心掉在了地上,对方不但没有发觉,走时还无意从名片上踩了过去。这个不经意的失误令总经理改变了初衷。A 公司不仅没有机会与总经理商谈员工宿舍的家具购买,连几乎到手的数百万元的办公家具的生意也告吹了。

案例解析:接到对方的名片后要妥善保管,切不可随意放置,以免失礼,造成更大的负面影响。

6. 商务称谓礼仪

称谓也称"称呼",是指人们在日常交往中当面招呼对方,以表明彼此关系的名称。在商务交往中,采用正确、适当的称谓,不但反映出自身的教养与对对方尊敬的程度,而且体现出双方的友好程度和社会风尚。在商务交往过程中应注意避免使用不当的称呼,以免影响个人及集体形象,阻碍商务活动的开展。

知识拓展

古文中常见的称谓

(1) 敬称。敬称是对对方及其有关者的一种表示尊敬的称呼。日常交际中主要有以下几种敬称。

① 人称称谓。常用的人称称谓有"您""您老"等,多用于对尊长、同辈,尊长对晚辈一般称"你",这些称谓都表明说话者的客气与谦敬。

② 亲属称谓。日常生活中,对亲属的称呼一般以双方关系为基础,如叔叔、舅舅等。

③ 职业称谓。在比较正式的场合习惯用职业称谓,这带有尊重对方职业和劳动之意,也暗示谈话与职业相关,如冠之以姓的师傅、大夫、医生、老师等。

④ 职务称谓。在我国,对国家工作人员,尤其是专业技术人员,在各种交际场合都流行职务(职称)称谓,对有职务的客户以此称呼显得特别尊敬,如书记、厂长、主任、主席、工程师、经理、总裁、教授等。可直接称其职务,也可在其职务前加上姓氏或姓名。按照我国的礼仪惯例,称呼副职时一般不说"副"字。需要注意的是,当我们面对的外国客人是政府官员时,按照国际礼仪惯例,是不称呼他们的官职的。

⑤ 姓名称谓。通常在正式场合称呼比较熟悉的同辈为"老+姓",如老王、老张等。对长辈有时也称"姓+老"(如李老)。长辈对晚辈称"小+姓"(如小孙)。在和客户交流的过程中,记住对方的姓名,是对他们最基本的尊重。

⑥ 家属称谓。对别人家属的敬称,使用最广的是令、尊、贵、贤、台等。使用家属称谓能有效地拉近和客户的距离,营造一个温馨的谈话氛围。如对其长辈,可在称呼前加"尊"字,如"尊母""尊兄";对其平辈或晚辈,可在称呼前加"贤"字,如"贤妹""贤侄"。若在其亲属的称呼前加"令"字,一般可不分辈分与长幼,如"令堂""令尊""令爱""令郎"。

⑦ 通称。在现实生活中,对一面之交、关系普通的交往对象,比较流行的称谓是,称男性为"先生",女性为"女士",年龄小的女性可称为"小姐"。在部队,士兵间互称"战友",在学校,学生间互称"同学"等。

(2) 谦称。谦称是对自己及和自己有关者的一种谦卑的称呼。敬称是尊人,谦称则是抑己,用于表示对他人的尊重。

① 谦称自己。最常用的是我、我们。沿用古人的自谦词有愚、鄙等。例如,称自己的见解为"鄙见""愚见""陋见",称自己的著作为"拙著""拙文",称自己的住房为"寒舍""斗室""敝斋""陋室"等。

② 谦称自己的亲属。称呼比自己辈分高或年岁大的亲属时,前面冠以"家"字,如"家父""家母"等。同辈冠以"愚"字,如"愚兄""愚弟"。晚辈冠以"小"字,如"小儿""小女"等。

③ 从儿辈称谓。从说话人的子女或孙辈角度来称呼对方。

(3) 美称。尊长对晚辈表示喜爱和看重时,称呼可用美称,多用于书面语,主要以

"贤"构成，如"贤弟""贤侄""贤婿"等。美称对方的子女用"公子""千金"。

（4）婉称。一般用"阁下"尊称长者、有一定地位者。对他人的容貌可称"尊颜""威颜"（用于男性长者）"慈颜"（用于女性长者）等。

（5）称谓的基本礼仪和禁忌。一般来说，称呼别人时态度要热情、谦恭、有礼，用语要确切、亲切、真切，并做到主动、适当和大方。此外，商务人员要想对他人采用正确、适当的称呼，通常须遵循合乎常规、区分场合、考虑双方关系、入乡随俗等规则。商务人员还要注意，不要使用一些错误的、地域性的、过时的、庸俗的称谓，也不要给他人起绰号。

> 知识拓展
> 涉外称呼

① 错误的称呼。错误的称呼主要有两种情况：一是误读。称呼他人时，由于粗心而出现姓名误读，如对"查""单"等姓氏望字猜音，发生错误。为了避免这种情况，对于不认识的字，事先要有所准备。如果临时遇到，就要谦虚请教。二是误会。误会是指对交往对象的年龄、辈分、婚否、职务及与其他人的关系等一些情况不清楚，做出了错误判断。例如，将未婚的女性称为夫人，就属于误会。

② 地域性的称呼。有些称呼具有一定的地域性，如山东人喜欢称人为"伙计"，山西人和北京人喜欢称人为"师傅"；南方人认为伙计就是"打工仔"，喜欢称小孩子为"小鬼"；中国人常把配偶称为爱人，而在外国人的意识里，爱人就是情人的意思。在商务交往活动中，如果采用这些称呼，往往就会造成很大的误会。

③ 过时的称呼。有些称呼会随着时代的变化而过时，称呼他人一定要合乎时宜、与时俱进。例如，如果现在用"长官""大人"等称呼政府官员以表示尊重，就令人啼笑皆非。

④ 庸俗的称呼。不要将私人交往的称呼搬到大雅之堂，要严格区分不同场合中不同的称呼，切不可混淆。例如，不能在正式场合使用"兄弟""哥们儿""姐们儿""老兄"等称呼，否则显得庸俗低级，没有档次。

⑤ 绰号称呼。在交往中，不要随便给他人起绰号，也不要用绰号来称呼他人。因为这都是对别人的不礼貌、不尊重。

案例 6-3

"师傅"

几个年轻人到避暑山庄游玩，想抄近路去外八庙。有人向一位姑娘问路："小师傅，请问去外八庙的路怎么走？"姑娘怒目圆睁，并未回答，愤愤而去。几个年轻人莫名其妙，不知道哪里得罪了姑娘。原来，当地人称尼姑、和尚为"师父"，一个年轻姑娘对这样的称呼能不发怒吗？所以说，在交际过程中，怎样称呼别人是很有讲究的。

案例解析：得体的称呼会使人感到亲切，交往也就有了一定的基础；称呼不得体，往往引起对方的愠怒，使双方陷于尴尬的境地。

6.1.2 商务见面礼仪

称谓是商务交往语言中的"先行官"，使用恰当的称谓，不仅能体现商务人员的基本礼貌修养与个人素质，也能与见面礼节一起，共同助力商务交往顺畅与成功。

1．握手礼

握手礼是在一切交际场合最常使用、适用范围最广的见面致意礼节。现代人的握手礼具有致意、亲近、友好、寒暄、道别、祝贺、感谢、慰问等多种含义，是世界各国通用的社交礼节。在我国，握手礼不但在见面和告辞时使用，还是祝贺、感谢或相互鼓励的表示。

（1）握手的场合。握手的场合，涉及双方的关系、现场的气氛，以及当事人的心理因素等条件。在商务活动中，适合施行握手礼的场合有：在商务和社交场合与认识的人道别；在本人作为东道主的社交场合，迎接或送别来访者时；拜访他人后，在辞行时；被介绍给不认识的人时；久别重逢时；在社交场合偶然遇到亲朋故旧或上司时；他人给予你一定的支持、鼓励或帮助时；表示感谢、恭喜、祝贺时；对他人表示理解、支持、肯定时；得知他人遭受挫折时；向他人赠送礼品或颁发奖品时等。

（2）握手的顺序。在正式场合，握手时伸手的先后次序主要取决于职位和身份。在社交和休闲场合，则主要取决于年龄、性别、婚否。

握手有一个基本的原则，即尊者决定。尊者决定是指两人在握手时，各自首先应确定握手双方彼此身份的尊卑，然后以此决定伸手的先后。一般来说，以主动伸手行礼的一方为尊。通常，年长者、女士、职位高者、老师先伸手，然后年轻者、男士、职位低者、学生及时呼应。来访时，主人先伸手，以表示热烈欢迎。告辞时，客人先伸手，主人再伸手与之相握，才合乎礼仪。朋友和平辈之间谁先伸手可不计较，一般谁先伸手，谁就被视为有礼貌。但要注意，男士和女士之间绝不能男士先伸手，这样不但失礼，而且有占人便宜之嫌。

在商务活动中，经常出现需要和多人握手的情况。多人同时握手时，要注意别人握完再握手，不可交叉握手。多人握手一定要讲究先后次序，由尊而卑，即先年长者后年轻者；先上级后下级；先女士后男士；先已婚者后未婚者。当然，也可以只跟相近的几个人握手，向其他人点头示意或微微鞠躬即可。为了避免尴尬，在主动和人握手之前，应想一想自己是否受对方欢迎，如果已经察觉对方没有要握手的意思，那么点头致意或微微鞠躬就行了。

（3）握手的时间。握手时间的控制可根据握手者的亲密程度掌握。除了关系亲近的人可以长久地把手握在一起，一般握手3秒即可。初次见面者，握一两下即可。如果要表示自己的真诚和热烈，也可较长时间握手，并上下摇晃几下。

（4）握手的力度。握手的力度一般以不握疼对方的手为限。一般来说，男士与女士握手，一般只轻握对方的手指部分，不宜握得太紧、太久。男士之间可握得较紧、较久，但不能握力太大，使对方有疼痛的感觉。

（5）握手的方式。握手有单手相握和双手相握两种。

① 单手相握。单手相握是常用的握手方式，即用右手与对方右手相握。采用单手相握时，双方相距约一步远，各自伸出右手，手掌均呈垂直状态，四指并拢，拇指张开，肘关节微曲，抬至腰部，上身微向前倾，两足立正，双手相握，上下轻摇，一般以3秒为宜。握手时双方互相注视、微笑、问候（如见到您真高兴、您好、幸会、再会等）、致意，不要看第三者或显得心不在焉。单手相握又有以下三种方式。

第一，平等式握手（见图6-1）。手掌垂直于地面并合握。为了表示地位平等或自己不卑不亢时多采用这种方式,这是一种最普通、最稳妥的握手方式。

第二,友善式握手(见图 6-2)。自己掌心向上与对方握手。这种握手方式能够表示自己谦恭、谨慎的态度。

第三,控制式握手。自己掌心向下与对方握手。这种握手方式表现出一种支配欲和驾驭感,无声地告诉别人,自己此时处于高人一等的地位。我们应尽量避免这种傲慢无礼的握手方式。

图 6-1　平等式握手

图 6-2　友善式握手

② 双手相握。双手相握又称"手套式握手",即为了表示对对方加倍的亲切和尊敬,用右手握住对方右手后,再以左手握住对方右手的手臂。这种方式适用于亲朋好友之间、年轻者对年长者、身份低者对身份高者或同性朋友之间,不适用于初识者或异性,否则会被误解为讨好或失态。

由此可见,各种不同的握手方法其含义是不同的,给人的感觉也不尽相同。从礼貌的角度来讲,在社交中最好选择单手相握,无论对谁都能有一种亲切、平等、自然的感觉。

(6) 握手礼的禁忌。握手是一个细节性的礼仪动作,做得好,不一定能产生显著的积极效果,但是做得不好,却能产生明显的负面效果。行握手礼时需要注意以下禁忌。

① 握手时切忌左顾右盼、心不在焉、不置一词、长篇大论、点头哈腰、过分客套或目光寻找第三者。

② 与客人见面或告辞时,不能跨门槛握手,要么进屋,要么站在门外。

③ 握手双方除非是年老体弱者或残障者,否则应站立握手,而不能坐着握手。

④ 若使用单手相握,则应伸出右手与对方相握,左手应自然下垂,不能插在口袋里或拿着报纸、公文包等物品。

⑤ 男士不能戴着帽子、手套(女士在社交场合戴着薄纱手套握手是被允许的)或墨镜与他人握手。军人可不脱帽先行军礼,后握手。

⑥ 握手时不要抢握,应当依照顺序进行,以免两人握手时与另外两人相握的手形成交叉状。在和基督徒交往时,这种形状类似十字架,在他们眼里是很不吉利的。

⑦ 不要用左手同他人握手,尤其是和阿拉伯人、印度人交往时,因为在他们看来,左手是不洁的。

⑧ 不要在握手时仅仅握住对方的指尖,也不要只递给对方一小截指尖,这会让对方认为你在有意与他保持距离。

⑨ 不要在握手时把对方的手拉过来、推过去,或者上下左右地抖动。

⑩ 不要拒绝和别人握手,即使有特殊情况,也要和对方说一声"对不起,我的手现在不方便",以免造成不必要的误会。

⑪ 不要用很脏的手与他人相握,也不能在与人握手之后立即擦拭自己的手掌。

案例 6-4

握手的温度

爱丽是位热情而敏感的女士,目前在中国某著名房地产公司任副总裁。一天,她接待了来访的某建筑材料公司主管销售的李经理。李经理被秘书领到了爱丽的办公室,秘书对爱丽说:"爱总,这是某公司的李经理。"爱丽离开办公桌,面带微笑地走向李经理。李经理先伸出手来,让爱丽握了握。爱丽客气地说:"很高兴你来给我们介绍产品。这样,你把资料留下,我看看再和你联系。"只几分钟,李经理就被爱丽送出了办公室。此后,李经理多次打电话,却总被秘书告知爱总不在。

到底什么原因使爱丽拒绝了这位李经理呢?在一次讨论形象的培训课上,爱丽提及了此事。"初次见面,他留给我的印象是不了解基本的商务礼仪,也缺少绅士风度。他伸出的手毫无生气,让我感觉他的心和他的手一样冰冷。我们怎么能和这样的公司打交道呢?"

案例解析:握手的温度其实也在一定程度上体现了我们对他人的态度。在进行商务交往时,要在细节上多下功夫。

 课内实训 6-3

请几位同学上台演示与女性、长者、晚辈、同学行握手礼,以及在迎接客人、送别客人时行握手礼,归纳各种情境中行握手礼的注意事项,将要点记录下来。

2. 拱手礼

拱手礼是最具中国特色的见面问候礼仪,也叫作揖礼,已经有两三千年的历史,从西周时期起就在同辈人见面、交往时采用。拱手礼有模仿戴手枷奴隶的含义,意为愿做对方的奴仆。拱手礼简便易行,因而沿用至今,成了相见的礼节。古人通过程式化的礼仪,以自谦的方式表达对他人的敬意。拱手礼既能表达对别人的感谢和尊敬,也是中华民族传统的见面礼仪,有着浓浓的中国特色和人情味儿。

拱手礼的动作要领是:行礼时,双腿站直,上身直立或微俯,右手半握拳,然后用左手在胸前握住右手,在目视对方的同时,相拱的手向着对方轻轻摇动。若要向对方表示谦恭和尊重,还可将双手向上抬,直到与额同高。因为古人认为杀人时拿刀都用右手,右手在前杀气太重,所以右手握拳,代表友好的左手在外,把右手包住。而对于女性,应该右手在前、左手握拳在后。若为丧事行拱手礼,则男性为左手握拳在内,右手在外,女性则正好相反。

拱手礼一般用于喜庆的场合,现在也在商务活动中流行。每逢重大节日,如新春团拜会,大家欢聚一堂,互相祝愿,常拱手致意;在升迁等喜庆场合,来宾也可以用拱手致意的方式向当事人表示祝贺;商务聚会结束,双方告别,互道珍重时可用拱手礼;有时向对方表示歉意,也可用拱手礼表示。拱手致意时,往往同时寒暄,如"恭喜、恭喜""久仰、久仰""请多多关照""节日快乐""后会有期"等。

 课内实训 6-4

分别请几位男同学和女同学上台演示我国传统的拱手礼,注意男同学和女同学行拱手礼有何差异,将要点记录下来。分析拱手礼与握手礼相比有何优点。

3. 鞠躬礼

鞠躬礼也是我国的传统礼节，源于先秦时代，一般是指向他人躬身以示敬重或感谢，因此也称躬身礼，适用于庄严肃穆或喜庆欢乐的仪式，也适用于商务社交场合。应用鞠躬礼时，主要应注意如下四点。

（1）内外有别。自古以来，我国就有鞠躬礼存在，多用于需要表达敬谢之意或道歉之意的场合。而在国外，它却主要用于见面或告别之际。

（2）对象特定。在国外，鞠躬礼主要通行于与我国相邻的日本、韩国、朝鲜等国，在欧美各国及非洲国家并不流行。

（3）中规中矩。行鞠躬礼时，应当首先立正脱帽，距受礼者两三步远，身体呈立正姿势，面带微笑，双目正视受礼者，以臀部为轴心，将上身挺直向前倾斜15°～90°角，目光随身体向下，同时配以问候语等。鞠躬礼毕起身时，恢复站姿，目光再回到对方脸上。在此过程中，通常男士应将双手贴放于身体两侧的裤线处，而女士的双手则应在下垂之后叠放于腹前，如图6-3所示。

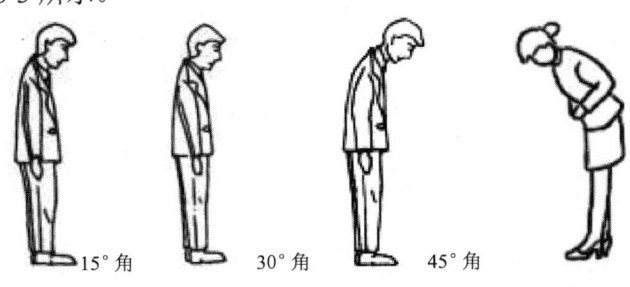

图6-3　鞠躬礼

（4）区别对待。施鞠躬礼时，外国人一般只会欠身一次，但对其具体幅度却十分在意。在正规场合，欠身的幅度越大，越表示自己对交往对象礼敬有加，不过欠身的最大幅度不宜超过90°角。

鞠躬礼的类型大致分为三种。一是15°角左右的鞠躬礼，又称点头礼，用于工作环境。如在公司与同事相遇，可施行此礼。二是30°角左右的鞠躬礼，用于正式社交环境和公共场合接待服务。为了表示对客人的尊敬，商务人员常对对方行鞠躬礼。三是45°角左右的鞠躬礼，主要用于特殊的社交场合，如上台领奖或发言。

鞠躬礼在东南亚一些国家较为盛行，如日本、朝鲜等。因此，在接待这些国家的外宾时，可行鞠躬礼致意。作为商务人员，在行鞠躬礼时要注意：地位较低的人要先鞠躬；地位较低的人鞠躬要相对深一些；接受鞠躬礼后，应还以鞠躬礼。

4. 致意礼

所谓致意，是指向他人表达问候的心意通过礼节、行为举止表示出来，通常用于相识的人在各种场合打招呼。具体的致意礼有以下几种。

（1）点头致意礼。点头致意礼的方法是头微微向下一动，幅度不大，表示对人的礼貌。点头致意礼适用于不宜交谈的场所，如在会议、会谈进行中。与相识者在同一场合见面或与仅有一面之交者在社交场合重逢，都可以点头为礼。

（2）注目致意礼。注目致意礼原为军人的特殊礼节，现已成为社交场合较广泛使用的礼节之一。行礼时双目始终凝视对方，并随他们的行走而转移。它一般在介绍、握手、点头、举手的同时使用，以示敬重。

（3）举手致意礼。举手致意礼也是军人施行的礼节之一，现已演变为日常交往时的一种礼节。行举手致意礼一般不必出声，只将右臂伸直，掌心朝向对方，轻轻摆一下手即可，不要反复摇动，通常在公共场合遇到或迎送相识的人时采用，在彼此相距较远、行走急促时可举起右手向对方招呼致意。招手时一般手中不能持有物品。

（4）欠身致意礼。欠身致意即全身或身体的上部微微向前一躬，这种致意方式表示对他人的恭敬，适用范围较广。

（5）脱帽致意礼。与朋友、熟人见面时，若戴着有檐的帽子，则脱帽致意最为适宜。微微欠身，用距对方稍远的一只手脱帽，将其置于大约与肩平行的位置，同时与对方交换目光。向对方致意问候时，应该诚心诚意，表情和蔼可亲。要注意文雅，一般不要在致意的同时向对方高声叫喊，以免妨碍他人。致意的动作也不可以马虎、满不在乎、毫无表情或精神萎靡不振，必须是认认真真的，以充分显示对对方的尊重。

5．亲吻礼

亲吻是源于古代的一种常见礼节，人们常用此礼来表达爱情、友情、尊敬或爱护。据说它产生于婴儿与母亲间的亲吻，也有人说它产生于史前人类互舔面部来吃盐的习俗。据文字记载，在公元前，罗马与印度已有公开的亲吻礼。有人认为，古罗马人爱嚼香料，行亲吻礼足以传口中芳香。也有人认为，古人用亲吻时努唇的形状来表示爱情的心形。有人考证，法国是世界上第一个公开行亲吻礼的国家。以吻表示感情在法国司空见惯，但是以吻表示礼节则是西方人士的专利。西方现代的亲吻礼在欧美许多国家盛行。法国人不仅在男女间，而且在男子间也多行此礼。法国男子亲吻时，常常行两次，即左右脸颊各吻一次。比利时人的亲吻比较热烈，往往反复多次。在当代许多国家的迎宾场合，宾主往往以握手、拥抱、左右吻面或贴面表示敬意。

礼节之吻分"吻面礼"和"吻手礼"。吻面礼指朋友之间的亲吻。吻手礼是流行于欧美上层社会的一种礼节，吻手礼主要受礼者应是已婚女性。男性中只有牧师有权接受吻手礼。历史上，君主们在宫廷舞会上也会接受每个前来谒见的人的吻手礼。这种礼节的正确方式是：男士行至已婚女性面前，首先垂首立正致意，然后以右手或双手捧起女士的右手，俯首用自己微闭的嘴唇象征性地轻吻一下其指背。

6．拥抱礼

拥抱礼是流行于欧美许多国家的一种见面礼节，表达热烈、友好和亲密之意，多见于官方或民间的迎送宾朋或祝贺致谢等场合。所谓拥抱礼，一般指的是交往双方互相以自己的双手搂住对方的上身，借以向对方致意。在中国，人们对此不甚习惯，但在国际的商务活动中，拥抱礼使用的频率是非常高的。常用的拥抱礼有三种：正面贴身拥抱、搂肩式拥抱和象征性拥抱（演出或体育比赛得胜后做出的姿势）。这里只介绍在商务活动中最常用的正面贴身拥抱。

正面贴身拥抱的动作要领是：两人正面站立，各自举起右臂，将右手搭在对方的左臂后面；左臂下垂，左手扶住对方的右后腰，先向左侧拥抱，再向右侧拥抱，最后再次向左侧拥抱。拥抱时，也可以用右手掌拍打对方的左臂后侧，以示亲切。

欧洲人非常注重礼仪，他们不习惯与陌生人或初次交往的人行拥抱礼、亲吻礼、贴面礼等，所以初次与他们见面，还是以握手礼为宜。在亚洲、非洲的绝大多数国家中，尤其是阿拉伯国家，拥抱礼仅适用于同性之人，与异性在大庭广众之下拥抱，是绝对禁止的。

7．合十礼

合十礼是流行于泰国、缅甸、老挝、柬埔寨、尼泊尔等佛教国家的见面礼。此礼源自印度，最初仅为佛教徒之间的拜礼，后发展成全民性的见面礼。世界上的许多宗教也都将合十作为一种礼节。据记载，当人类还处在原始社会阶段时，彼此见面、道别时就合十为礼。双手合十可以消除对方的戒备和恐惧，不再疑心你是否将武器藏在身后，所以说合十礼也有和平的含义。对佛教徒来说，合十则是表现十界如一的最高境界。一般来说，行合十礼时，有以下三点必须为施礼者所重视。

（1）神态庄严。在向他人行合十礼时，允许施礼者面含微笑，也可同时口颂祝词或问候对方。但是，最佳的神态却是神态庄严凝重。

（2）郑重其事。作为一种宗教礼节，合十礼在其施行之时要求郑重其事。其标准做法是：双掌十指相合于胸部正前方，五指并拢，指尖向上，手掌上端大体与鼻尖持平，手掌在整体上向外侧倾斜，双腿直立，上身微欠，低头（见图6-4）。行礼之时，身体一般应当立正不动。不过，只要不是疾步狂奔，在缓步行进时，也可施行此礼。

（3）敬意有别。根据传统做法，在向别人行合十礼

图6-4　合十礼

时，自己合十的双手举得越高，越能体现出对对方的尊重。然而一般情况下，在正式场合向别人行合十礼时，原则上不应使之高过自己的额头，唯有礼佛之时，才将合十的双手举得较高。

合十礼可分为跪合十礼、蹲合十礼和站合十礼三类。跪合十礼是指行礼时右腿跪地，双手合掌于两眉中间，头部微俯，以示恭敬虔诚。此礼一般为佛教徒拜佛祖或高僧时所用。蹲合十礼是指行礼时身体蹲下，将合十的掌尖举至两眉间，以示尊敬。此礼一般为佛教国家的人拜见父母或师长时所用。站合十礼是指行礼时站立端正，将合十的掌尖置于胸部或口部，以示敬意。此礼一般为佛教国家平民之间、平级官员之间相拜，或商务人员拜见上级时用。现在，在休闲场合和人际关系较轻松、和谐的社交场合，站合十礼使用率较高。如同事之间、平级之间相见，或商务人员与上级相遇时，均可行合十礼问候对方。

6.2　商务拜访礼仪

商务拜访礼仪是商务交往工作中的一项重要内容。通过商务拜访，商务人员可以更好地与他人沟通，建立深厚友谊，获得支持与帮助；通过商务拜访，商务人员还可以更好地互通信息，共享资源，取得事业的成功。

6.2.1　商务拜访的基本要求

1．有约在先

拜访之前必须提前预约，这是最基本的礼仪。一般情况下，应提前三天给拜访对象打

电话，简单说明拜访的原因和目的，确定拜访时间，对方同意以后才能前往。拜访的具体时间一般应请对方定夺，或者双方共同协商，以免扑空或扰乱拜访对象的计划。同时，拜访时间应当避开节日、假日、用餐时间、过早或过晚的时间及其他一切对方不方便的时间。

2．准时赴约

拜访时准时赴约，不仅是讲究个人信用、提高办事效率的表现，而且是对拜访对象尊重友好的重要表现。万一因故不得不迟到或取消拜访，应立即通知对方，以免对方久候，并求得对方谅解。必要的话，还可另行择期。在这种情况下，一定要记住向对方郑重其事地道歉。

3．进行通报

拜访时，倘若抵达约定地点之后，未与拜访对象直接见面，或对方没有派员在此迎候，则在进入对方的办公室或私人居所的正门之前，有必要先向对方进行通报。具体来说，前往大型公司拜访他人，尤其是拜访职高位显的要人时，应首先前往接待处，向接待人员进行通报。或者先行前往秘书室，由秘书代为安排、通报。前往酒店、宾馆拜访他人时，应当先在拜访对象下榻的酒店、宾馆的前厅里给对方打一个电话，由对方决定双方见面的具体地点。

4．安静等候

当拜访对象因故不能马上见面时，可以在接待人员的安排下，在会客厅、会议室或前台安静地等候。有吸烟习惯的人要注意观察该场所是否有禁止吸烟的警示。如果接待人员没有说"请随便参观"之类的话，就随便地东张西望，甚至"窥探"房间，都是非常失礼的。等待时间过久时，可向有关人员说明，并另定时间，不要显出不耐烦。

5．登门有礼

无论与对方是深交还是初识，是因公会晤还是因私小聚，均应遵守以下基本礼节。

（1）敲门有礼。前往私人居所或办公室拜访时，要先用示指轻叩一两下房门，或轻按一两下门铃，等待回音。得到主人允许后，再推门而入。叩门或按门铃时要保持耐心，不要再三叩门或按门铃，或者二者并用。有些私人居所的门上装有监视器、对讲机或门镜，拜访时不要胡闹，或者吓唬主人。

（2）问候有礼。当主人开门迎客时，务必主动向对方问好，并且与对方互行见面礼。倘若主人一方早已恭候于门口，并且不止一人时，则对对方的问候与行礼，必须在先后顺序上合乎礼仪惯例。标准的做法有两点：一是先尊后卑，即先向地位、身份高者问候、行礼，后向地位、身份低者问候、行礼；二是先近后远，即先向距离自己最近者问候、行礼，然后依次而行，最后再向距离自己最远者问候、行礼。随后，在主人的引导下进入指定的房间，并在指定的座位上就座。在就座之时，要与主人同时入座，不要抢先就座。

（3）举止得体。进入办公室或私人居所后，应当将自己的帽子、墨镜、手套和外套脱下来，以示对主人的敬意。在拜访时要注意自尊自爱，并且时刻以礼待人。如果与接待者是第一次见面，则应主动递上名片，或做自我介绍并递送名片。对熟人可握手问候。不要有意回避其他人，或者故意压低声音。如果拜访的是重要客户，就要记得关掉手机。

对于在拜访对象家里遇到的其他客人，无论对方是来得比自己早还是比自己晚，都要表示尊重，友好相待。不要有意无意冷落对方，更不要对对方视若不见，置之不理。未经主人允许，不要自作主张地在主人家中四处乱闯，尤其不应当进入卧室，或随意乱翻、乱动、乱拿主人家中的物品。在主人家里，不要随意脱衣、脱鞋、脱袜、吸烟，也不要动作嚣张而放肆，要尊重主人的习惯。

（4）时间有度。在拜访他人时，尤其是在进行较为正式的拜访时，要注意在对方的办公室或私人居所里停留的时间，应适可而止。一般来说，时间宜短不宜长。一般情况下，礼节性的拜访，尤其是初次登门拜访，应控制在15～30分钟。时间最长的拜访，通常也不宜超过2小时。有些重要的拜访，往往需由宾主双方提前议定拜访的时间长短。在这种情况下，务必严守约定，绝不单方面延长拜访时间。自己提出告辞时，主人虽表示挽留，但仍需坚决离去，同时向主人道谢，并请主人留步，不必远送。在拜访期间，若遇到其他重要的客人来访，发生重要事件，或主人一方表现出厌客之意，应当机立断，知趣地告退。若是重要约会，拜访之后给对方发感谢函，会加深对方的好感。

6.2.2 商务拜访的礼仪禁忌

商务拜访需要遵循相关礼仪要求，同时注意避免出现以下失礼行为。

1．预约不当，不速之客

在拜访他人前应提前预约，如预约不当，或不约而至，不仅不会取得预期效果，还会使对方心生厌恶。预约时一忌态度生硬，否则会让对方反感，不利于见面前后和谐氛围的营造；二忌不约而至，否则不仅会打乱对方的工作安排，致其毫无准备，又会给对方留下不懂礼貌与商务规则的不良印象；三忌预约未成功后死缠烂打、反复预约，让对方避之不及。

2．如期不至，失约之客

与拜访对象约定了拜访的详细时间后，拜访者应履约守时，如期而至，既不能随便更改时间，也不能早到太久，更不能迟到，否则会给拜访对象留下不守时、不守约的坏印象，甚至影响整个组织的可信度，最终造成双方交流和合作难以继续推进。

3．对象不分，冒失之客

在拜访中，有时主动、刻意地打破常规的社交距离，能够起到拉近双方的心理距离，与对方快速建立情感连接的作用。但是打破常规不是不讲规则，如果不分对象、场合、地点，不顾拜访对象的实际情况（年龄、身份、性格等）贸然拉近距离，称兄道弟、举止随意，反而会使对方产生抗拒之情。因此要把握分寸、收放有度。

4．时间过长，难辞之客

一般来说，拜访时间与拜访效果并不成正比，超过半小时的拜访时间会弱化拜访效果。为有效控制拜访时间，在拜访他人前一定要做好相关准备，避免因准备不足导致思路不清晰、叙述内容冗长、语言表达不准确等延长拜访时间的问题；同时要想好开头，避免因寒暄、铺垫情感时间过长而导致拜访时间超时，未能取得拜访预期效果。

6.3 商务接待礼仪

接待工作是商务人员与客人接触的首要工作。给对方留下良好的第一印象，就为进一步深入接触打下了良好基础。

6.3.1 商务接待的原则

在商务接待工作中，需要遵循身份对等的原则确定接待规格。实际执行中，大体上可以划分为三种情况。

（1）对等接待。如果客人是预先约好的重要客人，己方作为主人，在接待客人时，要根据对方的身份、地位，同时兼顾对方来访的性质及双方的关系，安排接待的规格，以使客人得到与其身份相称的礼遇，从而促进双方关系的稳定、融洽和发展。接待人员"门当户对"是商务礼仪的基本原则之一。如果当事人因故不能出面，或不能完全与客人身份相当，则应适当变通，由职位相当的人员或副职出面迎接，并从礼貌角度出发，向对方做出解释。在办公室接待一般的客人，谈话时应注意少说多听，最好不要隔着办公桌与客人说话。对于客人反映的问题，应做简短记录。

（2）高规格接待，即主要陪同人员比客人的职位高的接待。例如，上级领导派工作人员来了解情况、传达意见，兄弟企业派人来商量要事等，须高规格接待。企业为强调自己对宾主双方特殊关系的重视和对客人的敬重，特意打破常规，提高对客人的接待规格也是可行的。

（3）低规格接待，即主要陪同人员比客人的职位低的接待。在特殊情况下，若己方与客人身份对等的人员身体不适、忙于其他事情难以脱身或不在本地，导致不能亲自出面迎送客人时，委派低于对方身份的副手或与其身份相近的人员出面接待，应在适当的时候向客人做出令人信服的说明和解释，以表示己方的诚意。

在无特殊原因的情况下，商务往来中必须贯彻身份对等的原则，这既是为了更好地确定主客双方都能够接受和感到满意的接待标准，也是为了充分表达东道主对客人的尊重与敬意。

6.3.2 商务接待的准备

迎来送往是商务人员最基本的工作内容，特别是对外接待，如不了解接待的种类和性质，便很难做好这项工作。

1. 商务接待的种类

常见的商务接待工作主要有以下几种。

（1）业务往来接待。业务往来接待主要指面向和本企业有商务往来的单位的接待工作。业务往来接待工作的好坏，直接影响彼此交往合作的顺利与否。因此，业务往来接待是接待工作的重点。

（2）投诉者接待。用户投诉是企业特别是零售企业经常遇到的问题。一般来说，投诉的主要原因是产品质量问题，次要原因是服务态度问题。对此，商务人员要以热情的态度、温和的方式、委婉的语气来安抚对方的情绪，认真倾听对方的倾诉，对产品给对方造成的损失表示同情，调查属实后应尽快给予妥善解决。

（3）商务宣传活动接待。商务宣传活动主要指企业为与大众沟通、树立形象而进行的宣传活动，主要包括新闻发布会、贸易展览会、茶话会、开业庆典等活动。主办单位在接待各方来宾时，要时时注意礼仪规范，服务热情周到，举止从容大方、彬彬有礼，以优雅的言谈、行为塑造良好的企业形象。

2．商务接待的准备工作

在商务接待中，从接到来客通知开始，接待工作就进入准备阶段。这是整个接待工作的重要环节，一般应该从以下几方面来准备。

（1）了解客人基本情况。接待的准备工作是为接待好客人而做的。要想做好接待工作，就必须事先详细了解客人的情况。一要了解客人的单位、姓名、性别、民族、职业、职务级别、人数、是否有夫妇同行等。二要掌握客人的意图，了解客人来访的目的和要求及在住宿和日程安排上的打算。三要了解客人到达的日期、所乘车次（航班）和到达时间。这些资料可以帮助我们安排接待规格，以及为安排交通工具和食宿做好准备。

（2）确定迎送规格。按照身份对等的原则安排商务接待人员。对于较重要的客人，应安排身份相当、专业对口的人员出面迎送；也可根据特殊需要或关系程度，安排比客人身份高的人员接待。对于一般客人，可由公关部门派遣有礼貌、口齿伶俐或宗教、习俗比较接近的人员接待。

（3）布置接待环境。在客人到达前，要根据不同情况，精心布置接待环境。接待室的环境应该明亮、安静、整洁、雅致，应配置沙发、茶几、衣架、电话，以备接待客人进行谈话和通信联络。适当准备一些水果、饮料、茶具、香烟等，还可以适当点缀一些花卉、字画、绿色植物等，营造温馨的气氛。还可放置几份和本单位有关的报刊或企业的宣传材料，供客人翻阅。主人的精心、周到，能给客人宾至如归的感觉。

（4）做好迎宾安排。根据对方的工作内容，事先拟好各项目陪同人员的名单，报请领导批准后，即通知有关人员不要外出，做好准备。根据实际工作需要，安排好来宾用车和接待工作用车。在国家规定标准的范围内，尽可能周到地准备来宾的客房和膳食。根据来宾的身份和抵达的日期、地点，安排有关领导或工作人员到车站、机场、码头迎接；若对所迎接的来宾不熟悉，还需准备一块迎客牌，写上"欢迎××先生（女士）"及本单位的名称；若有需要，还可准备鲜花。

知识拓展
礼宾次序

6.3.3 常用商务接待礼仪

无论是单位还是个人，在接待客人时，都希望客人能乘兴而来，满意而归。因此，在接待过程中要遵守一定的工作原则，即平等、热情、友善、礼貌。常用商务接待礼仪如下。

1. 迎客礼仪

（1）接站。面对远道而来的客人，要做好接站工作。要掌握客人到达的时间，保证提前等候在迎接地点。接站时确认客人的身份，通常有四种方法。第一种方法是使用接站牌。使用接站牌时，牌子要整洁，字迹要大而清晰。接站牌的具体内容主要有四种写法：一是"热烈欢迎某某先生"，二是"热烈欢迎某单位来宾的光临"，三是"某单位热烈欢迎来宾莅临指导"，四是"某单位来宾接待处"。同时高举接站牌，以便客人辨认。做好这些工作，可以给客人热情、周到的感觉，使双方在感情上更加接近。第二种方法是使用欢迎横幅。第三种方法是使用表示身份的胸卡。第四种方法是自我介绍。在方便、务实的前提下，上述四种确认客人身份的方法可以交叉使用。

（2）会面。"出迎三步，身送七步"，这是我国迎送客人的传统礼仪。客人在约定时间按时到达，主人应主动迎接，见到客人应热情打招呼，先伸手相握，以示欢迎，同时说一些寒暄语。如果客人是长者或身体不太好，则应上前搀扶；如果客人手中提有重物，则应主动接过来。

（3）乘车。当迎接地点不是会客地点时，还要注意乘车礼仪。接到客人后，应为客人打开车门，请客人先上车，坐在客人旁边或司机旁边。在车上，接待者要主动与客人交谈，告知客人访问的安排，询问客人的意见。向客人介绍当地的风土人情和沿途景观。到达会客地点后，接待者应先下车为客人打开车门，然后请客人下车。

（4）入室。下车后，应先安排客人休息。如果是本地客人，则可将其安排在单位会议室或接待室稍作休息，并提供茶水、饮料等；如果是远道而来的客人，则应先把客人引进事先安排好的客房休息。

（5）协调日程。客人食宿安排就绪后，对于一般客人，可由商务人员出面协调活动日程。对于重要客人，应由领导出面进一步了解客人的意图和要求，共同协商活动的具体日程。最后根据确定的活动内容、方式等，尽快将日程安排印发有关领导和部门按此执行，并分发至每位客人手中。

2. 待客礼仪

（1）敬茶。敬茶是我国传统的待客礼节，无论什么季节、什么时间，都要先向客人敬上一杯热茶。敬茶时必须注意：茶壶、茶杯要干净，不能用剩茶或旧茶待客，用什么茶叶应事先征求客人意见；倒茶时要讲究"茶七酒八"的规矩，不要倒太满，并且茶杯要一字排开，来回冲倒，浓淡均匀；敬茶时应先客后主，如客人较多，应按级别或长幼依次敬上。上茶的具体步骤是：先把茶盘放在茶几上，从客人右侧递过茶杯，右手递上，手指不要搭在茶杯上，也不要让茶杯撞到客人手上。如妨碍客人交谈，应先说一声"对不起"。

（2）谈话。谈话是接待工作的一项重要内容，直接关系到接待工作的成功与否。通过谈话，双方可以增进感情，相互加深了解。商谈问题，首先要紧扣主题，围绕会谈的目的进行；其次要注意自己的态度和语气，尊重他人，语气温和适中；最后要认真倾听别人讲话。此外，会谈中还要适时地做出反应如点头、微笑等，他人谈完后再发表自己的看法。

（3）交换名片。为了便于双方相互了解和加强联系，在初次见面或准备告别时可以交换名片，一般由地位低者先把名片交给地位高者，年轻者先交给年长者。假如对方已经先拿出名片，也不必太谦让，要落落大方地收下，然后拿出自己的名片回送。

（4）组织活动。按照日程安排精心做好各项工作和活动。如果客人要进行参观学习，则应根据对方的要求，事先安排好参观点，并通知有关部门或单位准备汇报材料，组织好有关情况介绍、现场操作和表演、产品或样品陈列等各项准备工作。在条件许可的情况下，为客人安排一些必要的文化娱乐活动，如看电影、地方戏剧，参加晚会，参观展览等。在陪同客人参观、访问、游览时，要注意方式方法。首先，接待者要事先做好准备，熟悉情况，以便为客人做详细介绍；其次，陪同时要遵守时间，衣着整洁，安排好交通事宜；再次，陪同时要热情、主动，掌握分寸，既不过分殷勤，也不冷淡沉默；最后，参观、游览时要注意客人的安全，车费、门票费用尽量由主人支付。

（5）安排返程。事先征询客人意见，及早预订机票及车、船票，安排送行人员和车辆，根据车次、航班的时间，及时与负责行李的部门、人员约定提取行李的时间，并通知客人。安排有关领导或工作人员到客人下榻处或去车站、码头、机场为客人送行；到达车站（机场、码头）后，要妥善安排好客人的等候休息，等客人登车（机、船）后方可离开。

3．欢送礼仪

欢送是下一个迎接的开始。送别客人是接待工作最后的也是非常重要的环节。常言道"出迎三步，身送七步"，可见送客比迎客更为重要，这是为了给对方留下美好的回忆，期待客人能再度光临。因此，客人离开时，要做好送行的礼仪工作。

（1）欢送的准备工作。送别客人时，应根据客人的身份地位和迎接的规格确定送别的规格。一般来说，主要迎接人员都应参加送别活动；对于外地的客人，应提前为之预订返程的车、船票或机票；通常情况下，不管客人有没有在来访时带礼品，在送别时都应准备一些具有象征意义的礼品馈赠给客人。

（2）欢送仪式。在送别客人时应注意，当客人告辞时，应起身与客人握手道别。对于本地客人，一般应陪同送行至本单位楼下或大门口，待客人远去后再回单位。对于乘车离去的客人，一般应走至车前，帮客人打开车门，待其上车后轻轻关门，挥手道别，目送车远去后再离开。如果客人是本公司的重要客户，则应视具体情况，举行专门的欢送仪式。

（3）共同前往交通地点。送行人员直接前往客人下榻处，与客人一起乘车到达机场、车站或码头。一般情况下，送行人员可前往客人下榻处，陪同客人前往机场、码头或车站，也可直接前往机场、码头或车站恭候客人。

（4）协助办理手续。应派专人协助客人办理出境或机票（车、船票）手续，以及帮助客人提拎行李、办理托运手续。

（5）握手告别。客人在上飞机、轮船或火车之前，送行人员应按照身份和职务的高低一一与客人握手告别，祝愿客人旅途平安，并欢迎其再次光临。

（6）目送离开。飞机起飞或轮船、火车开动之后，送行人员应向客人挥手致意，直至飞机、轮船或火车在视野里消失，方可离去。不可以在客人刚登上飞机、轮船或火车时，送行人员就立即离去。

4．接待礼仪禁忌

商务接待人员要品貌端正、举止大方、口齿清楚，具有一定的文化素养，受过专门的礼仪、形体、语言等方面的训练，还要注意服饰的整洁、端庄、得体、高雅。女性应避免佩戴过于夸张或有碍工作的饰物，化妆应尽量淡雅。以下行为是禁止的。

（1）态度冷漠。接待时未表现出应有的热情，使客人有被冷落感。

（2）对象不分。未根据客人的不同身份，按地位对等原则安排主接待人。

（3）准备不周。如接车脱班，住宿房间不如意，没有日程表等。

（4）以"利"取人。依照客人地位及影响力安排不同接待规格，冷落其他客人。

（5）有头无尾。后续接待工作没有跟上，客人离去时产生抱怨。

（6）日程不妥。日程安排应事先征求客人意见，日程表应得到大多数客人认可。

知识拓展

注意聆听

（7）言语失态。接待过程中应保持冷静，无论是会晤还是宴请，均不可言语失态，切勿说大话、空话、假话。

（8）身份混淆。主接待人不可经常更换，接待方的主要负责人不可从事与身份不称的服务工作。

（9）过分服务。接到客人后，在步出迎宾地点时，迎宾人员应主动为客人提拎行李。但是，对于客人手中的外套、提包或密码箱，则没有必要"代劳"。

温故知新

几分钟的"重量"

1957年国庆节后，周恩来总理去机场送一位外国元首离京。当那位元首的专机腾空起飞后，外国使节、武官的队列依然整齐，并对元首座机行注目礼。而我国政府的几位部长和一位军队的将军却疾步离开了队列。他们有的想往车里钻，有的想去吸烟。周总理目睹这一情况后，当即派人把他们叫回来，一起昂首向在机场上空盘旋的飞机行告别礼。待送走外国使节和武官，周总理特地把我国的全体送行人员留下，严肃地给大家上了一课："外国元首的专机起飞后在机场上空盘旋，是表示对东道国的感谢。东道国的主人必须等飞机从视线里消失后才能离开，否则就是不礼貌。我们是政府的工作人员和军队的干部，我们的举动代表着人民和军队的形象。虽然这只是几分钟的事，但如果我们不加以注意，就很可能因小失大，让国家的形象受损。"

6.4　商务馈赠与接受礼品礼仪

6.4.1　商务馈赠礼品礼仪

馈赠是人们在交往过程中通过赠送给交往对象礼品来表达对对方的尊重、敬意、友谊、纪念、祝贺、感谢、慰问、哀悼等情感与意愿的一种交际行为。馈赠礼品能起到联络感情、加深友谊、促进交往的作用，随着交际活动的日益频繁，越来越受到人们的重视。

1．确定馈赠目的

针对不同的社交场合和商务活动，商务馈赠的目的是有差别的。概括来说，馈赠目的主要有以下三种。

（1）交际沟通。礼品的选择要能反映送礼者的寓意和思想感情，并使寓意和思想感情与送礼者的形象有机地结合起来。

（2）巩固关系，即"人情礼"。人情礼强调礼尚往来，以"来而不往非礼也"为基本准则。因此，礼品的种类、价值、档次、包装、寓意等方面都呈现多样性和复杂性。

（3）感恩酬谢。这类馈赠是为答谢他人的帮助而进行的，因此在礼品的选择上十分强调其物质利益。礼品的贵贱厚薄，取决于他人帮助的性质。

2．选择馈赠礼品

选择礼品不是一件容易的事情，为使受礼者喜欢该礼品，选择时应注意以下三个问题。

（1）投其所好。要使对方愉快地接受馈赠，挑选礼品时就应当做到因人、因事而异。因人而异指的是选择礼品时务必考虑风俗习惯，充分了解受礼者的性格、爱好、兴趣、修养与品位，尽量让受礼者感觉到送礼者在礼品选择上是花了一番心思的，是真诚的。

（2）轻重得当。一般来讲，礼品太轻，很容易让人误解为瞧不起他，尤其对关系不算亲密的人更是如此。礼品太贵重，又会使受礼者有受贿之嫌，特别是对上级、同事更应注意。在国际交往中，许多国家都不时兴赠送过于贵重的礼品。一般人即使收下，也会付钱，否则日后必定设法还礼。如果对方拒收，礼品自己留着无用，便会生出许多烦恼。因此，礼品的轻重选择以对方能够愉快接受为尺度，争取做到少花钱、多办事，多花钱、办好事。

（3）富有意义。礼品是感情的载体，正所谓"千里送鹅毛，礼轻情意重"。因此，选择的礼品必须与自己的心意相符，并使受礼者觉得礼品非同寻常，深感珍贵。在国际商务活动中，赠送礼品时还要注重体现礼品的民族性。因此，选择礼品时要考虑其思想性、艺术性、趣味性、纪念性等多方面的因素，力求别出心裁、不落俗套。

知识拓展

赠送外国人礼品禁忌

课内实训 6-5

某大型商务公司开业第一天，很多关系单位都送来了具有纪念意义的礼品，令公司的王总经理非常高兴。正在这时，天气骤变，下起雨来。半小时后，王总经理的朋友刘先生拿着 20 把雨伞作为礼品送到了王总经理手中，只见王总经理的脸像外面骤变的天气一样沉了下来。刘先生这一做法有何不妥之处？如果你是刘先生，从此事中可以吸取哪些教训？如果你是王总经理，会如何对待此事？如果你是王总经理的秘书，会如何对待此事？为什么？

3．把握馈赠时机

馈赠礼品虽然能够对商务活动起到非常重要的作用，但是，并不是在任何时间都适合进行馈赠活动。馈赠的时机主要有以下几种。

（1）传统节日。春节、中秋节、圣诞节等，都可以成为馈赠礼品的黄金时间。

（2）喜庆之日。晋升、获奖、厂庆等日子，应考虑馈赠礼品以示祝贺。

（3）企业开业庆典。在参加企业开业庆典时，要赠送花篮、牌匾或室内装饰品以示祝贺。

（4）酬谢他人。自己接受了别人的帮助，事后可送些礼品作为回报。

馈赠时机要视实际情况灵活掌握。馈赠礼品没有严格的时间限制，一般习惯是：花束可以在迎送初期馈赠；会谈会见时一般在起身告辞时馈赠；签约仪式一般在仪式结束时互赠礼品；正式宴会如果有礼品互赠仪式，则应按计划在相应时间段馈赠，此外，一般在用餐临近结束时馈赠；家宴一般在开始前馈赠礼品；祝贺赠礼一般在活动开始时馈赠或提前馈赠。

4．馈赠的注意事项

（1）包装要精心。礼品的包装是礼品的有机组成部分之一，被视为礼品的外衣，送礼时不可或缺。因此，馈赠礼品时一定要事先进行精心包装。包装所用的一切材料都要尽量择优，而且在其色彩、图案、形状乃至缎带系法等方面，都要与受礼者的风俗习惯联系在一起考虑。

（2）礼品价格标签应取下。礼品选好后，应检查一下上面是否有价格标签。如果有，应及时取下。如果礼品是有保修期的"大物件"，如家用电器等，可以在馈赠礼品的时候把发票和保修单一起奉上，以便将来受礼者能够享受"三包"服务或方便其转手处理。

（3）送礼的场合和态度适宜。当众只给一群人中的某个人送礼是不合适的，给关系密切的人送礼也不宜在公开场合进行。只有精神方面的礼品，如锦旗、牌匾、花篮等才可在众人面前馈赠。馈赠礼品时，只有态度平和友善、动作落落大方并伴有礼节性的语言，才容易让受礼者接受礼品。

（4）注意送礼时间间隔。送礼的时间间隔也很有讲究，过于频繁或间隔过长都不合适。另外，礼尚往来，受礼者还必须还情于送礼者。一般来说，选择重要节日、喜庆日子、寿诞送礼为宜，这样送礼既不显得突兀，又使受礼者心安理得，两全其美。

（5）区分送礼途径。送礼途径是指如何将礼品送交受礼者。在商务交往中，送礼的途径主要有两种：一种是当面亲自馈赠；另一种是委托他人转送。在一般情况下，馈赠的礼品都可以由送礼者亲自当面交给受礼者。向重要人士馈赠礼品，也可专程派遣礼宾人员前往转交。委托他人转送礼品时，应附上送礼者的名片，既可以放在礼品盒内，也可以放在一枚写有受礼者姓名的信封里，然后再设法将这枚信封固定在礼品的外包装上。

6.4.2 商务接受礼品礼仪

在商务活动中，了解接受礼品的相关礼仪也是十分必要的。接受礼品的礼仪有以下几点需要注意。

1．欣然接受

一般情况下，当别人向自己馈赠礼品时，一般应当大大方方、高高兴兴地接受。在接受礼品时，应当起身站立，面带笑容，用双手接过礼品，然后与对方握手，并且郑重其事地为此向对方道谢。在接受礼品时，面无表情、用左手去接礼品、接受礼品后不向送礼者致谢，都是非常失礼的表现。

2．启封赞赏

接受礼品时，无论礼品是否符合自己的心意，受礼者都应表示对礼品的重视。接受贺礼及精美礼品时，征得送礼者同意，可以当面打开，对礼品表示赞美。在许多西方国家，受礼者在接受礼品时,通常当着送礼者的面立即拆开礼品的包装,然后认真地欣赏礼品,并且对礼品适当地赞赏几句。接受礼品后若不当场启封,或者暂且将礼品放在一旁,都会被视为失礼。对此务必予以注意。

3. 予以回礼

接受他人的礼品后,如有可能应予以回礼。回礼的方式有很多,既可以回赠一定礼品,也可以用款待对方的方式来回礼。如果回赠礼品,则应注意以下几点:一是不超值,回礼的价值一般不应超过对方馈赠的礼品,否则会给人攀比之感;二是收到私人馈赠的礼品,回礼时应该有一个恰当的理由和合适的时机,不能为了回礼而不选时间、地点单纯回送等值的物品;三是分别时是最好的回礼时机之一。

4. 拒绝有方

一般来说,馈赠的以下物品不宜接受:违法、违禁物品;有辱人格的物品;可能使双方产生误会的物品;过分昂贵的物品;一定数额的现金、有价证券等。当不能接受对方馈赠的礼品时,应立即向对方说明原因,并且将礼品当场退还,最好不要在外人面前这么做。若对方并无恶意,在退还或拒绝礼品时,还须向对方表示感谢。

5. 事后再谢

接受对方馈赠的礼品后,尤其是接受对方馈赠的较为贵重的礼品后,最好在一周内写信或打电话给送礼者,向对方正式致谢。

知识测试与技能训练

1. 知识测试

(1)商务介绍的相关礼仪有哪些?
(2)名片使用礼仪有哪些?
(3)商务称谓礼仪有哪些?
(4)常用的商务见面礼仪有哪些?
(5)商务拜访的基本礼仪有哪些?
(6)商务接待的基本原则是什么?
(7)馈赠礼品的礼仪有哪些?
(8)接受礼品的礼仪有哪些?

2. 技能训练

项目1 接待礼仪

情景设定:让同学们在30分钟的时间里讲述自己参加过的一次重大接待工作中的礼仪细节,激发学习迎来送往礼仪的兴趣。

训练目标:提升口头与文字表达能力、信息整合能力,培养公关礼仪意识。

训练方法:随机抽选几位同学上台发言,然后由老师引导全班同学分析总结这几位同学发言过程的优缺点及需要改进的方面。

测评要点：表述逻辑清楚、有条理，用语规范、不粗俗；普通话标准、规范，声音洪亮、清晰；举止优雅、端庄，表情自然、亲和，礼仪规范、应景，能够引起共鸣。

项目2　案例分析

张扬和李菲在公司门口迎接前来公司洽谈业务的客户。一辆轿车驶到，客户下车。李菲上前说道："陈总您好！"并呈上自己的名片。她又说："陈总，我叫李菲，是宏大集团公关部经理，专程前来迎接您。"对方道谢。

张扬也上前说："陈总好！您认识我吧？"对方点头。张扬又说："那我是谁？"对方非常尴尬。

分析思考：李菲和张扬的做法是否正确？请说明原因。

第 7 章 商务语言礼仪

学习目标

知识目标：理解商务交谈、商务演讲的基本要求；掌握接听和拨打电话的礼仪和互联网通信礼仪。

能力目标：熟练运用商务语言礼仪的各项要求和技能，以此提升自己的语言表达能力。

素养目标：养成自觉遵守商务语言礼仪规范的习惯，增强个人修养。

任务驱动

客见赵王曰："臣闻王之使人买马也，有之乎？"王曰："有之。""何故至今不遣？"王曰："未得相马之工也。"对曰："王何不遣建信君乎？"王曰："建信君有国事，又不知相马。"曰："王何不遣纪姬乎？"王曰："纪姬，妇人也，不知相马。"对曰："买马而善，何补于国？"王曰："无补于国。""买马而恶，何危于国？"王曰："无危于国。"对曰："然则买马善而若恶，皆无危、补于国。然而王之买马也，必将待工。今治天下，举错非也，国家为虚戾，而社稷不血食，然而王不待工而与建信君，何也？"赵王未之应也。

客曰："郭偃之法，有所谓桑雍者，王知之乎？"王曰："未之闻也。""所谓桑雍者，便辟左右之近者，及夫人优爱孺子也。此皆能乘至之醉昏，而求所欲于王者也。是能得之乎内，则大臣为之枉法于外矣。故日月晖于外，其贼在于内，谨备其所憎，而祸在于所爱。"（节选自《战国策·赵策》）

7.1 商务交谈的要求与技巧

交谈是指两个或两个以上的人进行的对话。它是人际交往中最迅速、最直接的一种沟通方式。我国素来讲究"听其言，观其行"，因此，交谈不仅是人们交流感情、增进了解的主要手段，还是考察人品的一个重要标准。在商务交往中，一个善于使用语言与他人沟通的人，本身就具备了取得成功的可能性。

7.1.1 商务交谈的要求

在商务活动中，交谈要自觉遵守相关的规则和要求，以礼待人、以情动人、以理服人，以顺利拓展业务。

课内实训 7-1

在一次商务宴请活动中，某公司邀请了三位客户。到了用餐时间，公司邀请的三位客户只来了两位，还有一位没有到。公司负责人一着急，说了一句："该来的怎么还不来？"听了这句话，一位客户起了疑心：是不是我不该来呀？于是起身告辞："对不起，我还有点事，失陪了。"负责人送走这位客户回来以后，叹了口气说："唉！这是怎么搞的？不该走的倒走了。"剩下的那位客户听了心里不乐意了：就我们两个客户在这儿，他不该走，那该走的是我了？于是生气地说："那我该走了。"随即愤然离去。这两位客户为什么没等宴席开始就走了？这位负责人在语言方面该怎样表述，才能既不让客户曲解自己的意思，又能准确地表达自己焦急的心情？如果你是负责人，你会怎么做？

商务交谈的基本要求表现在以下两方面。

1. 用语文明礼貌、准确得体、表达流畅

这是交谈的最基本规则。俄国著名哲学家、作家赫尔岑说过："生活中最重要的是有礼貌，它比最高的智慧、比一切学识都重要。"

知识拓展
常用礼貌用语七字诀

只有先尊重别人，才能赢得别人对你的尊重。人类的语言，尤其是汉语非常丰富多彩，一字之差，所表达的情感就可能大不相同。例如，坐、请坐、请上座；喝茶、请喝茶、请用茶，就令人明显感到礼遇等级的差别。只有准确把握词义的细微差别，才能把握好说话的分寸。

在交谈中还应注意发音准确、语速适度、口气谦和、内容简明、少用土语，并尽量避开书面语，用口语交谈，但应该去掉过多的口头语，如"那个""反正""然后"等，以保持语言的准确、得体、流畅，有利于各方之间的沟通。

无论在何种场合，问候时表情都应该自然、和蔼、亲切，脸上应有温和的微笑，显得彬彬有礼，以获得他人对自己的友好与尊敬。还可借助表情、动作、音高、音调等非语言因素，使语言亲切、动听。

温故知新

是"请"不是"叫"

我国电影界德高望重的前辈夏衍老先生，临终前遭受病魔折磨，在最痛苦的时候，身边的工作人员情急之下说："我去叫医生。"夏公听见，用尽最后一丝力气说："是'请'，不是'叫'！"在场的每个人无不为之动容。照理，夏公已90多岁高龄，从年龄看，医生是他的孙辈，夏公怎么"叫"都是可以的。但夏衍先生一辈子都注意尊重他人，医生是为自己看病的，无论辈分大小，都要用"请"，而不是"叫"。

---

2. 态度认真诚恳、神态专注、自然平等

认真诚恳是交谈的基础，只有以诚待人，才能换取对方的信任和好感，为进一步的交谈营造融洽的气氛。交谈要做到文雅、诚恳、坦率、认真。说话时应多用征求、商讨的口气，要让他人觉得你在有诚意地同他人沟通思想、交流意见。交谈中，出于对他人的尊

重,有必要对自己的神态加以约束,特别要注意自己的眼神和手势。交谈时要排除干扰,神态专注、聚精会神地同他人交谈。交谈双方可能身份、地位不同,但无论在何人面前,交谈的态度都应该自然平等。在交谈中,说话者应充满自信、真诚热情、不卑不亢。聆听者应神态专注、认真倾听,不要心不在焉。在交谈的过程中,要理解和信任对方,建立和谐的人际关系。语言应该让人感到亲切,交谈时,亲切友好、轻松愉快的语言意味着平等、和谐、坦率和诚实。

7.1.2 商务交谈的技巧

交谈是一种语言的沟通。对于商务人员,语言不仅要使对方理解、听懂,还应使对方认清事实,同意你的观点,进而改变其态度,修正其行为,这便是人们常说的交谈技巧。

1. 选择合适的交谈话题

交谈话题指交谈的中心内容。选择得体的话题,如交谈各方都感兴趣并能愉快接受、积极参与的话题,往往是交谈取得成功的关键。一般来说,交谈话题的多少可以不做限定,但在某特定时刻则宜少不宜多,最好只有一个。话题少而集中,有助于交谈顺利进行。话题过多、过散,会使交谈者无所适从。因此,商务人员应该学会选择合适的交谈话题。选择话题时,可以考虑以下几点。

(1)选择大家共同关心、都能谈的事情为话题。选择的话题能让在座的每个人都参与,这是对人的一种理解和尊重。在这个前提下,一般可以选择一些轻松、时尚且交谈各方都擅长的话题。

(2)选择对方感兴趣的事情为话题。对方感兴趣的事情往往是对方的长处,乐于与人分享,双方关系必然随着交谈的顺利进行而变得融洽。

(3)选择对方喜欢听的话为话题。依据对方的心理状态,选择自己说话的方式与内容。例如,朋友的儿子考上大学,不妨多夸奖他的儿子聪明、用功;朋友碰到了不顺心的事,宜表示同情,多加劝导等。

(4)依据谈话对象与自己关系的亲疏来选择话题。关系密切者,可推心置腹,甚至无话不谈,话题可随心所欲;关系一般者,可顾及其爱好和兴趣,选择"中性"话题,保持恭敬之心;关系生疏者,可选问候、寒暄等客套性话题,以缩短心理距离;关系不好者,可坦诚相见,以德报怨,借交谈消除误会,增进了解;关系敌对者,不妨主动上前问候,避重就轻地聊上几句,也是有益处的。

总之,在话题的选择上,应避免在交谈过程中进入对方的"隐私区"和"敏感区";国家秘密、企业秘密、商业秘密,无论是人员调动、关键技术还是经营信息,都不应在商务活动中作为话题,以免给国家和单位造成不必要的损失。

2. 运用聆听的艺术

在交谈过程中,每个人既是说话者,又是聆听者。有一则外国谚语说:"用十秒钟的时间讲,用十分钟的时间听。"有人调侃地说,上帝给人造了一张嘴巴说,却造了两只耳朵听。可见,在交谈中,听比说更重要。聆听可以及时捕捉宝贵的信息,获取重要的知识和见解;可以了解对方谈话的意图和其个性特征;通过观察对方的反应,用较为充足的时间想一想自己该怎么说;有利于心灵沟通;能给他人被尊重和被欣赏的感受。要成为一名高明的说话者,先要站在对方的角度去听、去理解、去感受,学会充当一名高明的聆听者。

> **温故知新**
>
> **最有价值的金人**
>
> 　　古代,有个小附属国向皇帝进贡了三个一模一样的金人,使者同时出了一道题目:这三个金人哪个最有价值?皇帝想了许多办法,请来珠宝匠检查,称重量,看做工,都是一模一样的。怎么办?最后,一位老臣胸有成竹地拿着稻草,插入第一个金人的耳朵里,稻草从另一边耳朵出来了。插入第二个金人的耳朵里,稻草从嘴巴出来了。而插入第三个金人的耳朵里,稻草最后掉进了肚子里。老臣说,第三个金人最有价值!使者默默无语,答案正确。
>
> 　　这个故事告诉我们,最有价值的人不一定是最能说会道的人。老天给我们两只耳朵和一张嘴巴,本来就是让我们多听少说的。善于倾听,才是人最基本的素养。

案例 7-1

倾听的"魔力"

　　纽麦超市的服务员凯琳娜对一位顾客表现出不耐烦,导致该顾客要求面见总经理尼亚克。该顾客坐在尼亚克办公桌的对面,诉说他刚才在纽麦超市购买的牛肉不新鲜,并且告诉尼亚克,他将联合其他顾客提出索赔。尼亚克亲自给他递上咖啡,安静地聆听他喋喋不休的埋怨。大约过了 20 分钟,这位原本牢骚满腹的顾客火气稍减,尼亚克就巧妙地把话题转换到对方感兴趣的篮球联赛上。在接下来的半小时内,尼亚克除了偶尔插话,一直在听该顾客侃侃而谈他崇拜的篮球明星。最后,该顾客表示不再考虑索赔的事情,还主动邀请尼亚克下周一起去为本地球队的一场比赛呐喊助威。

　　案例解析:尼亚克在处理顾客问题时,不是长篇大论或据理力争,而是用心倾听,并适当加以回应,反而取得了神奇的效果,可见倾听的"魔力"。

聆听的艺术或技巧主要体现在以下几个方面。

(1) 全神贯注。当与别人交谈时,应目视对方,不东张西望或做一些与谈话无关的下意识的小动作,以示全神贯注。还可以通过点头、微笑及其他体态语言,使对方感到这一点。对于外界的种种干扰,要尽量做到视而不见、听而不闻。主观上产生的心理干扰,也要尽量控制。一位出色的聆听者本身就具有一种强大的感染力,能够引起对方的谈话兴趣。

(2) 呼应配合。认真聆听不是毫无反应地傻听,而是随着说话者情感和思路的变化呼应配合,或击掌响应,或以笑回之,或点头赞同。总之,应使对方感到你在实实在在地听,表达出你的诚意和对对方的尊重。呼应配合在某种程度上可极大地调动说话者的情绪。还应学会适时发问、简短评述等,如"您看呢""您觉得如何""您怎么理解""原来如此""说得对""是这样""请继续说下去"等,表示对说话者观点的赞赏和鼓励。发问或简短评述的目的主要是激发对方的谈兴,同时了解自己先前不了解的情况。

(3) 正确判断。聆听对方谈话,要善于体会对方的弦外之音,弄清其意图。当自己还不能完全摸透对方意图时,切不可自以为是,以免曲解或误会对方的本意。为使接收的信息更准确,对于一些重要意见,最好能得到对方的认可,如"您的意思是……""我理解的意思是……"如果符合对方的意图,便会得到首肯;如果不符合对方的意图,对方就会进一步解释。这样做还会给对方留下你听得很认真的印象。

(4)辅以体态语言。倾听时,身体要稍微向对方倾斜,态度要认真、谦虚、诚恳,并温和地看着对方。这样既向对方表达自己的关注,也有助于细致观察对方的表情和姿态,并能更好地了解、体会对方的感情和心境。听是交流的一半,注意和善于聆听的人永远是善于沟通、深得人心的人。

总之,交谈是一种双向的行为。无论什么类型的交谈,都离不开说和听的配合。商务人员在同他人交谈时,应时刻不忘克己敬人,在礼仪上尽量做到中规中矩,需要自己说时应该如此,需要听时也应该如此。

3. 巧用赞美、幽默、争辩、说服和拒绝

(1)赞美。赞美是对他人长处的一种肯定。商务人员应该学会如何恰当赞美他人。赞美过程中应该注意以下几个问题。

① 要实事求是。最美好的语言是发自内心深处的。赞美对方先要学会欣赏对方,只有发现对方值得赞美的地方,赞美才能真实自然,否则会显得勉强、虚伪,成了盲目吹捧。

② 要因人而异、措辞得当。赞美的言辞、方式要根据赞美对象的不同而有所区别。即使是同一优点,在不同的人身上,也要考虑用适当的言辞和方式加以赞美。同时,赞美别人的言辞一定要得当,既要让对方正确理解,又不能让对方想得太多。和悦的眼神、亲切的微笑、恰当的手势都可使赞美更加有力。

> **案例 7-2**
>
> **赞美的力量**
>
> 推销员小王去某工厂推销产品,该厂厂长说:"本厂已经订货完毕,不需要你的产品。"小王早已从其他途径了解到该厂有消化其产品的能力。于是,在午餐前,他去了厂长家。他并没有提任何与产品销售有关的问题,而是跟厂长的小孩"玩"起来,并连连向大人夸孩子的优点。听到他恰如其分的赞美,大人、孩子都很高兴,于是孩子提议"留叔叔在家吃饭"。这样气氛就更融洽了。轻松、愉快地用完午餐后,厂长对小王说:"关于你推销产品的事,下午咱们到办公室再谈谈。"就这样,原本没有希望的订单,在特定场合下竟然成功取得了。
>
> 案例解析:真诚的赞美能够拉近人与人之间的距离,学做生意也要学做人。

(2)幽默。幽默是社交谈话的润滑剂。在日常生活中,具有幽默感的人几乎毫无例外地受到欢迎。幽默的语言,不仅能反映说话者的教养、学识与机智,更能使谈话气氛轻松愉快,迅速拉近交谈双方的距离,充分表达说话者的意思。除了说服别人接受、认同自己的观点,幽默还能起到以下作用。

① 活跃气氛,打破僵局。幽默的语言能以一种愉悦的方式让人获得精神上的快感,润滑人际关系,使人感到轻松、愉快、舒适,并能活跃气氛、打破僵局、沟通感情,在笑声中拉近双方的心理距离。

> **案例 7-3**
>
> **幽默的力量（一）**
>
> 中外两家公司就一笔生意进行谈判，在某问题上讨价还价两周，仍然没有达成一致。这时，中方主谈人说："看，我们双方至今还没有谈出结果，如果奥林匹克运动会设立拔河比赛，那么我们肯定并列冠军，并载入吉尼斯世界纪录。我敢保证，谁也破不了这一纪录。"此话一出，双方都开怀大笑，随即双方都做出让步，很快达成共识。
>
> 案例解析：巧用幽默可以打破僵局，活跃气氛，促进双方达成合作。

② 消除尴尬，塑造形象。风趣幽默、意味深长的语言，有助于提升说话者自身的形象魅力与修养风度。幽默感表现出的随机应变的机智、应对自如的从容、快乐达观的性格、丰富深刻的思想，都会给人留下深刻的印象。

> **案例 7-4**
>
> **幽默的力量（二）**
>
> 深受美国民众爱戴的美国前总统林肯的容貌比较一般，他自己也不避讳这一点。一次演讲时，他的论敌说他是两面派。林肯平和地说："现在，让各位评评看，要是我还有另一副面孔，那么您认为我会戴这副难看的面孔吗？"观众哄堂大笑，问题迎刃而解，林肯也赢得了民众的理解和信任。
>
> 案例解析：幽默显示了林肯的达观与真诚。巧用幽默可以带来意想不到的收获。

③ 说服他人，事半功倍。说服他人需要摆事实、讲道理，需要冷静分析、严密推理，需要循循善诱、以理服人。但若能把深刻的哲理与幽默风趣的语言结合起来，就能够使人在轻松愉快的笑声中明白事理、增长智慧，心悦诚服地接受你的观点，取得事半功倍的效果。

> **案例 7-5**
>
> **幽默的力量（三）**
>
> 一位年轻的画家拜访德国著名画家阿道夫·门采尔，向他诉苦："我真不明白，为什么我画一幅画只用一天，可卖出去却要整整一年。""请倒过来试试吧，亲爱的，"门采尔认真地说，"要是你花一年的时间去画它，那么只用一天，就准能卖掉它。"
>
> 案例解析：用幽默的方式表达自己的看法或劝解他人，能在达到目的的同时保护对方的自尊心，避免产生尴尬。

（3）争辩。在商务活动中，特别是在某些正式场合，为了捍卫国家利益或单位利益，有时免不了要同交往对象针锋相对，争论某些问题，辨别谁是谁非，这便是人们所说的争执与辩论，通常也称争辩。但一定要谨记，即使进行争辩，也须讲究礼仪。

在争辩时，应考虑的头等大事是它有没有实际意义。通常，为公事而进行争辩是必要的。为大事应当进行争辩，并且应当据理力争；为小事则宜求同存异，不必非争不可。

在争辩时，还须静思三个细节性问题：一是自己争辩胜利，对自己是利大还是弊大，不妨先自我评估一番，再决定是否需要争辩；二是自己争辩的欲望是出自理智还是出自情感，若为情感而冲冠一怒，则毫无必要；三是自己对争辩对手有无敌意或成见，如果有，则务必克制、冷静，不要被个人的情感所左右。

在争辩时，务必对事不对人，要处处礼让对方、尊重对方，充分考虑对方的感受，始终以礼相待。

（4）说服。在商务交谈中，各自的利益不同，决定了双方在交谈中不可能处处达成共识，常常就某些问题产生分歧。说服是改变对方原有意见、见解、思想及态度的一种语言技巧。

说服对方时，应该注意以下几个问题。第一，为对方着想。了解对方，并设身处地为对方着想。只有如此才会缩短心理距离，容易打动对方。第二，姿态平等。把自己放在与对方平等的位置上。第三，表达得当。语意要明晰，语气要委婉，说法要含蓄，不直接陈述令对方不快、反感的意见，更不能因此伤害对方的自尊心。神情要平和，即便对方提出反驳意见，也不要急躁恼怒，应善于启发和开导。

（5）拒绝。拒绝就是不接受。在商务交谈中，由于利益取向或其他方面的原因，不可能做到有求必应、事事同意，因此，商务人员在交谈过程中要学会拒绝的技巧。

课内实训 7-2

美国前总统罗斯福在当选总统以前，曾经在海军担任要职。在一次新闻发布会上，有记者问他有关在加勒比海的小岛上建立潜艇基地的计划。罗斯福小声问："你能保密吗？"记者回答："我能保密。"罗斯福立即接上说："你能，我也能。"罗斯福为什么要这样回答？这样回答有什么效果？

① 直接拒绝，说明原因。这是指将拒绝之意当场讲明。采取此法时，重要的是应当避免态度生硬、说话难听。一般情况下，在直接拒绝对方的同时，不妨将拒绝理由及自己的难处一并陈述给对方，只要是真诚的，对方多半能理解和谅解。但同时也应主动理解对方，表示自己对其好意心领神会，借以表明自己通情达理，有时还应向对方致歉。

案例 7-6

学会拒绝

某顾客到商场购买收音机，把货架上的收音机几乎都试了一遍，还是觉得不满意，要求售货员带他到仓库去挑。对于这个过分的要求，售货员没有简单地说"不行"，而是抱歉地解释："真对不起，我们经理宣布过，任何人不得私自带顾客去仓库挑商品。这样好了，我明天通知仓库多送些收音机来，麻烦你明天再跑一趟，准能选到满意的收音机。"这样一说，顾客也不好强求了。

案例解析：尊敬、客观、诚恳的语言能够在拒绝他人时抚平对方的情绪，强硬的语言则会起到反效果。

---

② 使用敬语，婉言拒绝。与直接拒绝相比，运用温和曲折的语言表达拒绝的本意，可以使对方更容易接受，因为这在更大程度上顾全了被拒绝者的尊严。例如："你今天能把保费交上来吗？""能是能，不过我正在开会，走不开。开完会，银行可能就下班了。"

③ 答非所问，回避拒绝。商务活动比较复杂，有许多问题不便直接表态，不好接着对方的话回答"行"或"不行"，可来个答非所问，紧接着前面的话茬，提出一个新的话题，把对方的注意力引到一个新问题上。当提出的问题不便回答，又不想将关系搞僵时，这一技巧比较适用。

知识拓展
遭遇拒绝时的应对方法

7.2 商务通信礼仪

随着互联网技术的发展和数字化信息时代的到来，信息传递和沟通往来的媒介已逐步趋于多样化，主要包括电话、手机、微信、QQ 等工具。在使用通信工具的过程中，遵循相关商务礼仪规范，能够更好地展现形象风貌，促进双方交流合作。

7.2.1 电话礼仪

电话是现代人进行沟通交流的一种便捷工具。虽然电话交谈不是面对面沟通，但同样可以反映通话人的素质与礼仪修养。

1．接听电话的礼仪

接听电话的步骤如图 7-1 所示，并应注意以下礼仪。

| 接听：铃响两声 | 问候：您好 | 通报：报单位、部门、姓名 | 询问：来电目的 | 倾听：来电内容 | 道别：对方挂机 |

图 7-1　接听电话的步骤

（1）铃响两声，最宜接听。通常应在电话铃声响过两声之后拿起听筒接听电话，不要故意延误。如果铃声一响马上接听，就显得过于仓促，双方在精神上准备都不够，影响交谈质量；如果电话铃声响了三声之后仍然无人接听，那么对方往往认为这家公司员工的精神状态不佳。在铃响三声后接听，应向对方说："对不起，让您久等了。"如果铃响五六声之后才接听，那么除了致歉，还应向对方说明迟接的原因。

（2）左手持听筒，右手记录。在与对方进行电话沟通的过程中，应左手持听筒，右手拿笔进行必要的文字记录或操作计算机，这样就可以轻松自如地达到与对方沟通的目的。电话接听完毕之前，不要忘记复述一遍来电的要点，防止因记录错误或有所偏差而引起误会。电话记录的内容一般包括来电时间（年、月、日、时、分）、来电单位、来电人姓名及电话号码、来电内容、接听人姓名和记录人姓名。其中，来电内容记录要点即可，但整个电话记录中的数字、地址、来电时间等必须准确无误。电话记录的书写也应尽量端正。

课内实训 7-3

可用六个英语单词概括接听电话时需要记录的 5W1H（Who、Where、When、What、Why、How）六项基本内容。

（3）自报家门，用语规范。在电话接通之后，接听人应主动向对方问好，并立刻报出本单位、部门的名称或个人的名字，以便对方确认电话是否打错。礼貌用语是接电话时不可缺少的，它能给人以亲切、友好、文明的感觉。

在正式的商务交往中，接听电话时拿起听筒所讲的第一句话通常有三种形式。第一种是问候语加上单位、部门名称及个人姓名。例如："您好！××××公司人事部×××。请讲！"第二种是问候语加上单位、部门名称，或问候语加上部门名称，适用于一般场合。例如："您好！×××广告部。请讲！"对于由总机接转的电话，可以说："您好！人事部。请讲！"第三种是问候语直接加上个人姓名，仅适用于普通的人际交往。例如："您好！×××。请讲！"

如果接听后，对方要找的不是自己，则应说："请稍候，我帮您去找。"但不能尚未放下听筒就大叫："××，你的电话！"这样显得缺乏教养。如果要找的人不在，则应先告知对方并表示歉意，然后询问对方的身份及事由，以及是否需要转告。注意此顺序绝不可颠倒。如需要转告，则应详细做好记录，并复述一遍，以免有误。若对方不愿告知事由，切不可贸然打听。

接到打错的电话时，绝不能冲着听筒大叫"你打错了"，然后把听筒一摔，而应客气地告知"您打错了，我这里是×××"，或者说"对不起，您要找的人我们这里没有"，也可以说"您打错了，请查清号码后再打"。

（4）确认来电者身份，耐心倾听。在确认来电者身份及姓名的过程中，尤其应注意自己的语气，要亲切随和，避免令对方尴尬。对于来电中提出的问题，事后应及时处理，该传达的传达，该汇报的汇报，必要时还应主动答复，切不可言而无信。接到不指名找人的电话时，一定要耐心倾听。在正确听取事情的内容后，必须马上判断能否处理，能处理的则果断处理，尽量使对方满意，不能处理的应婉转回答对方。

（5）不同来电，区别对待。了解清楚来电的目的，有利于对该来电采取合适的处理方式。电话的接听者应该弄清楚的问题有：本次来电的目的是什么？是否可以代为转告？是否一定要被指名者亲自接听？是一般的电话销售还是商务来往？每位员工都应该积极承担责任，不要因为不是打给自己的电话就心不在焉。

（6）礼貌道别，以客为尊。电话商谈完毕，最后的道别也需要讲究"来者是客、以客为尊"的礼仪。按照惯例，电话应由来电者先挂断。在电话商谈即将结束时，应该礼貌地请对方先挂断，这时整个电话商谈才算圆满结束。如果来电时，自己正有事在忙，而对方谈兴正浓，一时不想挂断电话，不妨委婉地告诉对方："真想和你多谈谈，但现在我正有件急事需要处理，明天我打电话给你好吗？"挂断电话时应轻轻放下听筒，不能在双方谈不拢时摔下听筒。

2．拨打电话的礼仪

拨打电话之前要做好准备工作：弄清对方的电话号码、单位名称、姓名；简要记下想通过电话传达的内容,以及问题的要点和次序;收齐必要的资料和文件;准备好记录的纸和笔。拨打电话的步骤如图 7-2 所示,并要注意掌握如下礼仪。

拨打:时机适宜 → 问候:您好 → 确认:拨打无误 → 通报:自我介绍及要找的人 → 通话:长话短说 → 道别:轻轻挂机

图 7-2 拨打电话的步骤

知识拓展
拨打电话时机"三不选"

(1)选择时机,控制时长。拨打电话之前,应先考虑对方的时间,通常以不影响对方的休息和工作为前提。一般来说,当双方事先有约定时,可以选择在约定的时间拨打电话;如果没有事先约定,则一定要选择对方方便的时间拨打电话。与国外通话时,还要考虑时差和生活习惯。接通电话后,要先询问对方是否方便。通话时间一般以短为佳,应有意识地控制通话时间,最好不超过 3 分钟。

(2)自我介绍,直奔主题。电话接通后,先要确认接听者是不是自己要找的人,并且做自我介绍。拨打电话时规范的开场白有两种形式:一种是用礼貌用语把双方的单位、职务、姓名一一道来,例如:"您好!我是×××公司××部副经理×××,我要找×××分公司经理×××先生,或者副经理×××先生。"第二种是礼貌问候以后,准确地报出双方完整的姓名,例如:"您好!我是×××,我找×××。"适用于一般性的交往。

如果电话由总机接转,或由对方秘书代接,在对方礼节性问候之后,就应当使用"您好""劳驾""请"之类的礼貌用语与对方交谈。如果电话由他人代接,就要客气地请他人帮忙找人。对方不在时,要问清对方可能在的时间。请接听者转达事项时,要先说一句"对不起,麻烦您……"再简要说明。此后,要问清对方的姓名,以示慎重,最后表示感谢。如果自己打错了电话,要连忙道歉,等对方挂断电话,自己再放下听筒。

在通话时,讲话要务实,问候对方后应该立即直奔主题,不要无话找话、短话长说。如果内容过多,则应逐项商谈,还要不时地礼貌询问对方是否听清楚了。当对方声音不清楚时,应马上告知。

(3)通话结束,道别挂机。正事讲完后,应再寒暄几句,说些客套的结束语,如"拜托、拜托""给您添麻烦了""改日登门拜访"等。确认对方没有其他事了,再道别,并轻轻地放下听筒。

课内实训 7-4
请两位同学分别扮演来电者与接听者,演示接打电话礼仪,并将接打电话的礼仪要点记录下来。

3. 接打电话语言礼仪

人们对一家企业的了解常常是通过电话接触开始的。因为接打电话只能察言,不能观色,只凭声音传达意思,所以无论是接听电话,还是拨打电话,商务人员都要格外讲究电话语言的基本礼仪。

(1)声音清晰、悦耳。接打电话时,声音要清晰、柔和、悦耳,吐字要清楚,声调要热情、愉快，使对方对自己及所在企业产生良好的印象。打电话时，嘴部与听筒之间应保持3厘米左右的距离，因为只有这样，对方才能听得清楚。

（2）表情亲切、自然。面部表情会影响声音的变化。微笑着接打电话，可以让对方"听"到亲切、友善的形象，感到受尊重、受欢迎，从而有利于双方的沟通，促进合作顺利开展。

（3）姿势端正、优雅。接打电话时，对方不但能"听"到表情，还能"听"到姿态。在办公室里接电话，尤其是有客人在场时，如果不需记录，那么最好走近电话，双手捧起听筒，以站立的姿势面带微笑地与对方友好通话。如果需要及时记录有关信息，那么最好挺直脊背，端正地坐好，左手稳稳地握住听筒，右手随时记录。坐姿端正，发出的声音也会亲切悦耳、充满活力。

（4）语言规范、礼貌。接打电话时要注意语言和语气。礼貌的语言和亲切的语气有利于与对方良好沟通，从而有利于以后的交往。在通话时，若电话中途中断，按礼节应由来电者再拨一次。拨通以后，须稍加解释，以免对方生疑。

> **案例 7-7**
>
> **为什么辞退了员工**
>
> 一家公司的李总经理邀请吴教授到自己公司去咨询一些事情，时间已经定好了。出于礼貌，当天出发前，吴教授先给这家公司的办公室打了一个电话，告诉对方自己要去了。但是对方拿起电话后第一句却是"喂，你是谁"，非常不礼貌。吴教授说："我是吴教授，请你转告李总，我一会儿就去见他。"对方却粗声粗气地说："他不在。"接着"啪"一声挂断了电话。吴教授随后又打了次电话。这一次还没等她说话，对方就很不耐烦地说："已经告诉你了，他不在，烦人。""啪"一声又挂断了电话。此后，这家公司李总经理的邀请都被吴教授婉言谢绝了。尽管李总经理保证不会再出现类似事件，而且辞退了那位接电话的员工，但就这么一个电话，这家公司的形象全毁了。
>
> 案例解析：员工接打电话时的态度和礼仪是展现公司形象的重要窗口之一，不仅关乎个人的形象和礼仪，也会影响外界对公司的整体看法。案例中接电话员工的无礼行为不仅使自己失去了工作，也让整个公司失去了形象和合作机会，可见礼仪的重要性。

（5）节奏快慢适度。在不能见面的情况下，节奏快，给人匆忙感、催促感；而拖着长腔、慵懒的声音同样使对方怀疑你的工作热情和能力，留给对方的是满腹狐疑。因此，打电话时，一定要把握好说话的节奏与速度。另外，在接打电话时，通话双方都不可自己说个不停，应适当停顿，即使想迅速解决某项事务，也应给对方足够的时间，让对方对你的要求做出反应。

（6）交谈音轻声不噪。接打电话时，为了不影响他人的工作，通话双方都应控制自己的音量，不可高声谈笑。听筒应轻拿轻放，不宜用力摔挂。通话时，也需避免过分的肢体动作，以防止产生嘈杂的声音。接打电话时，如果对方没有离开，就不要和他人谈笑，也不要用手盖住听筒和他人谈话。

（7）树立保密意识。接打电话时，要树立保密意识。需要保守商业秘密的电话，一般不宜在大庭广众下拨打，尤其不宜使用公用电话拨打，也不宜借用外人或外单位的电话拨打。即使不是保密的电话，也不应长时间借用别人的电话，或拨打长途电话。

7.2.2 互联网通信礼仪

互联网通信工具主要包括手机，以及微信和 QQ 等以互联网设备为主要载体的通信工具。在现代社会，此类通信工具的使用频率已逐步超越传统电话，其遵循的礼仪原则在与传统电话礼仪保持一致的同时，又根据自身的特点有新的内容。

1．手机礼仪

手机已成为人们日常生活中越来越重要的通信工具。在使用手机时，除了应遵守基本的电话礼仪，还应该遵守以下几点基本要求。

（1）携带得当。手机的主要功能是通信，它并不是用来炫耀的装饰品。在一切公共场合，手机在没有使用时，都要放在合乎礼仪的常规位置。商务人员携带手机的正确位置有两种：一是公文包或手提包里；二是上衣内侧口袋里。在商务活动中，放在随身携带的公文包里是最正规的位置。开会时可以交给秘书、会务人员代管，或者调成静音放在不引人注目的地方。

（2）保持畅通。使用手机的主要目的是保证自己与外界的联系方便、快捷，既然配有手机，就不要让那些急于同你联系的人着急。因此，一般情况下都要让手机处于开机状态。而在特殊场合，如飞机上或正在开车、开会、做手术、讲课、表演、会谈及参加各种仪式时，就必须关机。这既是安全的需要，也是礼仪的要求。

（3）遵守公德。在公共场合保持肃静是每个人都应该遵守的社会公德。在公共场合，如参加报告会、研讨会、宴会、舞会、音乐会、听证会或参观博物馆、展览馆，以及身在医院、图书馆、公交车、办公室等场所时，应把手机调成静音或振动状态。这既是对他人的尊重，也是对自身礼仪修养的展示。

（4）及时回复。如果开机，手机就要随身携带，或放在容易拿到的地方，以便及时接听电话。如果当时不方便接听电话，一有空闲，就应及时回复，说明原因并致歉。

（5）重视私密。一般来说，手机号码不宜随便告诉他人。即便在名片上，也不宜印制此项内容。因此，不应随便打探他人的手机号码，更不应不负责任地将他人的手机号码转告旁人或对外界广而告之。同理，随意借用别人的手机也是不适当的。

（6）注意安全。使用手机时，对于有关的安全事项绝对不可马虎大意。按照常规，在驾驶车辆时，不宜使用手机通话，否则极有可能导致交通事故。乘坐飞机时，必须自觉关闭随身携带的手机，因为它发出的电子信号可能干扰飞机的导航系统。在加油站或医院，应该关闭手机，否则有可能酿成火灾或影响医疗仪器的正常使用。此外，在一切标有文字或图示禁用手机的地方，均须遵守规定。

（7）文明发信。在会议中、与别人洽谈时，如需使用手机接收短信，也要调成振动状态，不要在别人注视你的时候查看短信。一边和别人说话，一边查看手机短信，既是对别人的不尊重，也是不礼貌的行为。短信的内容反映了发信者的品位和水准，因此不要编辑或转发不健康的短信。

（8）铃声高雅。时下的个性化手机铃声为生活增添了许多色彩。但选用的个性化铃声应该高雅，而且应注意场合。在办公室及一些严肃的场合，不合适的铃声不断响起，对周围的人无疑是一种干扰。一般来说，选用铃声应注意以下几个问题。

① 铃声不能有不文明的内容，如"有话快说，有屁快放"，显得不雅，令人尴尬。

② 铃声不能给公众传递错误的信息。曾经发生过这样一件令人啼笑皆非的事。一位巡警在街上巡逻，突然听到一阵急迫的呼救声："抓贼呀，抓贼呀，抓偷手机的贼！"巡警立即警觉起来。"抓贼呀……"的"喊声"再次响起，巡警循声望去，原来"呼救"是从远处一名路人的手机里传出的。可想而知，如果这样的铃声到处都是，那么公共秩序一定大乱。

③ 铃声选用要符合自己的身份。相对来说，个性化的铃声与年轻人的身份比较匹配，长者或有一定身份的人如果选择与自己身份不太匹配的铃声，反而会损害自己的形象。

④ 铃声音量不能太大。无论是座机还是手机铃声，都不能调得过高，一般以离开座位两米可以听见为宜。在办公区、医院、幼儿园等公共场所，过大的铃声已成为一种"公害"。

（9）慎重拍照。使用具有拍摄功能的手机时，谨记不要随意拍照。在用手机拍照或摄像时，应该征得对方同意，在车厢、剧院、餐馆等地方不要用手机对着行人随意拍照。即使对方允许你拍照，也不能未经对方同意将其照片转发给其他人欣赏或传播。

2．微信礼仪

微信、QQ等以互联网设备为载体的通信工具因其使用便捷和功能强大，已在人们的社会生活和商务交往中占有重要的位置。在使用上，微信、QQ等工具有共通之处，因此下面以微信为例进行相关礼仪的介绍。

（1）选择恰当的头像、微信名。微信头像和微信名能够反映一个人的喜好，也是对方在添加好友时直接看到的内容。在选择头像和微信名时，不得选择不文明、辱骂性的语言和图片，不得发布违法、不良信息，如暴力、色情、恐怖等内容。在商务交往中，可以使用自己的真实姓名和照片作为微信名和头像，也可以使用英文名、寓意美好的词语作为微信名。头像尽量不要选择可能引起对方不适的图片，如密集的点、压抑的氛围、有害昆虫等，以免影响双方的交流合作。

（2）正确添加好友。在商务交往过程中，如果现场添加好友，则应遵循"尊者居后"的原则，下级、晚辈、员工应主动添加上级、长辈、客户的微信，同时要注意微信除了用于商务交往，也有可能用于私人社交，在交往过程中没有必要见人就"扫一扫"，特别是异性商务伙伴之间，当你主动提出添加好友而对方没有响应时，则不宜再提。非会面添加好友时，一是在好友申请中说明自己的基本信息（姓名、公司、职务等）和添加缘由，且不要在短时间内反复添加；二是在对方通过好友申请后，要主动向对方问好并做简要自我介绍；三是在添加好友后，对他人的姓名（昵称）、职业或职务、所在城市要及时备注，以防对方更改微信名或头像后无法找到，或者找错人而带来尴尬。

（3）文字准确、精练。在商务交往中，微信发送文字的功能是常用的功能之一。发送的文字内容要准确、精练，一条能说清楚的就不要发多条，并在发送前认真阅读一遍，看看文字、数字、标点有无错误，再确认对象，以避免将内容发错。询问对方事情时不能只发"在吗？"要在后面写下要说的事情，如"在吗？昨天说的事情可行吗？"发送内容的末尾最好添加标点符号"。"，也可根据双方的关系亲疏或具体的文字内容选用"～"或恰当的微信自带表情来代替。

（4）慎用语音、视频。微信的语音、视频功能是传统电话不具备的新功能。与文字相比、语音、视频能够清楚地听到对方的语音、语调,看到对方的表情和所处环境等,因此在商务交往中,如不能保证自己能够做到每句话逻辑严谨、语句通顺,对方能听清、听懂自己的话,也不能保证双方所处场合适合语音或视频通话,就要慎重使用语音或视频和对方联络。添加微信后初次沟通,最好不要用语音或视频。发语音、视频前应先征得对方的同意,听语音和视频通话时最好戴耳机,当然也可以将语音转换成文字阅读。不要给关系不近、尤其是想要拜托对方做事的人发语音或视频。当涉及复杂的或重要的数据时,要避免使用语音。能用文字解决的事情就不要用语音。不宜发60秒以上的长语音,也不宜发"OK"一类的超短语音,更不宜不打招呼就直接发十几条语音"刷屏"。

(5)注意发送时间。通过商务交往添加的微信好友,一般不应在私人时间打扰对方,尤其在发送与工作相关的微信内容时,应选择在工作时间内及时沟通,避开上班前、午休、下班后、休息日、节假日,以及婚丧嫁娶、对方生病的时间。如有特殊事情发送微信而影响对方休息,就要真诚地予以说明并表示歉意。

(6)及时回复。微信收到对方发来的信息应及时回复,不可将对方设为消息免打扰。如果过了很久才发现有条信息忘记回复,就要在回复时向对方解释原因,并表示歉意。当极其重要的信息发送后没能得到及时回复时,应该主动打电话联系,以免误事。

(7)礼貌结束。一般应由聊天发起人结束一段对话。结束对话时,可用"嗯嗯""好的"来婉转表达。正常情况下,"我去吃饭了""我先去工作了"除表达本意外,还可用来结束聊天。互发表情包也可代表聊天即将结束。

7.3 商务演讲礼仪

常规意义上的演讲又称演说或讲演,是指当众进行的一种正规而庄严的讲话,旨在向听众就某事件、某问题发表个人见解或论证某种观点。一场好的商务演讲,往往能够帮助演讲者本人及其所在企业树立良好的形象,取得意想不到的宣传效果。

7.3.1 商务演讲的要求

商务演讲礼仪并不是站在演讲台上才需注意的,演讲前的设计准备、登台,演讲时的语言、仪态、着装,演讲后的致谢、列席和离场,都要注意相关礼仪,全方位地展示自己的魅力和风采。

1. 演讲前及登台的礼仪规范

(1)就座前后。当演讲者与陪同人员走到座位前时,不应马上坐下,而要以尊敬的态度主动请大会主席或陪同人员入座,对方肯定会礼貌地恳请演讲者入座,这时双方稍作相让,即可落座。入座时声音要轻,要坐正、坐稳。

(2)介绍之时。当主持人介绍演讲者时,演讲者应自然起立,向主持人点头致意,并向听众鼓掌或点头,以表达感激之意。

(3)登上讲台。正式登台演讲时,先向主持人点头致谢,然后从容稳健、充满自信、精神饱满地走上讲台,郑重、恭敬、诚恳地向听

知识拓展
演讲登台六注意

众鞠躬或敬礼。除严肃的场合外，演讲者都应面带微笑，并用目光环视全场，表示与听众打招呼；站稳后不要急于开口，而应用亲切的目光注视或扫视会场几秒，使听众的大脑做好接收信息的准备，得到无声的感染。

2．演讲的开场白

演讲的开场白没有固定模式，演讲者一般先介绍自己的姓名，并向听众致意，然后选用以下形式的开场白。

（1）提纲概要式开场白。演讲开始前，可以先把自己要讲的问题简明扼要地介绍一下，使听众有个总体的认识，从而使随后的演讲顺藤摸瓜、脉络清楚、一气呵成。

（2）设问祈使式开场白。在演讲开始前，可以向听众提几个问题，使听众与演讲者进入一个共同的思维空间思考。如果演讲者的问题提得富有艺术性，那么听众自然会格外留神，等待富有见解的答案。这样做还能激发听众参与对演讲内容的讨论。

（3）即兴发挥式开场白。演讲者可根据会场气氛拟一段即兴开头，把演讲者与听众一开始就紧紧地联系起来，使听众与演讲者在感情上产生共鸣。

（4）引发好奇式开场白。把一些与演讲内容有关的罕见的问题先提出来，使听众产生一种非听下去不可的兴趣。例如，有一个与演讲内容有关的有趣的故事，可用它作为开头。

3．演讲中的礼仪规范

（1）演讲的内容。演讲的选题应当言之有物，内容充实。演讲应当尽量生动、形象、幽默、风趣，可以多举例证，多打比方，多使用名言警句。

（2）演讲的发音。在演讲时，演讲者的声音要响亮。音量的大小根据会场的大小和听众的多少而定，既不要过高，也不要过低。过高易失去自然亲切感，过低会使会场出现不应有的紊乱。同时，应当注意抑扬顿挫、有所变化，借以突出重点、表达感情或调动听众情绪。演讲者声音发出的方向应该沿着嘴部的水平线稍微向上，注意声音的力度、发音的规范、语音的正确、音色的考究。

（3）演讲的称谓。演讲中对听众的称呼有泛称和类称两种，泛称是具有较大的广泛性，能普遍使用的称呼，如"同志们""同胞们""朋友们"等；类称是具体适用于某类别的称呼，如"领导们""同学们""战友们"等。使用泛称或类称应灵活掌握。例如，曲啸在对劳改犯演讲时用"触犯了国家法律的年轻朋友们"称呼听众，一下子拉近了与劳改犯的心理距离，使演讲效果大大增强。

（4）演讲的语言。演讲的语言应准确、鲜明、生动，语句精练，晓畅易懂。一般来说，演讲的句子不宜过长。宜把长句改为短句，把倒装句改为一般主谓句，把生僻的词换成常用的词。同时，要慎用文言和方言词语。对于艰深的专业术语和抽象的科学概念，要尽可能用浅显明白的语言进行解释，做到深入浅出。在语音方面，要避免因同音词而产生误解。应把单音词换成双音词。这些都是演讲最基本的要求。

（5）演讲的仪态。演讲必须站着，这是一个基本原则。其原因就在于：第一，表示对听众的尊重；第二，避免长篇大论，或埋头念稿子的毛病；第三，显示演讲者的精神风貌；第四，增强和听众的交流，调节会场的气氛；第五，演讲者站立，可以使人看到一个完整的形象，只有站立，才能自由做出手势、身势。

演讲者站在台上时要保持双肩相平，上身和双脚与地面要基本垂直。演讲者的重心应放在自己的脚上。要保持站立稳固，通常有两种方法：一种是双脚并行，分开20厘米左右，这种姿势一般用在短篇演讲和演讲比赛中；另一种是一脚稍前，一脚稍后，重心主要压在后脚上，也就是介于立正和稍息之间的姿势。相比之下，后一种方法好处要多些，它可以双脚调剂，减轻疲劳，长篇演讲一般都采用这种站姿。

站立时双手的姿势一般有四种情况：双手自然垂下，放在身体两侧；双手合拢，放在腹部；一手拿书，一手垂下；双手按在讲台边。

演讲时头部要端庄，举止自然大方。当听众鼓掌时，演讲者可略停一会儿，并点头或用手势表示谢意。

（6）演讲的眼神。演讲者运用眼神的方法主要有以下几种。

① 环视法，即演讲者有意识地环顾全场的每个听众，从左到右，从前到后，从听众的各种神态中了解和掌握现场的情况与情绪。这种方法既可以在演讲的开头使用，也可以不断地在演讲的过程中使用。开头的环视，即演讲者一走上讲台，站定之后，就立即环视全场，戏剧中叫"亮相"。这种环视的作用有三：其一，向听众打招呼，是尊重听众的一种表现；其二，体验听众情绪和现场情况，便于把握好演讲的方式与重点；其三，帮助静场。

② 点视法，即把目光集中投向某个角落、某个部分，或者个别听众，并配合某种手势或表情。这是一种最有实效、最有内涵的眉目语言。例如，有的听众面带微笑，频频点头，甚至情不自禁地鼓掌喝彩，演讲者投去一丝亲切的目光，这是表示赞许、感谢；有的听众轻轻摇头，甚至还在嘀咕着什么，演讲者在做了某种调整以后，再盯着他看一眼，这是表示征询、探讨；有时会场的某个角落或某部分听众发出议论声，甚至有骚动，演讲者立即把目光投过去，这是表示调整和制止。

③ 虚视法，即虚眼。演讲者的目光在全场不断扫视，好像看着每个听众的面孔，实际上谁也没看，只是为了营造演讲者与听众之间的一种交流感，弥补环视法和点视法可能使部分听众感觉受冷落的缺陷。

在演讲的过程中，演讲者总是把实眼与虚眼交替使用。环视法与点视法使用的是实眼，虚视法使用的是虚眼，只是一种神态。

（7）演讲的着装。服装对人体有扬美与遮丑的功能，它可以反映人的精神风貌、文化素质和审美观念。演讲者的着装应该典雅美观、整洁合身、庄重大方、色彩和谐、轻便协调。一般来说，演讲服装遵循"三子"原则，即一要有领子，二要有袖子，三要有扣子。在此前提下，力求自己的着装与演讲主题和内容相协调，与体形、肤色相适应。演讲者的服饰款式和色彩还要注意与演讲的现场气氛相和谐，与季节相符合，与广大听众的装束相协调。

（8）演讲的体态动作。人们听演讲，除了获得信息、受到启迪，也需要获得美的享受。演讲的体态动作要做到姿态优美、恰如其分，符合人们的审美习惯。演讲以讲为主，以演为辅，没有动作的演讲只能算作讲话，但动作要和演讲者的体态相协调才美。同时需要注意，手势要与演讲内容相适，手势的多少要适量，手势的动作要简单、精练。演讲者要根据自身条件，选择符合自己的身份、性别、职业、体貌，有表现力的、合适的手势。

4．演讲后的礼仪规范

（1）演讲结束语。各种研究表明，演讲结束语与正题相比更能被听众注意。好的结束语应该既是收尾，又是高峰；既水到渠成，又戛然而止；既别开生面，又自然巧妙。一般可以用总结全篇式、号召式、引用名言式、重申重点式等。

（2）走下讲台。演讲结束时，应面带微笑说一声"谢谢"或"我的演讲结束了，谢谢大家"等。先向听众鞠躬或敬礼，再向主持人致意，随后从容不迫地回到原座。坐下后，如主持人和听众以掌声向演讲者表示感谢，则演讲者应立即起立，面向听众，点头致意，以示回谢。

（3）离开会场。会议结束后，主持人或单位负责人陪同演讲者走出会场时，听众常常出于礼节而鼓掌欢送。这时，演讲者更应谦虚谨慎，面带微笑，自然、得体地用鼓掌或招手和频频点头的方式向听众表达诚挚的谢意，直到走出会场为止。

7.3.2　常用商务演讲礼仪

从不同的角度，演讲可以分为不同的类型。按演讲的内容，演讲可以分为政治演讲、学术演讲和礼仪演讲。商务人员发表的演讲多数都是礼仪性的，如欢迎词、欢送词、祝贺词、答谢词、介绍词、解说词等。按是否提前做过准备，演讲可以分为有准备演讲和即兴演讲。下面介绍部分常见的礼仪性演讲。

1. 欢迎演讲

在商务活动中，有来宾参观、访问，或有新员工加入，在见面之初，致一篇热情洋溢的欢迎词往往是必不可少的。

准备欢迎词时，通常应考虑对象、场合、内容与态度等几大问题。不要忘记，其重点是"欢迎"两字。对象不同，欢迎词便有所不同。通常，对前来检查的上司应当谦恭；对初来乍到的客户应当诚恳；对新加入的员工应当热情。

致欢迎词的最佳地点，首推经过特意布置的接待室、会客室或会议室。

在内容上，欢迎词应包括自我介绍、表示郑重的欢迎之意及对被欢迎者的建议与希望等，其中致辞者的自我介绍必不可少。

演讲时要胸有成竹、充满自信、面带微笑。特别要注意，在与听众眼神交流时，要坚持一视同仁，不要只看着上司和熟人，而让其他人受冷落。致欢迎词时，演讲者既可以提前撰写演讲稿，也可不照稿宣读而即兴演讲。用不用稿子，可以依个人状况而定。

2. 欢送演讲

每逢同事离职、朋友远去或来访的同行、客户告辞之际，为了表示对他们的尊重，于情于理，商务人员都应当赠之以临别之言。

在正式的欢送会上，当着被欢送者及其他送行者的面，致一篇欢送词，可以体现致辞者对友情的珍惜，也可以使被欢送者感到温暖。正式致欢送词的一大好处是可以说出某些当致辞者自己单独面对被欢送者时难以直言的话语。致欢送词的重点是充分表达致辞者的惜别之意，一般包括四项要素：一是对被欢送者的高度评价；二是对既往与之相处的时光的温馨回忆；三是自己真心实意的惜别之情；四是对被欢送者的美好祝福。与欢迎词相比，欢送词应更富有文采，更具备真情实感。

3. 祝贺演讲

在商务活动中，不要轻易放过每个可以向自己的交往对象表示好感、敬意与尊重的时机。在他人适逢喜庆之时予以正式的祝贺，本身就是一种有助于双向沟通的方式。祝贺的方式不少，其中致祝贺词就是一种被广泛接受的做法。祝贺词又称贺词，是指用以向他人表示祝贺的演讲词。

适合致祝贺词的机会有许多。例如，同事或同行立功、受奖、升职，合作单位成立、开业、周年庆典等，都可以致辞祝贺。在准备祝贺词时，需要仔细斟酌词义，既要语言优美、感人，又要力戒过度恭维或词不达意。祝贺词的字里行间要自始至终充满热烈、喜悦、愉快、激动的气息。祝贺词一定要加入对对方称颂、赞扬、肯定的内容，同时应借机表达致辞者对被祝贺者的敬重与谢意，还须认真、诚恳地表达致辞者的良好祝福。

4．答谢演讲

商务人员在商务交往中需要即时答谢的场合很多。例如，获得奖励、被授予荣誉称号、本单位举行庆典、事业上取得重大成就的庆祝时刻，都应当向来宾或在场者致辞答谢。在商务往来中，在适宜的时机发表一篇热情洋溢、言之有物的感谢词，与无外人在场时悄声说一个"谢"字相比，要更为郑重其事，影响更大，更能让人感动。

答谢词一般包括如下内容：一是"此时此刻"的感触；二是回顾自己取得成绩的过程中，他人对自己的支持与帮助；三是说明自己的不足，以及今后努力的方向，请求大家继续一如既往地支持和帮助自己。

5．简介演讲

简介是指主动或应邀向公众简介自己、简介他人、简介自己所在单位、简介自己负责的某项工作等。

简介自己既要谦虚、诚实，又要注意扬长避短，争取给人以好感。在内容上，简介自己应包括个人姓名、单位、职务、专长、业绩等。在简介自己负责的工作时，应突出其特征，并对其充满信心。此外，还可加上籍贯、兴趣等较为轻松的个人资料。还要欢迎他人多加指正。

简介他人应当因人而异，并且在内容上应有主有次。大体上说，简介他人时，应将其姓名、职务、学位、单位等个人资料及其特殊专长、突出成绩等不同凡响之处都包括进去。简介重在突出特点，如人的特点、事的特点、物的特点等。

6．解说演讲

解说是指应他人的要求，或者为了满足他人的需求，就某事件或物品所进行的专门解释与说明。例如，在新产品与新技术的陈列会、展示会、发布会上，或者日常的推销、促销工作中，商务人员经常需要发表解说词。

解说词一定要有针对性，而且要尽可能地设想一下听众会提出哪些问题，对此应如何回答，要做好充分准备。准备解说词，一定要突出"被解说者"的特征、长处与优势。这样才能给听众深刻的印象，真正打动听众、吸引听众。

知识测试与技能训练

1．知识测试

（1）商务交谈的基本要求是什么？

（2）接听电话的礼仪有哪些？
（3）拨打电话的礼仪有哪些？
（4）手机的使用礼仪有哪些？
（5）微信的使用礼仪有哪些？
（6）不同形式商务演讲的礼仪要求有哪些？

2．技能训练

项目1　主题演讲

训练目标：提升口头与文字表达能力、信息整合能力，培养公关礼仪意识。

训练方法：由老师指定题目或由学生自选题目，随机抽选几位同学上台分别演示解说演讲、简介演讲、答谢演讲、祝贺演讲、欢送演讲和欢迎演讲等演讲形式，然后由老师引导全班同学分析总结这几位同学发言过程中的优缺点及需要改进的方面。

测评要点：表述逻辑清楚、有条理，用语规范、不粗俗；普通话标准、规范，声音洪亮、清晰；举止优雅、端庄，表情自然、亲和，礼仪规范、应景，能够引起共鸣。

项目2　案例分析

某市杂技团计划于某月赴美国演出，该团团长李佳打算就此事向市文化局请示。于是，他拨打了文化局局长办公室的电话。可是电话响了足足半分钟，还没有人接听。李佳正在纳闷，突然电话那端传来一个不耐烦的女高音："什么事啊？"李佳一愣，以为自己拨错了电话："请问是文化局吗？""不然呢，你不知道自己往哪儿打的电话啊？""哦，您好，我是市杂技团的。请问王局长在吗？""你是谁啊？"对方没好气地盘问道。李佳心里直犯嘀咕："我叫李佳，是杂技团团长。""李佳？你跟我们局长是什么关系？""关系？"李佳更是丈二和尚摸不着头脑。"我和王局长没有私人关系，我只想请示一下我们团出国演出的事。""出国演出？王局长不在，你改天再打电话吧。"没等李佳再说什么，对方就"啪"地挂断了电话。李佳感觉被人戏弄了一番，拿着听筒半天没回过神来。

分析思考：如果你是团长李佳，你会怎么想、怎么做？如果你是王局长，得知此事后你会怎么做？

第 8 章 商务文书礼仪

学习目标

知识目标：了解商务文书礼仪的基本要求。
能力目标：熟练掌握信函类文书、帖类文书、致辞类文书的写作技能。
素养目标：培养商务文书礼仪的习惯，提升个人素质。

任务驱动

欧阳修奉命修《唐史》时，有一天，他和他的助理——翰林学士们外出散步，看到一匹狂奔的马踩死一条狗。欧阳修想试一下他们做文章写历史的手法，于是请大家根据眼前的事拟出一个提要，即大标题。一位翰林学士说："有犬卧于通衢，逸马蹄而杀之。"另一位翰林学士说："马逸于街衢，卧犬遭之而毙。"欧阳修说，照这样做文章写历史，恐怕写一万本也写不完。众人问该怎么写，欧阳修说："逸马杀犬于道。"六个字就说清楚了。

商务文书礼仪，是指在商务交往中，单位、企业及个人使用的各种信函类、帖类、致辞类等应用文书的内容、格式等的礼仪规范，其基本要求体现在两个方面：一是将信息以人们都可以接受的方式，准确、全面、完整地传递给对方，以达到最充分的沟通；二是让对方在读懂信息的同时，又能感受到发出方附加在文书中的情感交流信号。

8.1 商务信函类文书礼仪

商务信函类文书礼仪是指人们以信函的方式进行文字信息交流时应遵守的礼仪规范。

8.1.1 信函类文书的分类

信函是人们生活中最普通、最古老的一种沟通方式，是人们在日常生活、社会交往及工作中用来传递信息、交流思想感情的应用文书。信函作为礼仪中最常用的载体，从内容到结构、从信封到落款都有一定的礼仪要求。掌握信函的基本结构和写法，有助于更好地发挥信函的功能，促进良好的商务往来和人际交往。信函分为一般信函和专门信函，专门信函又包括贺信、感谢信、介绍信等类型。

8.1.2　信函类文书的结构

信函作为一种交际、交往的工具,有相对稳定的结构,一般由笺文和封文两部分组成。笺文就是写在信笺上的文字,也称信瓤,包括寄信人对收信人的称呼、问候、对话、祝颂等。笺文是信函内容的主体,决定了信函的雅俗、繁简及风格。封文就是写在信封上的文字,包括收信人的邮政编码、地址、姓名和寄信人的地址、姓名及邮政编码等。封文是写给邮递员看的,使邮递员知道信的来源地及送达地址,若找不到收信人,仍可将信退还给寄信人。

8.1.3　一般信函类文书礼仪

一般信函类文书的礼仪要求主要有以下几点。

1. 信封和信纸

一般来说,在选择信封、信纸时,强调高雅大方,对于纸质、印刷、式样都必须加以考虑,颜色则多以浅灰、米黄等浅色调为主。有些比较讲究的人或公司喜欢印上名字的缩写,有些则喜欢滚上花边。信纸的纸质、颜色要与信封相协调,正如服装一般,信函的搭配也要以整套合宜大方、有品位为好。

信封的写法一般分为横写和竖写两种。竖写的较为少见,多是横写的。横写是从上至下的顺序,竖写是从右至左的顺序。

以横写信封为例,信函封文一般先写收信人邮政编码、详细地址或单位、姓名,后写寄信人地址、姓名和邮政编码。

(1) 收信人邮政编码。左上方印有六个方格,用来填写收信人所在地的邮政编码。邮政编码要用标准字体,填写正确、清晰、规范,每格填写一个数字。

(2) 收信人的详细地址或单位。写在邮政编码下边,不要与邮政编码靠得太近。这部分一定要写得详细、具体,字迹工整、清晰,便于邮递员准确投递。要写清收信人所在省(市、自治区)、县(区)、乡(街)、村(门牌号码)或高层建筑的房号。若写单位地址,则不仅要写清单位的详细地址,还要写明单位和部门的全称。托人捎带的信,收信人地址如果为捎信人所熟悉,则可不写。

(3) 收信人的姓名。写在信封中间,字体要大些。为了表示对收信人的尊重,可将姓名写大一些且落笔略靠左一些,姓名之后空一到两格写"先生""女士""同志"等称呼,之后写"收""启""鉴""敬启"等(也可以不写)。注意,不要使用寄信人对收信人的亲属称谓或收信人的行政职务,如"×××弟弟""×××科长",因为信封主要是给邮递员看的,这样写对邮递员是不礼貌的。写姓名时要写全称。若托他人转交给收信人,则先写转信人姓名,字体稍小些,接着写"转""转交""面交""烦交"等字,后写收信人姓名,字体稍大些。即使捎信人熟悉收信人,收信人姓名也一定不能省略。

(4) 寄信人地址、姓名和邮政编码。信封的右下方应写明寄信人的详细地址、姓名,字体要比收信人姓名略小一些,要按收信人地址的顺序详写,无论是否挂号信,都应写上姓名。否则信一旦未送到收信人手中,便无法退还。寄信人的邮政编码写在信封右下角的六个空格内。

要特别注意的是，在写信封时，姓名、地址要用标准简化字写上全称。在信封的右上角大方格处贴上邮票或在邮局盖上"邮资已付"戳。如果是委托他人转交的信，一般不封口，以表示尊重，当然涉及隐私、保密的除外。常见的横式信封如图 8-1 所示。

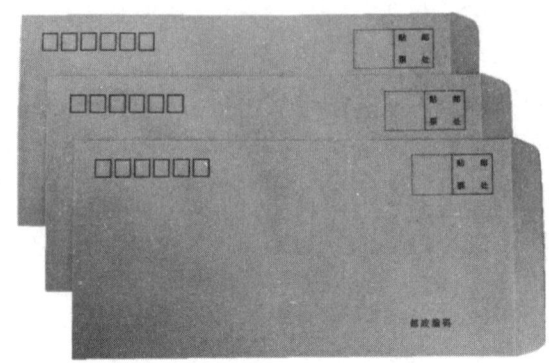

图 8-1　横式信封

2. 笺文

笺文是信函的主要部分，一般包括称谓、问候、正文、结尾几部分。

（1）称谓。也称抬头，是礼仪在信函中最直接、最明显的一种表现。在通常情况下，称谓应写在笺文的第一行左起顶格处，单独成行，称呼之后加上冒号，以引领下文。确定对收信人的称谓时，应兼顾其性别、年龄、职业、身份及双方关系。在称谓前，也可适当加上一些词语，以进一步表示对对方的尊重和友好，如"尊敬的""敬爱的""亲爱的"等形容词。

（2）问候。又称启辞，是笺文的开场白，表示问候、赞颂、怀念或提示写信的原因，通常不允许省略。问候的位置一般在称谓下一行左起空两格的位置书写，单独成行。可问候"您好""新年好"等。

（3）正文。正文是信函的主体、核心，一般包括缘由、主体、总括三部分。缘由即说明写这封信的原因；主体即准确、清楚地表达写信人的意图；总括即对主体内容加以概括总结，或对重点加以强调。按惯例，正文应紧接着写在问候语后面，并要另起一段书写。第一行要空两格，此后转行顶格书写。根据实际需要，正文可以分作数段，每段第一行要空两格，此后转行顶格书写。一般情况下，正文中每讲一件事情，原则上都应当另起一段，以便层次清晰，使收信人一目了然。叙述条理要清楚，措辞要得体，语言尽量口语化，注意使用礼貌用语。

（4）结尾。结尾位于正文之后，属于笺文的结束部分，一般由以下五部分构成。

① 结束语。结束语是专门写在信尾的应酬话和按惯例所用的谦辞、敬语，目的是呼应全文，宣布"到此为止"。该部分可自成一段，也可以紧接着正文的最后一段书写，不再独立分段。

② 祝福语。祝福语是对收信人表达的良好祝愿，又称祝词，通常应采用专门的习惯用语，分成两行书写。写在前一行的部分需空两格；写在后一行的部分则应顶格写。

③ 落款语。落款语一般分为自称、署名、日期三部分。署名就是写信人的名字，必要时前面可以写上与对方的关系用语，后面写上必要的谦辞，如"学生佳龙拜上"等。自

称与署名可在祝福语之后另起一行书写,也可视整封信的内容及占用纸张的情况适当多空几行。但要注意,横写信文时,这一内容要偏右写,但不要写到顶住右边行末,以距离行末 2~5 个字为宜;竖写信文时,则须使之偏下。日期可与署名写在同一行,并位于其后。有时也可另起一行,写在自称与署名的正下方。

④ 附问语。附问语是写信人附带问候收信人身边的亲友,或者代替自己身边的亲友问候收信人及其身边的亲友。附问语应另行书写,其具体位置可以在结束语之前,也可在落款语之后。

⑤ 附言。附言也称补述语,指的是正文写完之后,发现遗漏的内容,用附言的形式对正文进行补充。一般情况下,补述语最好不要出现。有必要写上这一部分时,要以"又及:"或"又启:"开头,独立成段,写在信的最后。

需要强调的是,按照国内现行惯例,笺文均应横写。在没有必要时竖写笺文,未免会给人"舞文弄墨"之感。万一需要竖写笺文,最好选用竖式信封与之相配,不要出现一横一竖的不般配组合。笺文格式如图 8-2 所示。

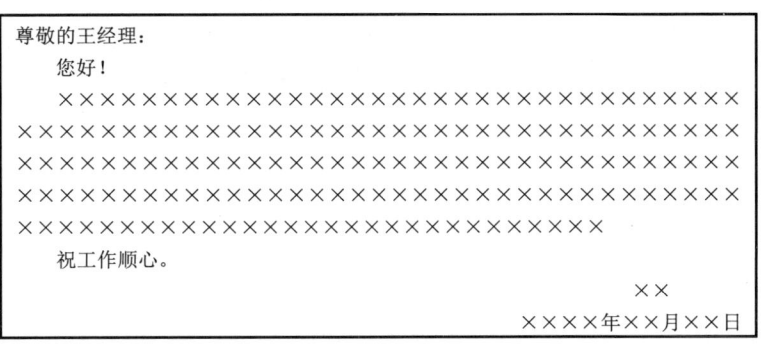

图 8-2　笺文格式

在笺文的书写中,商务人员必须注意,使用规范、整洁的信封和信纸,语言要礼貌,尊称和敬语使用要得体。尽量用规范和文明礼貌的词句,表达的意思要清楚。书写用的墨水一般应以黑色、深蓝色为主。手写信函一定要字迹工整,字体规范、清晰、大小适度。信函中的文字不仅要让人看懂,而且要让人看着舒服、心情愉快。如果用计算机打印信件,那么署名一定要手写,以示尊重。

3. 信纸折叠方法

常见的信纸折叠方法有以下四种。

(1) 先将信纸三等分纵折,再将其横折,并令其两端一高一低。这种方法叫"以低示己法",意在表示谦恭。

(2) 在折叠信纸时,有意将收信人姓名外露。这种方法叫"外露姓名法",使收信人拆信时很容易看见自己的名字,令收信人产生亲切感。

(3) 先将信纸纵向对折,随即在折线处再往里卷折 1~2 厘米,最后再将其横向对折。这种方法叫"公函折信法",多用于因公通信。

(4) 将信纸先横向对折两次,再将其折叠到可以装入信封中的长度。这种方法叫"随意折叠法",适用于日常通信。

8.1.4 专门信函类文书礼仪

专门信函一般具有特定的模式和写作规范，通常表达某种特定的情感，与一般信函相比，其规范性更强。

1. 贺信

贺信是表示祝贺的信函的总称，是从古代祝词演变而来的，一般在企业、团体或个人有突出成绩或喜庆之时使用。现在的贺信已成为表彰、赞扬、庆贺对方在某个方面所做的贡献、所取得的成就的一种常用形式，兼有表示慰问的功能。贺信的内容一定要有针对性，语言要热情洋溢、令人振奋，内容要实事求是，评价要恰如其分。贺信既可以宣读，也可以通过邮寄送达对方，或者刊登在报纸、杂志上。贺信的格式与一般信函大致相同（见图 8-3），具体包括以下内容。

（1）标题。可以写"贺信"，也可以在之前写上何人给何人的贺信或祝贺的理由。

（2）称谓。写受贺者的姓名或单位名称。

（3）正文。首先表示祝贺，其次写祝贺的事实，表示肯定与赞扬，评价要适当且有新意，最后提出自己的期望。通常以"谨祝获得更大的成功"一类祝愿语结尾，如果祝贺的内容写得详细具体，也可以不用祝愿语收尾。写作时要注意颂扬得体、感情真挚、文字简练。

（4）落款。写明发信人和发信日期。

商务活动中使用贺信的目的，除了一般的社交意义，可能还有生意往来上的考虑，因此更要注意及时发出贺信。

2. 感谢信

感谢信是为感谢对方的关心、支持和帮助而写的信函。它的收信人及其事迹一般都和写感谢信的人有直接的关系，所以写信人满怀感激之情，把对方的好思想、好作风及光荣事迹概括出来。感谢信不仅有感谢的意思，而且有表扬的内涵。其内容要求真实具体、感情鲜明。感谢信可以张贴，也可以邮寄。感谢信的格式与一般信函基本相同，如图 8-4 所示。

图 8-3　贺信格式

图 8-4　感谢信格式

（1）标题。第一行正中写"感谢信"或"致×××的感谢信"，字体要大些。

（2）称谓。顶格书写感谢对象的单位名称或个人姓名。

（3）正文。从第三行空两格起，首先要写感激的心情，其次概括叙述对方的事迹，说明为什么要感谢，通过这种叙述表现出对方的优秀品格、优良作风与先进事迹，特别应重点叙述在关键时刻，对方的关心、支持、帮助产生的结果。叙述时，要将事迹讲清楚并有条理，把人物、事件、时间、地点、原因、结果等要素说清楚，使对方能够回忆起来或让他人了解清楚。最后再次表达谢意，并表明向对方学习的态度和决心。

（4）结尾。写上表达敬意、感激的话，如"致以最诚挚的敬礼""此致""敬礼"等。

（5）落款。署单位名称或个人姓名，并注明写信的年、月、日。

3．介绍信

介绍信是用来介绍、联系接洽事宜的一种应用文体，具有介绍、证明的双重作用。介绍信主要有两种格式，即普通介绍信和专用介绍信，如图8-5所示。普通介绍信一般不带存根，正中写"介绍信"。介绍信的内容包括称呼、正文、结尾、署名和日期，并注上有效日期。专用介绍信有两联，一联是存根，另一联是介绍信的本文。两联正中有间缝，同时有编码。

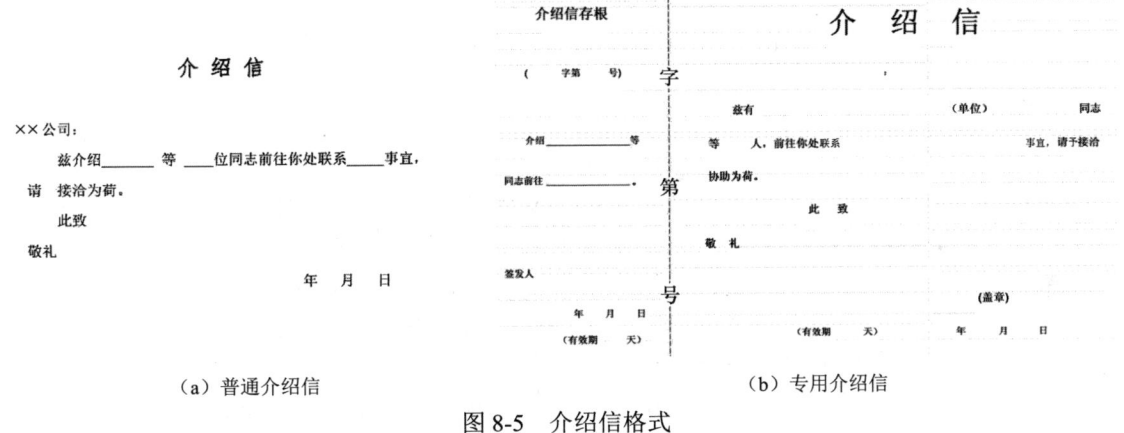

图8-5　介绍信格式

4．慰问信

慰问信一般用于重要节日或有灾害发生时，向有关集体或个人表达关怀、勉励、慰藉之情，也可以用来表彰具有突出事迹的人。它既可以寄给当事人及其所在单位，也可以登报或广播。慰问信的写作要根据慰问对象的不同而进行相应的调整，但其格式大致相同。

（1）标题。一般写为"慰问信"或"×××致×××的慰问信"。

（2）称谓。即慰问的对象及其所在单位。

（3）正文。慰问信的正文通常包括以下几个要素。

① 原因。简明扼要地交代慰问的背景和原因。

② 事实。较为全面具体地叙述慰问对象遇到的困难或取得的成就。对于遇到困难的，要肯定他们艰苦奋斗、战胜困难的精神；对于取得突出成就的，要肯定其成就，再有针对性地表示慰问。

③ 结语。结合当前的形势和任务对慰问对象表示良好的祝愿，表示通过共同努力最

终能够渡过难关，或者提出对对方更上一层楼的期望。最后一般用一句慰勉、祝愿的话收尾。

④ 落款。写下慰问者的姓名或单位名称及日期。

以上格式只是一种参考，因为慰问信的主旨是使慰问对象感到慰问者的亲切、诚恳，所以不能一味套用格式，更不能过多使用单调的文书用语，而应适当进行有感而发的抒情。企业在恰当的时机使用慰问信慰问一下自己的员工，也是企业增进与员工感情的一种策略。

5．致歉信

致歉信是由于工作失误、私人误会、弄坏或丢失了别人的东西、忘记参加事先约定好的活动或临时取消预约等，引起对方的不快，从而赔礼道歉、消除误解、增进友谊和信任的信函。它既可以寄给当事人及其所在单位，也可以登报或广播。致歉信的写作要根据写作对象的不同而进行相应的调整，但其格式大致相同。

（1）标题。一般写为"致歉信"或"×××致×××的致歉信"。

（2）称谓。即致歉的对象及其所在单位。

（3）正文。诚恳说明造成对方不快的原因，表示歉意，请求对方理解、原谅。

（4）落款。写下致歉者的姓名、单位名称及日期。

写致歉信时一定要记住对自己的言行负责，语气一定要诚恳，解释的理由要真实，从而使致歉对象能理解自己，并最终谅解。

6．邀请函

邀请函是用于邀约的一种社交信函。商务活动中的邀请函通常是邀请行政机关、企事业单位、社会团体或个人前往某地参加某项活动或事宜的专用信函。

邀请函的措辞不必过于拘束，其基本要求是言简意赅，说明问题，同时不失友好。可以将它打印出来，并由邀请人亲笔签名。收到邀请的人无论应约与否，都要及时回复。同时，邀请函的发出时间也要多加注意。

相对来说，邀请函更朴实、更常用一些。它没有请柬那么庄重严肃，但也礼仪周到，受到人们的普遍喜爱；邀请函的信函体格式在用语上也比请柬随意，而且要求有较详细的邀约内容。

例文 8-1　邀请函

邀请函

尊敬的××公司×××：

"××展销会"定于××××年××月××日至××日在我市国际会展中心举行，欢迎贵公司报名参加。

报名时间：××月××日至××日

报名地点：光明路 10 号

联系电话：×××××××

××展销会组委会敬邀
××××年××月××日

课内实训 8-1

自拟主题，分别撰写一封贺信、感谢信、介绍信、慰问信、致歉信、邀请函，然后同学之间互相分析是否符合商务礼仪要求。记录下你撰写这几种信函时容易出错的地方。

7．电子邮件

电子邮件是通过互联网发送的一种信函，可以很方便地进行复制。作为信函，电子邮件不仅具有一般信函的基本礼仪要求，而且具有特殊的礼仪规范。

（1）认真撰写。向他人发送的电子邮件，一定要精心构思，认真撰写。在撰写电子邮件时，必须注意以下三点。

① 主题要明确。一封电子邮件一般只有一个主题，并且收件人打开电子邮箱首先看到的就是主题。若其归纳得当，收件人见到它，便可以对整封电子邮件一目了然。如果不写主题，或者随意写个主题，就很可能被收件人当作垃圾邮件删除。主题不能太长，最好不要超过 15 个字。

② 语言要流畅。电子邮件要便于阅读，就要语言流畅，尽量避免使用生僻字、异体字。引用数据、资料时，最好标明出处，以便收件人核对。同时要谨慎使用幽默。

③ 内容要简洁。互联网用户一般都追求简洁快速，因此要表达的内容应尽量简明扼要、条理分明，避免长篇大论。在电子邮件发出前，最好自己从头到尾检查一遍，看看有没有语法错误、语意不通之处或错别字。尤其是写给上司和客户的电子邮件，更要特别注意。

（2）发电子邮件要署名。给他人写匿名信有违信函礼仪，发电子邮件也如此。虽然收件人都可看到邮件来自何方，但电子邮箱名称往往五花八门，与真实姓名有时并不相同。因此，当你发出电子邮件时，别忘了署上真实姓名或公司、单位名称，以免让对方费时费力地猜。当然，如果是经常联系、彼此熟悉的朋友，省略署名也未尝不可。

（3）每天检查新邮件并尽快回复。应该经常打开电子邮箱，最好每天检查新邮件并尽快回复（哪怕简短的回复也好）。回复电子邮件时应当附上原文，以便收件人能很快知道邮件主旨。

（4）慎用美化功能。现在常见的电子邮件软件提供了多种可选字体，还有各种信纸可供选择。这固然可以突出电子邮件的个人特色，但是对于此类功能，商务人员是必须慎用的。一方面，电子邮件修饰过多，难免会使其体积增大，可能降低发送速度，既浪费时间，又可能导致发送失败。另一方面，收件人使用的电子邮件软件不一定能够显示所选美化效果。这样一来，收件人收到的电子邮件就很有可能大大背离了发件人的初衷，使之前功尽弃。

（5）英文信件不能都用大写字母。全使用大写字母的英文信件，在互联网上被视为"大声喊叫"，意味着要表达一种非常强烈的观点，有咄咄逼人之意，而且不易阅读。如果要强调某个词或某句话，方可全部用大写字母，并在两端用"＊"符号标记。

（6）基于许可的邮件营销。基于许可的邮件营销是指企业只选定那些表示有兴趣的潜在顾客发送营销电子邮件。许多国家已立法，设法杜绝垃圾邮件。不少网络服务供应商的服务政策也包含反垃圾邮件，并设置了用来投诉的电子邮箱。如果企业盲目向用户发送未经许可的电子邮件，则既有损企业形象，还可能违反相关法律法规。同时，企业还应该注意不转发未经原发件人许可的电子邮件。

8.2 商务帖类文书礼仪

帖类文书也称柬类文书。在商务活动中,交易双方为了相互了解、增进友谊、扩大贸易,常使用帖类文书。帖类文书的作用在于表示对客人的尊敬和邀请者的郑重态度。

帖类文书包括请柬、聘书、赠礼帖、谢帖、封包、名片等。下面主要介绍请柬与聘书。

8.2.1 请柬

请柬也称柬帖,是人们在交往活动中用来知会对方的一种书面文体。"请"即邀请、约请之意。"柬"是信、帖子等的统称,也叫"简"。凡有重大、隆重的事情,都应用请柬邀请客人,即使近在咫尺的客人,也需要送请柬,这既表示对对方的尊重,也表达了邀请者对客人的庄重态度。

请柬从形式上分为横式写法和竖式写法两种。竖式写法从右向左写。

请柬一般有两种样式:一种是单面的,直接由标题、称谓、正文、敬语、落款构成;另一种是双面折叠的,封面写"请柬"二字,封里写称谓、正文、敬语、落款等。

(1) 标题。通常请柬已按照信函格式印制好,发请柬者只须填写正文。封面也已直接印上了"请柬"或"请帖"字样。还有一种请柬,标题由活动内容加"请柬"两字组成。

(2) 称谓。一般第一行顶格写被邀请人或单位的姓名或名称,其后加冒号。个人姓名后要注明职务或职称,如"××经理""××主任"。称谓一般都用全称,不用简称,英文请柬中也不用缩写。另外,若邀请夫妇同时出席,则宜把两个人的名字都写上。

(3) 正文。第二行空两格写,交代会议或活动的性质、内容、时间和地点,必要时还应将入场券等凭证附上。慎重起见,可询问对方能否应邀前来。若有其他要求,也须注明,如"请准备发言""请准备节目"等。

(4) 敬语。请柬的结尾常常写上礼节性问候语或恭候语,如"恭请光临""敬请莅临""欢迎指导"等,有的还另起行前空两格写"此致",再另起行顶格写"敬礼"。

(5) 落款。最后要在正文内容的右下方写明发出请柬的单位名称或个人姓名,个别情况下也有两者都写的。名称要写全称,以单位名义发的请柬,落款要盖章,以示郑重。最后写清发出请柬的日期。

知识拓展
英文请柬

例文 8-2

请　　柬

××先生:

　　兹订于××××年××月××日在××路华侨大厦召开××商场开业五周年庆典活动。敬请莅临。

××敬约

请柬的篇幅有限，书写时应根据具体场合、内容、对象，认真措辞。行文应达雅兼备，达即准确，雅即优美。在遣词造句方面，有的使用文言语句，显得古朴典雅；有的选用较平易通俗的语句，显得亲切热情。无论使用哪种风格的语句，都要庄重、明白，使人一看就懂。

8.2.2 聘书

聘书也称聘请书，是聘请有关人员从事某项工作或担任某种职务的文书。聘书要说清楚聘请的理由和要做的工作，否则被聘请者无法应聘。聘书文字要简洁，不必太具体、详尽。聘书一般已按照信函格式印制好，中心内容由发文者填写即可。完整的聘书一般由以下几部分构成。

（1）标题。聘书往往在正中写上"聘书"或"聘请书"字样，有的聘书也可以不写标题。已印制好的聘书标题常有烫金或大写的"聘书"或"聘请书"字样。

（2）称谓。聘书上被聘请者的姓名可以在开头顶格写，然后加冒号，也可以在正文中写明。常见的聘书大都在第一行空两格写"兹聘请××"。

（3）正文。聘书的正文一般包括：交代聘请的原因和要做的工作，或者要担任的职务；聘任期限，如"聘期两年""聘期自××××年××月××日至××××年××月××日"；聘任待遇，可直接写在聘书上，也可另附详尽的聘约或公函，上面写明具体的待遇，这要视情况而定；对被聘请者的希望，这一点一般可以写在聘书上，也可以不写，而通过其他途径使被聘请者切实明白自己的职责。

（4）结尾。聘书的结尾一般写上表示敬意的结束语，如"此致敬礼""此聘"等。

（5）落款。落款要写明发文单位名称或单位领导的姓名、职务，并写明发文日期，同时加盖公章。

例文 8-3

聘　　书

为了提高教学质量，本校总部成立了××教学研究会。特聘请××老师为指导教师，参加教学研究，并关心、指导本校的教学工作。

此致

敬礼

××大学（盖章）
××××年××月××日

课内实训 8-2

自拟主题，不要购买预先印制好格式的文书，自己设计并撰写请柬和聘书这两种帖类文书。同学之间互相分析是否符合商务礼仪要求。记录下设计、撰写过程中容易出错的地方。

8.3　商务致辞类文书礼仪

致辞是指在迎送客人和参加集会等礼仪活动时所用的礼仪类文书。常用的致辞主要有欢迎词、开幕词、闭幕词、祝酒词、答谢词等。致辞是一种面对面交流的形式，因此可以起到与对方交流感情、融洽关系的作用。

8.3.1　欢迎词

欢迎词是指行政机关、企事业单位、社会团体或个人在公共场合欢迎友好团体或个人来访时致辞的书面文稿。欢迎词通常分为"私人交往"和"公务往来"两大类，通常由欢迎人在被欢迎人到达欢迎现场时以口头形式表达，有时也可在报刊上发表。欢迎词一般由标题、称谓、正文三部分组成。

（1）标题。标题写法一般有两种：一种直接以文种命名，如"欢迎词"；另一种由活动内容加文种名称构成，如"在××学术研讨会上的欢迎词"。致辞人不需念标题。

（2）称谓。称谓要求写在开头顶格处，要写明被欢迎人的姓名、称谓，如"尊敬的女士们、先生们"。

（3）正文。欢迎词的正文一般由开头、主体和结尾三部分构成。开头通常应说明现场举行的是何种仪式，致辞人代表什么人向哪些来宾表示欢迎。主体一般要阐述和回顾宾主双方在共同的领域所持的共同立场、观点、目标、原则等内容，较具体地介绍来宾在各方面的成就及在某些方面做出的突出贡献，同时指出来宾本次到访或光临对增进宾主友谊及合作交流所具有的现实意义和历史意义。结尾对到场的有关单位及个人表示欢迎。

例文 8-4　欢迎词

女士们、先生们：

我是××××公司董事长×××。很高兴在各位新员工加入本公司的第一天，就和大家相识。

首先，让我代表公司、代表公司领导和同事们，向各位新同事表示热烈的欢迎。

正如大家所知，我们公司在社会上有着良好的声誉与一定的影响力。但是，我们依旧不断进取，毫不懈怠。今天，见到各位朝气蓬勃的新同事加入本公司，我颇感欣慰，以大家的真才实学，定然会使本公司更上一层楼。

相信各位都是有志之士，都是真正来这里干事业的，让我们友好合作，同舟共济，发愤图强吧！本公司鼓励大家出人头地，并愿意为此向大家提供各种便利。

再次向大家表示欢迎！

谢谢大家！

8.3.2　开幕词

开幕词是在交易会、展览会或其他专项活动开始时，向与会者介绍会议的意义、宗旨或主办方意愿的致辞，一般放在欢迎词之后。它对会议起着重要的指导作用。开幕词一般包括以下几方面内容。

（1）标题。一般由事由和文种构成，如"×××同志在××××会议上的开幕词"。有的标题由致辞人、事由和文种构成，也有的只写文种"开幕词"。

（2）称谓。一般根据会议性质、与会者身份来确定称谓及称谓的修饰语。称谓要顶格写。

（3）正文。包括开头、主体和结尾三部分。

① 开头。既可以开门见山地宣布会议开幕,也可以对会议的规模及与会者的身份等做简单介绍,并对会议的召开及对与会者表示祝贺。需要说明的是,开头部分即使只有一句话,也要单独列为一个自然段,将其与主体部分分开。

② 主体。阐明会议的意义、宗旨。例如,通过对以往工作情况的概括性总结和对当前形势的分析,说明会议是在什么形势下,为了解决什么问题和达到什么目的而召开的;随后说明会议的主要议程和安排。为保证会议的顺利举行,还可以向与会者提出会议要求。

③ 结尾。提出对与会者的祝愿和希望,要简短有力。

例文 8-5　洽谈会开幕词

女士们、先生们、朋友们、同志们:

值此××省国际经济合作和出口商品洽谈会开幕之际,我代表××省人民政府、××市人民政府、××省对外贸易总公司,向远道而来的五大洲各国来宾、港澳同胞、海外侨胞表示热烈欢迎和衷心问候!

××××年××月,在庆祝××对外贸易中心落成时,我们曾在这里举办过一次洽谈会。今年这次洽谈会,规模和内容比上一次洽谈会更加盛大和丰富。本次洽谈会将进一步扩大我省同我国港澳地区及世界各国的经济技术合作和贸易往来,增进相互了解和友谊。

××省是我国沿海经济比较发达的省份之一,幅员辽阔,物产丰富,人力资源充足,工农业生产和港口、交通均有一定基础,对外经贸事业发展前景广阔。目前,我省已同世界上140多个国家和地区建立了贸易往来和经济技术合作关系,这种合作关系日益巩固和发展。

本次洽谈会,我们将提出200多种对外经济合作项目,包括轻工、纺织、机械、电子、化工、冶金、建材、水产及食品加工等,供各位来宾选择。展出的商品不少是我省的名牌产品和新发展的出口产品。欢迎各位来宾洽谈贸易,凭样订货。

今天,在座的各位来宾中,有许多是我们的老朋友,我们之间有着良好的合作关系。对于你们的真诚合作精神,我们表示由衷赞赏和感谢。同时,我们也热情欢迎来自各国、各地区的新朋友,为有幸结识这些新朋友感到十分高兴。我们欢迎老朋友和新朋友到××省各地观光游览,发展友好合作关系。

最后,预祝××省国际经济合作和出口商品洽谈会圆满成功。

谢谢!

8.3.3　闭幕词

闭幕词是党政机关、社会团体、企事业单位的领导人在会议闭幕时所作的总结性讲话。闭幕词一般由首部、正文和结束语三部分组成。

(1) 首部。包括标题、时间、称谓三方面内容。

① 标题。与开幕词的标题构成形式基本一样,一般由事由和文种构成,如"中国共产党第十一次全国代表大会闭幕词";有的只写文种,以"闭幕词"作为标题;也有的由致辞人、事由和文种构成,其形式是"×××同志在××××会议上的闭幕词"。

② 时间。标题之下,用括号注明会议闭幕的年、月、日。

③ 称谓。根据会议性质及与会者的身份确定称谓，如"同志们""各位代表"等，要顶格写。

（2）正文。包括开头、主体和结尾三部分。

① 开头。简要说明大会经过，是否圆满完成了预定的任务。

② 主体。对大会进行概括性总结。

③ 结尾。对保障大会顺利进行的有关单位及服务人员表示感谢。

（3）结束语。宣布会议结束，通常只有一句话："现在，我宣布，××××大会闭幕。"

例文 8-6　国际科学与和平周大会闭幕词

（××××年××月××日）

女士们、先生们：

一年一度的国际科学与和平周大会，经过几天的发言、讨论，围绕将自然科学和社会科学发展为维护世界和平的工具进行了交流。这种观念从未像今天这样具有如此实际的意义。大家开始认识到，没有一个国家是能够仅仅依靠自己站稳脚跟的。我们只有合作和交流，才能保证创造使我们的后代能够和平、安全地生存下去的经济、技术和自然环境。

国际科学与和平周大会集中体现了全球许多人在从事的日常工作，得到了广泛的支持，取得了了不起的成就，最终圆满成功。我向大家表示衷心的感谢，并希望我们在下一届大会上再相见。现在，我宣布，国际科学与和平周大会闭幕。

课内实训 8-3

自拟主题，分别撰写一篇开幕词、闭幕词和欢迎词，然后同学之间互相分析是否符合商务礼仪要求。记录下撰写时容易出错的地方。

知识测试与技能训练

1. 知识测试

（1）商务文书礼仪的要求有哪些？

（2）信函类文书的结构是什么？

（3）一般信函类文书的礼仪有哪些要求？

（4）商务帖类文书的礼仪有哪些要求？

（5）商务致辞类文书的礼仪有哪些要求？

2. 技能训练

项目 1　致欢迎词

情景设定：班里转来一位新同学，请同学们在 10 分钟的时间内致欢迎词，以激发同学们学习文书礼仪的兴趣。

训练目标：提升口头与文字表达能力、信息整合能力，培养公关礼仪意识。

训练方法：随机抽选几位同学上台发言，然后由老师引导全班同学分析总结这几位同学发言过程的优缺点及需要改进的方面。

测评要点：表述逻辑清楚、有条理，用语规范、不粗俗；普通话标准、规范，声音洪亮、清晰；举止优雅、端庄，表情自然、亲和，礼仪规范、应景，能够引起共鸣。

项目2　案例分析

某公司为销售额突破百万元举行庆功联谊会，给一些单位发送了请柬，邀请大家参加，并准备了精美的礼品，用来感谢他们平时对本公司的支持与帮助。结果有些单位没有接受邀请，活动不太成功。公司主要领导很困惑，询问有关人士后，才知道所送的请柬有问题。

分析思考：为何发出请柬后，接受邀请的人却不多？请你分析可能的原因。

第 9 章 商务会议礼仪

学习目标

知识目标：了解洽谈会、新闻发布会、赞助会、展览会、茶话会的作用；掌握洽谈会、新闻发布会、赞助会、展览会、茶话会的基本程序及礼仪要求。

能力目标：能在实践中灵活运用商务会议礼仪知识。

素养目标：在养成日常商务礼仪习惯的同时，提升个人在各类商务会议中的专业素养。

任务驱动

三月三日，上巳祓饮之日也，诸子议以茶酌而代焉。乃拨花砌，憩庭阴，清风逐人，日色留兴，卧指青霭，坐攀香枝，闲莺近席而未飞，红蕊拂衣而不散。乃命酌香沫，浮素杯，殷凝琥珀之色，不令人醉，微觉清思。虽五云仙浆，无复加也。座右才子南阳邹子、高阳许侯，与二三子顷为尘外之赏，而曷不言诗矣。（唐·吕温《三月三日茶宴序》）

9.1 洽谈会礼仪

在商务洽谈中，正确的做法应当是既讲谋略，又讲礼仪，这样才有助于洽谈成功。

9.1.1 洽谈会的概念

商务洽谈是指在商务交往中，存在某种关系的有关各方，为了进行合作、达成交易、拟定协议、签署合同、要求索赔或为了处理争端、消除分歧、维护各自的经济利益而坐在一起进行面对面的讨论与协商，以求达成某种程度上的妥协。因洽谈而举行的有关各方的会晤，便称为洽谈会。

商务洽谈主要由主体、对象、场合和议题四方面构成。主体是指主持洽谈的当事人或组织者。对象是指参与洽谈的对手，代表对方利益的人或群体。场合是指洽谈所处的背景，如时空、情境、政治经济条件、人际关系等。议题是指洽谈的具体内容，它围绕"责、权、利"的划分、分享或承担而展开，可以是商品或服务，也可以是资金的流转，还可以是技术或经济合作等。

9.1.2 洽谈会的准备工作

洽谈前的充分准备是保证洽谈会成功的关键。在准备过程中，洽谈的目标、策略固然重要，但礼仪方面的准备也不可忽视。

1. 掌握洽谈对象的基本信息

（1）对方公司的基本情况。了解对方的法人资格、信贷状况、公司地址、经营范围，这些都是洽谈的前提。一般来说，对这些基本情况应予审查或取得旁证。还要了解该公司的历史沿革、所处行业和市场状况、主导产品、市场定位、市场竞争近况、主要商务伙伴、竞争对手等。

（2）对方洽谈小组成员的基本情况。了解对方洽谈小组成员每个人的信息，并尽可能详细、准确，尤其要尽可能获得决策者或负责人的个人情况。

2. 组建洽谈小组

根据掌握的对方洽谈小组的信息，遵循对等性原则，选派与对方洽谈小组职务相近的人员参加洽谈。洽谈小组中要有起决定性作用的主谈人员，也要有懂业务、懂技术的各种专业人员和有洽谈经验的翻译人员。

3. 熟悉洽谈"七步曲"和洽谈策略

洽谈"七步曲"是指洽谈过程中由探询、准备、磋商、小结、再磋商、终结及洽谈重建组成的七个环环相扣的具体步骤。每个步骤都有其特殊的"起、承、转、合"作用，都有一系列台前幕后的准备工作要做，并且需要当事人具体问题具体分析。

商务人员在进行洽谈时，总的指导思想是平等、互利，但是这并不排斥努力捍卫或争取己方的利益。事实上，在商务洽谈中取得成功，除了凭借实力，更要依靠洽谈策略的灵活运用。

4. 选择洽谈地点

根据洽谈地点的不同，商务洽谈可分为客座洽谈、主座洽谈、客主座轮流洽谈、第三地点洽谈四种。客座洽谈是指在洽谈对象所在地进行的洽谈。主座洽谈是指在我方所在地进行的洽谈。客主座轮流洽谈是指在洽谈双方所在地轮流进行的洽谈。第三地点洽谈是指在不属于洽谈双方任何一方的地点进行的洽谈。

9.1.3 洽谈会的基本程序及礼仪要求

以主座洽谈为例，洽谈会的基本程序及礼仪要求包括以下几方面。

1. 迎接

参加商务洽谈，主方人员应提前到达，一般以提前5～10分钟到达会谈地点比较适宜。利用这段等待的时间，可以再检查一下会议室的布置有无不妥之处。接待人员应在办公楼门口迎候客人，并将其引入会议室，洽谈人员在会议室门口迎接客人即可。

洽谈人员要特别注意给洽谈对象留下良好的第一印象，使洽谈有一个良好的开端。

正式出席洽谈会的人员应根据自己的年龄、身份、地位及场合选择服饰。在涉外洽谈时，还要考虑不同国家、不同地区、不同民族的服饰习惯和禁忌，遵守国际礼仪的要求。

2. 就座

主方应请客方首先入座，或双方一起入座。

一般来说，双边洽谈时，应使用长方形或椭圆形桌子，主客应分坐于桌子两侧。若桌子横放，则面对正门的一方为上，应属于客方；背对正门的一方为下，应属于主方。若桌子竖放，则应以进门的方向为准，右侧为上，属于客方；左侧为下，属于主方。在进行洽谈时，各方的主谈人员应在自己一方居中而坐。其余人员则应遵循右高左低的原则，依照职位的高低自近而远地分别在主谈人员的两侧就座。假如需要翻译人员，则应安排其就座于仅次于主谈人员的位置，即主谈人员的右侧，如图9-1所示。

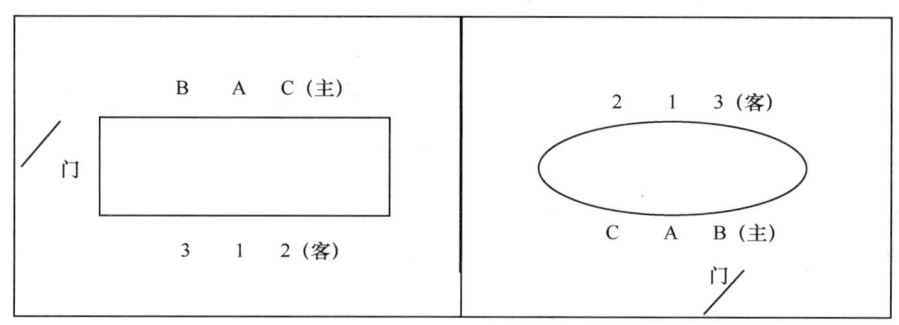

图 9-1　双边洽谈座次

举行多边洽谈时，按照国际惯例，一般均以圆桌为洽谈桌来举行"圆桌会议"。在具体就座时，有关各方的与会人员尽量同时入场，同时就座。

3. 寒暄

洽谈双方有可能初次见面，这时各方人员可以先相互介绍，彼此寒暄几句，有助于拉近彼此之间的距离，缓解紧张气氛，同时为接下来的洽谈营造和谐的氛围。

4. 会谈

寒暄之后最好不要马上进入洽谈正题，可选择一些与正题无关的中性话题来沟通感情，营造融洽、和谐的会谈气氛。当然这段时间不能太长，可以控制在10分钟之内。正式会谈时，除洽谈小组成员和必要的翻译、记录员外，其他工作人员均应退出。在整个会谈过程中，不允许其他人员随意出入。主谈人员交谈时，其他人员不得随意交谈，也不能翻看与此次会谈无关的材料，不允许打断他人的发言，更不允许使用粗鲁的语言。

商界人士在洽谈会上，尽可能在平等协商、求同存异、依法办事的基础上谋求互利互惠。在洽谈桌上，各方为利益而争，大家彼此对既定的目标都志在必得、义不容情，有可能发生分歧或争执。但是洽谈人员必须做到人事分开，必须正确认识和处理己方与对方之间的相互关系，对"事"要严肃，对"人"要友好，对"事"不可以不争，对"人"不可以不敬。洽谈人员排除一切干扰，自始至终对自己的洽谈对象讲究礼貌，时时、处处、事事表现出对对方的敬意。

课内实训 9-1

运达公司要与某公司洽谈合作事宜，委派年轻能干的李先生先行商谈。李先生去了不久，对方就打电话过来，要求换人，否则将不再合作。运达公司负责人很惊讶，恳请对方解释原因。对方说，李先生来后，和他们谈话时，跷着二郎腿，仰靠沙发；当他们谈自己的想法时，李先生不是摆弄自己的笔，就是东张西望。对方说："虽然事情不大，但是我们不愿意和这种人合作。"想一想，李先生为什么会被拒绝？

5. 送客

会谈结束后，主方应将客方送至门口或车前，礼貌握手道别，目送客方离去后，才可返回室内。

9.1.4 洽谈会语言礼仪

商务洽谈是洽谈者运用语言表达意见、交流观点的过程，语言的运用是否得当往往决定洽谈的成败。洽谈人员在运用语言的过程中，除了要注意洽谈语言的客观性、逻辑性、针对性，还要注意用语的规范性和灵活性。

（1）洽谈语言必须坚持文明礼貌的原则，符合商界的特点和职业道德的要求。

（2）洽谈语言必须清晰易懂，尽可能标准化。

（3）洽谈语言应注意抑扬顿挫、轻重缓急。洽谈者应通过语调的变化表达自己的信心、决心、不满、疑虑和遗憾等思想感情；同时，要善于通过对方不同的语调来洞察对方的感情变化。

（4）洽谈语言应当准确、严谨，特别在磋商的关键时刻，更要用严谨、精准的语言准确地表述自己的观点和意见。

（5）如确需使用某些专业术语，则应以简明易懂的惯用语加以解释。一切用语均要以双方顺利沟通、洽谈顺利进行为前提。

（6）洽谈过程中使用的语言，应当丰富、灵活，富有弹性。对于不同的洽谈对象，应使用不同的语言。如果对方谈吐优雅，很有修养，己方语言也应十分讲究，做到出语不凡；如果对方语言朴实无华，己方用语也不必过多修饰；如果对方语言爽快、直白，己方语言也不必迂回曲折。总之，要根据对方的学识、气质、性格、修养和语言特点，及时调整己方的洽谈用语。这是迅速拉近洽谈双方距离，实现平等商讨的有效方法。

9.2 新闻发布会礼仪

对商界来说，举办新闻发布会是企业联络、协调新闻媒介的一种重要手段。新闻发布会礼仪主要包括会前准备、现场的基本程序及礼仪要求两方面内容。

9.2.1 新闻发布会的概念

新闻发布会也称记者招待会，是一种组织机构主动传播各类有关信息，谋求新闻界对某社会组织或某活动、事件进行客观、公正的报道的有效沟通方式。

在商务活动中，新闻发布会的常规形式是：由一个或几个单位出面，将有关的新闻界人士邀请到一起，在特定的时间和特定的地点举行一次会议，宣布某消息，说明某活动，或者解释某事件，争取新闻界对此进行客观而公正的报道，并且尽可能地争取扩大信息的传播范围。简言之，新闻发布会就是以发布新闻为主要内容的会议。

新闻发布会礼仪是指举行新闻发布会的礼仪规范。新闻发布会与大多数社交场合不同，其客套较少，核心是诚，即真诚地面对新闻记者，坦诚地公布与组织机构相关的信息。

9.2.2 新闻发布会的准备工作

新闻发布会的准备工作比较烦琐，应着重做好以下几项具体工作。

1．确定主题

决定召开新闻发布会之后，就要确定其主题。新闻发布会的主题指的是新闻发布会的中心议题。主题确定是否得当，往往直接关系到本单位的预期目标能否实现。

一般来说，新闻发布会的主题共有以下三类：一是发布性主题，主要发布如企业经营权的变动、重要人事变更等方面的消息；二是说明性主题，主要说明诸如企业推出新产品等活动；三是解释性主题，主要解释某事件，如企业产品质量出现问题、企业出现重大事故、遭到社会误解等事件。此时，新闻发布会主要对发生的事件进行解释。

2．选择时间

新闻发布会的时间选择需要注意以下三个问题。

（1）举行新闻发布会的恰当时间。组织机构一般在遇到重要活动或重大事件时才有必要举行新闻发布会。以企业为例，企业开张，新产品开发、生产与投放市场，企业重组上市，发生重大（或紧急）事件，受到公众和新闻界的公开批评，开展重大的社会公益活动，发生重要的人事变动，企业举行重要庆典或纪念活动等，就应该通过举行新闻发布会实现与社会公众的有效沟通。

（2）举行新闻发布会要避开的时间。在选定举行新闻发布会的时间时，为确保被邀请人员能够及时到会，增强信息发布会的效果，在社会上产生预期的影响，一般应注意避开以下时间：一要避开节假日；二要避免与其他重大社会活动冲突；三要防止与新闻界宣传报道的重点冲突或相左；四要避开其他单位的新闻发布会。

（3）新闻发布会召开的时间长度。通常，一次新闻发布会应当限制在 2 小时以内。举行新闻发布会的最佳时间是周一至周四的上午 10 点至 12 点，或下午 3 点至 5 点。

3．选择地点

新闻发布会的举行地点，除了可以考虑本单位所在地、活动或事件所在地，还可以考虑首都或其他影响较大的中心城市，必要时还可考虑在不同地点举行内容相似的新闻发布会。举行新闻发布会的现场，应交通方便、条件舒适、面积适中，本单位的会议厅、宾馆的多功能厅、当地最有影响的建筑物等，均可酌情予以选择。

4．安排人员

在准备新闻发布会时，主办单位必须精心做好相关安排，包括确定主持人、发言人、礼仪接待人员，准备材料、邀请媒体。按照常规，新闻发布会的主持人应当由主办单位的公关部部长、办公室主任或秘书长担任。其基本条件是：年富力强，仪表堂堂，见多识广，反应灵活，幽默风趣，语言流畅，善于把握大局，长于引导提问，并且具有丰富的会议主持经验。

新闻发布会的发言人是会议的主角，发言人通常由本单位的主要负责人担任。除了在社会上口碑较好、与新闻界关系较为融洽，对发言人的基本要求还应当包括思维敏捷、学识渊博、记忆力强、能言善辩、修养良好、善解人意、彬彬有礼等。

知识拓展

中国新闻发言人制度

除慎选主持人、发言人外，还须精选一些本单位的员工，负责会议现场的礼仪接待工作。依照惯例，一般由品行良好、相貌端正、工作负责、善于交际的年轻女性担任。为了宾主两便，主办单位所有正式出席新闻发布会的人员，均须佩戴事先统一制作的工作卡，工作卡应该清晰写明姓名、单位、部门与职务。

5．准备材料

在筹备新闻发布会时，主办单位通常需要事先委托专人准备好以下四方面的材料。

（1）宣传提纲。为了方便新闻界人士在进行宣传报道时抓住要点，主办单位可事先精心准备好一份以有关数据、图片、资料为主的宣传提纲，并且打印出来，在新闻发布会上提供给每位外来的与会者。宣传提纲通常应列出单位名称及联系电话、传真号码，以供新闻界人士核实之用。有公司（单位）主页的商界单位，还可同时列出本单位的网址。

（2）发言提纲。发言提纲是发言人在新闻发布会上进行正式发言时的发言提要，既要紧扣主题，又必须全面、准确、生动、真实。

（3）问答提纲。为了使发言人在现场正式回答提问时表现自如，事先就要对可能被提出的主要问题进行预测，并就此做好充分准备。

（4）辅助材料。条件允许时，可在新闻发布会的举办现场预备一些可强化会议效果的形象化视听材料，如图表、照片、实物、模型、录音、录像、影片、幻灯片、光盘等，以供与会者使用。在会前或会后，也可安排与会者进行一些必要的现场参观或展览、陈列参观。

6．邀请来宾

（1）新闻记者。新闻记者是新闻发布会的主宾，邀请哪些新闻媒介的记者参加应根据新闻发布会主题的性质而定。目前，新闻媒介大体上分为电视、报纸、广播、杂志、网络等。在了解上述各种新闻媒介的主要优缺点后选择合适的记者，可以取得事半功倍的效果。邀请多少新闻媒介，其基本规则是，宣布某消息时，尤其是为了扩大影响力、提高本单位知名度时，邀请新闻媒介通常多多益善。无论邀请多少家新闻媒介参加新闻发布会，主办单位都要尽可能地优先邀请那些影响巨大、主持正义、报道公正、口碑良好的新闻媒介派员到场。

邀请的记者名单确定后，应提前3～4天将请柬或邀请函送到新闻媒介或记者本人手中，并与重要新闻媒介做好沟通工作，以确保其派记者出席。主办单位要想取得新闻发布会的成功，就必须求得对方的配合。主办单位，特别是主办单位主要负责人与公关人员在与新闻界人士打交道时，一定要对对方尊重友好、坦诚相待、一视同仁，不应亲疏有别、厚此薄彼，还要与新闻界人士保持联系。

（2）相关企业人员。广告公司、客户、同行等一般也是新闻发布会邀请的对象。确定邀请对象后，要拟出详细的邀请名单，提前7～10天发出邀请函，临近开会时还应打电话一一落实。

9.2.3 新闻发布会的基本程序及礼仪要求

新闻发布会的程序要安排得详细、紧凑，避免出现冷场和混乱。同时，与会者还应注意各种礼仪。

1．签到

新闻发布会场地的入口处要设立签到处，安排专人负责签到、分发材料、引入会场等接待工作。接待人员要热情大方，举止文雅。

2．会议开始

会议开始，主持人要将召开新闻发布会的目的、将发布的消息、要公布的事件经过或真相等做简要介绍。在新闻发布会上，主持人和发言人要特别注意自己的仪表，塑造良好的形象。除非是流行时装发布会等性质特殊的新闻发布会，否则从主持人、发言人到会议服务人员，男士一般宜穿深色西装套装，女士宜穿单色套裙。服装必须干净、挺括，一般不宜佩戴饰物。按惯例，主持人、发言人需要进行必要的化妆，并且以化淡妆为宜，发型应当庄重大方。在面对新闻界人士时，主持人、发言人都要注意做到举止自然而大方。要面带微笑，目光炯炯，表情松弛，坐姿端正。

3．领导发言

领导在会上发言时，要突出重点，具体而恰到好处，语言生动、自然，吐字清晰。

4．回答记者提问

发言人在回答记者提问时，要准确自如。对于不愿透露或不好回答的事情，要婉转、幽默地向记者做出解释。遇到不友好的提问，应该保持冷静，礼貌地阐明自己的看法。

在新闻发布会上，主持人与发言人分工有所不同，因此必须各尽其职，相互配合。主持人主要主持会议、引导提问。主持人应根据会议主题调节好会议气氛，当记者的提问离会议主题太远时，要善于巧妙地将话题引向主题；当会议出现紧张气氛时，能够及时调节、缓和。切实把握好会议的进程和时间。发言人主要进行主旨发言、回答提问。在新闻发布会进行期间，主持人与发言人必须口径一致，不允许相互拆台。当新闻界人士提出的某些问题过于尖锐或难以回答时，主持人要想方设法转移话题，不使发言人难堪。而当主持人邀请某位新闻记者提问之后，发言人一般要给予对方适当的回答。在新闻发布会上，主持人、发言人的一言一语都代表着主办单位，因此必须对自己的讲话分寸予以重视，主要应注意四点：简明扼要、提供新闻、生动灵活、温文尔雅。

5．会议结束

新闻发布会结束后，主办单位人员要与与会者一一道别，并感谢他们的光临。对于个别记者的特殊要求，有关人员还应耐心地予以答复。

新闻发布会结束后，主办单位应对照现场使用的来宾签到簿与来宾邀请名单，核查一下新闻界人士的到会情况，据此可大致推断出新闻界对本单位的重视程度；整理保存新闻发布会的有关资料，便于全面评估会议效果，为此后举行同类会议提供借鉴；及时收集与会记者写出的报道，检查是否取得了举办新闻发布会的预期效果，是否有不利于本单位的报道。对于批评性报道，主办单位应当闻过即改，虚心接受。对于失实性报道，主办单位应通过适当途径加以解释、消除误解。对于敌视性报道，主办单位则应在讲究策略、方式的前提下据理力争，立场坚定，尽量为自己挽回声誉。

9.3 赞助会礼仪

赞助会是商界塑造企业形象，扩大企业影响力的重要途径之一，其礼仪主要包括会前准备、现场的基本程序及礼仪要求两方面内容。

9.3.1 赞助会的概念

所谓赞助，通常是指某单位或某人拿出自己的钱财、物品，对其他单位或个人进行帮助和支持。在现代社会中，赞助是社会慈善事业的重要组成部分之一。对企业来说，积极地、力所能及地参与赞助活动，一向颇受重视。为了扩大影响，企业在公开进行赞助活动时，往往专门为此举行一次一定规模的正式会议。这种以赞助为主题的会议即赞助会。

赞助会礼仪一般指的是在筹备、召开赞助会的整个过程中应恪守的有关礼仪规范。

9.3.2 赞助会的准备工作

1．确定赞助项目

常见的赞助项目有赞助体育事业、赞助文化活动、赞助教育事业、赞助社会福利事业等。依据不同的目的选择不同的赞助项目，同时注意考虑是以现金、实物、义卖还是义工的形式进行赞助。

2．安排赞助会的时间

一般需要根据赞助单位的目的和受助单位的需要确定具体时间。一般来说，一次赞助会的时间控制在1小时内，因此赞助会的具体议程要周密、紧凑。

3．选择赞助会的举行地点

举行地点可以是受助单位所在地，也可租用其他会议厅。受助单位根据出席赞助会的人数选择面积适中、条件适合的会场。如果赞助会由赞助单位承办，那么赞助会也可在赞助单位所在地举行。

4．确定赞助会的承办人

根据商务礼仪规范，赞助会通常应由受助单位出面承办，而由赞助单位给予适当支持。有时，赞助会也可由赞助单位承办。

5．布置赞助会会场

赞助会会场以干净、整洁为宜，会场装饰不必过度豪华张扬，否则极有可能使赞助单位认为受助单位滥用资金、铺张浪费，引起赞助单位的不满。会场内，灯光应当亮度适宜。在主席台的正上方，或者面对会场正门的墙壁上，还需悬挂写着"××单位赞助××

项目大会"或"××赞助仪式"字样的大红横幅,以突出赞助单位的义举和强调接受赞助的具体项目。

6. 邀请参加赞助会的人员

参加赞助会的人员不必太多,但要有一定的代表性。赞助会的组织者一般会邀请赞助单位、受助单位双方的主要负责人及员工代表、政府代表、社区代表、群众代表等参加。此外,为了扩大赞助会的社会影响,特别需要邀请那些在全国或当地具有较大影响的新闻界人士到会,并请求其发表相关报道。所有参加赞助会的人士,与会时都要身着正装,注意仪表,个人动作举止规范,以与赞助会庄严、神圣的整体风格相协调。

9.3.3 赞助会的基本程序及礼仪要求

赞助会的流程不宜过于复杂和冗长,同时要注意以下礼仪要求。

1. 赞助会正式开始

在宣布赞助会正式开始前,主持人(一般应由受助单位的负责人或公关人员担任)恭请全体与会者各就各位,保持肃静,并且邀请贵宾到主席台上就座。

2. 奏(唱)国歌

全体与会者起立,奏(唱)国歌。此后,还可奏(唱)本单位标志性歌曲。

3. 赞助单位正式实施赞助

首先,赞助单位的代表出场,口头宣布其赞助的具体方式或具体金额。其次,受助单位代表上场。双方热情握手之后,由赞助单位的代表正式将标有一定金额的巨型支票或实物清单双手捧交给受助单位代表。必要时,礼仪小姐要为双方提供帮助。若赞助的物资重量轻、体积不大,可由双方在此刻当面交接。在此过程中,全体与会者应热情鼓掌。

4. 赞助单位代表发言

发言人在对本单位简况略作介绍后,着重阐述赞助的目的与动机。

5. 受助单位代表发言

由受助单位的主要负责人或主要受助者向赞助单位表示感谢。

6. 来宾代表发言

根据惯例,可以邀请政府有关部门的负责人讲话。讲话内容主要是肯定赞助单位的义举,同时呼吁、倡导全社会积极发扬这种互助友爱的美德。该项议程有时也可略去。

7. 赞助会结束

赞助单位、受助单位双方的主要代表及会议的主要来宾合影留念。此后,宾主双方可稍作晤谈,然后来宾应一一告辞。在一般情况下,赞助会结束后,主办方大都不为来宾安排膳食。如确有必要,便餐即可,绝对不宜设宴待客。

9.4 展览会礼仪

展览会是企业宣传自己的又一重要平台,无论是主办方还是参展方,或者是参观者,都应遵循一定的礼仪规范。

9.4.1 展览会的概念

所谓展览会,对商界来说,主要指为了介绍本单位的业绩,展示本单位的成果,推销本单位的产品、技术或专利,采用集中陈列实物、模型、文字、图表、影像资料等供人参观了解的形式组织的宣传性商务活动。对企业来说,积极参与各种类型的展览会是从事商务活动的一种常规手段。

展览会礼仪通常指企业在组织、参加展览会时应当遵循的规范与惯例。

9.4.2 展览会的准备工作

一场展览会的成功举办涉及多方的协调配合,而做好准备无疑是成功举办的前提。

1．明确展览会的主题

任何展览会都应有一个鲜明的主题,这样才能明确展览会的对象、规模、形式等问题,并以此进行展览会的策划、准备和实施,使展览会的宗旨和意图更加突出。在这个过程中,要以为参展单位和参观者提供方便为原则。

2．确定展览会的时间和地点

在选择展览会举办的时间、地点时,要针对展览会的目的、对象、形式及效果等多种因素综合考虑。地点的选择可根据参展单位的地理区域来确定。还应注意交通、住宿是否方便,辅助设施是否齐全等问题。时间的选择要于己有利、于参展者有利,并与商品的淡、旺季相匹配。

3．选择参展单位

展览会主题确定后,可根据展览会主题与具体条件,通过分别给相关参展单位发邀请函、刊登广告、上门洽谈、在网上发布信息、召开新闻发布会等方式召集参展单位。在具体考虑参展单位时,一要尊重参展单位的意愿,不得强求参展单位参展;二要对参展单位的资质和展品质量进行把关,不给不法厂家和假冒伪劣产品提供可乘之机,以达到对参观洽谈者负责的目的。

无论采用哪种方式邀请参展单位,都须把展览会的宗旨、展出的主要项目、参展单位的范围与条件、举办展览会的时间与地点、报名参展的具体时间与地点、咨询联络方法、主办单位拟提供的辅助服务项目、参展单位应负担的基本费用等如实告知参展单位,以便对方据此加以定夺。对于报名参展的单位,主办单位应根据展览会的主题与具体条件进行必要的审核,切勿良莠不分、来者不拒。当参展单位的正式名单确定之后,主办单位应及时以专函进行通知,使被批准的参展单位尽早准备。

4．宣传展览内容

为了吸引社会各界人士的注意，引起他们的兴趣和重视，扩大展览会的影响，主办单位有必要对其进行大力宣传。宣传的重点应当是展览的内容，即展览会中能够真正吸引各界人士的展示之物。宣传方式包括：刊发广告；张贴有关展览会的宣传画；举办新闻发布会，邀请新闻界人士进行参观采访；发表有关展览会的新闻稿；在展览会现场散发宣传性材料和纪念品；在举办地悬挂彩旗、彩带或横幅；利用升空的彩色气球和飞艇进行宣传等。这些宣传方式可以只选其一，也可多种并用。在具体选择时，一定要量力而行，并且要严守法纪，注意安全。

5．合理布置展览现场

布置展览现场的基本要求是，各种展品要围绕既定的主题，进行互为衬托的合理组合与搭配，要在整体上显得井然有序、浑然一体。该项工作具体包括展位的合理分配，文字、图表、模型与实物的拼接组装，灯光、音响、饰件的安排，展板、展台、展厅的设计与装潢等。

展位的分配可采用竞拍、投标、抽签或按正式报名的先后顺序等方法。无论采用哪种方法，组织者均须事先将其公布，以便参展单位早做准备，尽量选到称心如意的展位。需要注意的是，所有参展单位都希望自己能够在展览会上拥有理想的位置。理想的展位，除了收费合理，还应当面积适当、客流量大、位置醒目、设施齐全、采光好、水电齐备。

6．提供必要的辅助性服务（设备）项目

主办单位有义务为参展单位提供一切必要的辅助性服务（设备）项目，主要包括文书业务、邮电通信、交通运输、安全保卫、停车场所、餐饮场所、业务洽谈场所等。这些辅助性服务（设备）项目最好事先公布，并且详尽说明有关费用的支付事宜。

7．成立专门的新闻发布机构

在举办大型展览会时，主办单位还应成立一个专门的新闻发布机构，负责与新闻界联系，提供有价值的新闻资料，以扩大影响，增强展览会效果。该机构的工作内容包括：举办记者招待会，发布消息；邀请新闻界人士参加开幕式；尽可能多地在各类新闻媒介上及时报道开幕式及展览的相关消息，以期在展览会开始之前就扩大参展单位及整个展览会的影响；制订新闻发布计划；邀请新闻界人士采访、报道；撰写新闻稿，及时向社会传播有关展览会的各种信息。

8．培训工作人员

展览会的工作人员包括接待员、讲解员、操作演示员及其他有关人员等。理想的工作人员应具备三个条件：一要懂得展览项目的专业知识，能为观众提供专业咨询服务；二要善于交际、讲文明、懂礼貌，能得体地与各类观众交流；三要仪表端庄、大方。展览会的组织者应对所有工作人员进行必要的专业知识和礼仪知识培训。

9．精心准备纪念礼品

展览会，尤其是产品展示会，通常要为与会嘉宾准备纪念礼品。这些礼品既是实物广告，又是融洽关系的手段，因此宜选用具有宣传性、荣誉性和独特性的馈赠佳品。

10．做好安全保卫工作

在举办展览会前，必须依法履行常规报批手续。如果是重大的展览活动，主办单位就应主动将展览会的举办详情及时向当地公安部门通报，求得其理解、支持与合作，制定防损、防盗、防火、防水、防拥挤及处理突发事件的相关措施，并在展览会入口处或展览会的门券上将参观的具体注意事项正式成文列出，使工作人员和观众心中有数，以保证展览会安全进行。展览会主办单位的全体工作人员还应自觉树立良好的防灾、防盗、防火、防水、防破坏等安全意识，为展览会的安全进行竭尽所能。

9.4.3 展览会的礼仪要求

作为展览会的参与者，无论是哪种身份，都应展示自己良好的礼仪风貌。

1．展览会现场的礼仪要求

在布置展厅时，应贴出展厅的平面图，在入口处设置咨询台、签到处和意见登记处，同时准备好展览会会标和纪念品。宣传材料上要有参展单位的主要联络方式，如公关部门与销售部门的电话、传真及电子邮箱等。参展单位应突出自己展位的新颖性，在展板的设计、产品的摆放等外观设计上力求美观与创新相结合、主题与形式相结合，牢牢地抓住参观者的"眼球"。展品外观要完美，质量要上乘。在陈列上，既要整齐美观，又要讲究主次。在布置上，要兼顾突出主题与吸引观众的注意力。在展览会上向观众直接散发的资料，要印刷精美、图文并茂、资讯丰富，还要特别注意资料的呈现形式，须做到新颖、独特，使观众爱不释手。这些要根据企业的资金预算量力而行。

2．现场人员的礼仪要求

现场人员主要指展览会主办单位的工作人员、参展单位的工作人员和观众。在展览会上，现场人员都应遵守大会程序，时刻用礼仪规范来约束自己的言行，使展览会在友好、热烈的气氛中进行。

主办单位的工作人员要注意自己的形象，穿着要庄重，颜面要修饰，举止要文雅。其中，主持人的形象尤为重要。主持人应表现得庄重、诚恳、气派，使公众对其主持的展览会和展品产生信赖感。此外，还应搞好与各参展单位的关系，做好各项服务工作，不能随意改动既定的展期、展位、收费标准等。

一般情况下，参展单位的工作人员应当统一着装，最佳的选择是身穿本单位的统一制服，或者穿深色西装、套裙。在大型展览会上，若参展单位安排专人迎送客人，则最好请其身穿色彩鲜艳的单色旗袍，并身披写有参展单位或其主打展品名称的红色绶带。为了说明各自的身份，全体工作人员皆应在左胸佩戴标明本人单位、职务、姓名的胸卡。按照惯例，工作人员不应佩戴饰物，男士应当剃须，女士最好化淡妆。参展单位的工作人员除具备与产品有关的专业素质外，还要掌握展览知识和技能，礼貌地对待每位观众，让观众满意。

另外，参展单位的工作人员要本着热情、诚恳、公平的原则接待每位观众。当观众来到展位时，工作人员要主动与之打招呼，以示欢迎。对于观众提出的问题，要做到百问不烦、认真回答。当观众离开时，应主动与其道别。展览会期间，参展单位的工作人员要各尽其责。对于个别不遵守展览会规则，乱摸乱动展品的观众，要以礼相劝，必要时可请保安人员协助，避免与观众直接发生冲突。参展单位的讲解员在讲解时要注意语言流畅、吐字清晰、声音洪亮。对于介绍的内容要实事求是，并突出自己展品的特色，必要时还可做一些现场示范。讲解完毕，应对观众表达谢意。

展览会的观众要服从展览会的管理，遵守展览会的程序，与组织者共同维护展览会的声誉，做一个文明、守法的观众。

9.5 茶话会礼仪

与洽谈会、新闻发布会、展览会等商务性会议相比，茶话会社交色彩最浓重、商务色彩最淡薄。因此，有人将其称为"商界务虚会"。

9.5.1 茶话会的概念

所谓茶话会，在商界主要指意在联络老朋友、结交新朋友，具有对外联络和招待性质的社交性集会。在茶话会上，与会者可以不拘形式地自由发言，因备有茶点，故称为茶话会。表面上看，茶话会主要以茶待客、以茶会友，但是实际上，它的重点往往不在"茶"，而在"话"，即借此机会与社会各界沟通信息、交流观点、听取批评、增进联络，为本单位实现"内求团结、外求发展"的公关目标创造良好的外部环境。从这个意义上说，茶话会在所有商务性会议中并不是无足轻重的。

在商务交往中，茶话会礼仪的具体内容主要涉及明确主题、确定与会者、定好时间与地点、安排座次、准备茶点、确定基本程序和现场发言等几方面。

9.5.2 茶话会的准备工作

组织一次成功的茶话会，主要应完成以下几项工作。

1．明确主题

茶话会的主题特指茶话会的中心议题。一般情况下，商界茶话会根据其目的不同，可以大致分为以下几类。

（1）专题茶话会。专题茶话会是指在某个特定时刻或为了讨论某些专门问题而召开的茶话会。专题茶话会的主要内容是主办单位就某些专门问题收集大家的意见，听取某些专业人士的建议，或者同某些与本单位存在特定关系的人士进行对话。召开这类茶话会时，尽管主题既定，但仍须倡导与会者畅所欲言，并且不拘情面。为了使会议进行得轻松而活跃，有些时候，茶话会的专题允许宽泛一些，并且允许与会者的发言稍许跑题。

（2）联谊性茶话会。联谊性茶话会的主题是增进主办单位同应邀与会的社会各界人士的友谊。在这类茶话会上，宾主通过叙旧与答谢，往往可以相互增进了解，密切彼此之间的关系。此外，它还为与会的社会各界人士提供了一个扩大社交圈的良好契机。

（3）娱乐性茶话会。娱乐性茶话会主要指在茶话会上安排一些文娱节目或文娱活动，并以此作为茶话会的主要内容。这类茶话会的主要目的是活跃现场局面，营造热烈而喜庆的气氛，调动与会者人人参与的积极性。与联谊会不同的是，以娱乐为主题的茶话会安排的文娱节目或文娱活动，往往不需要事先进行专门安排与排练，而以现场的自由参加与即兴表演为主。它不是刻意追求表演者的一鸣惊人,而是强调重在参与、尽兴而已。商界人士在确定召开一次茶话会之后,一定要根据召开茶话会的不同目的而确定其主题,以保证茶话会成功举办。

2. 确定与会者

邀请哪些人士参加茶话会,往往与其主题存在直接关系。因此,主办单位在筹办茶话会时,必须围绕其主题邀请来宾,尤其是确定主要的与会者。

(1) 本单位内部人士。以本单位内部人士为主要与会者的茶话会,主要邀请本单位各方面的代表参加,意在沟通信息、通报情况、听取建议、嘉勉先进、总结工作。这类茶话会也可邀请本单位的全体员工或某部门、某阶层的人士参加。有时,这类茶话会也称内部茶话会。

(2) 本单位的顾问。以本单位的顾问为主要与会者的茶话会,意在表达对帮助本单位的各位专家、学者、教授的敬意。同时,特意邀请他们与会,既表达了对他们的尊敬与重视,也可以进一步直接向他们咨询,并听取他们的建议。

(3) 社会贤达。社会贤达是指在社会上拥有一定才能、德行与声望的各界人士。作为知名人士,他们不仅在社会上具有一定的影响力、号召力和社会威望,而且往往是某方面的代言人。以社会贤达为主要与会者的茶话会,可使本单位与社会贤达直接交流,加深他们对本单位的了解与好感,并且倾听社会各界人士对本单位的意见或反映。

(4) 合作伙伴。合作伙伴在此特指在商务活动中与本单位存在一定联系的单位或个人。除了自己的协作者,还应包括与本单位存在供、产、销等其他关系的人士。以合作伙伴为主要与会者的茶话会,重在向与会者表达谢意,加深彼此之间的理解与信任。

(5) 各方面人士。有些茶话会往往邀请各行各业各方面的人士参加。以各方面人士为主要与会者的茶话会,除了可供主办单位传递必要的信息,主要目的是为与会者创造一个扩大个人交际圈的社交机会。

茶话会的与会者名单一经确定,应立即以请柬的形式向对方提出正式邀请。按惯例,茶话会的请柬应在举办日的半个月之前送达或寄达被邀请者,但对方对此可以不必答复。

3. 定好时间

举行茶话会的时间主要涉及举行的时机、举行的具体时间和时长三个问题。

俗话说:"机不可失,时不再来。"举行茶话会的时机问题是头等重要的。一般来说,在辞旧迎新之时、周年庆典之际、重大决策前后、遭遇困难挫折之时等,都是商界单位酌情召开茶话会的良机。

根据国际惯例,举行茶话会最佳的时间是上午 10 点左右,或下午 4 点左右,以 1~2 小时为宜。在具体操作时,主要应以与会者尤其是主要与会者方便与否及当地人的生活习惯为准。

4. 定好地点

在选择举行茶话会的具体场地时,需兼顾与会人数、支出费用、周边环境、交通安全、服务质量、档次名声等问题。按惯例,适宜举行茶话会的场地主要有主办单位的会议厅、宾馆的多功能厅、主办单位负责人的私家庭院或露天花园及高档的营业性茶楼或茶室。通常认为，餐厅、歌厅、酒吧等场所不宜举办茶话会。

5．安排座次

从总体上说，在安排茶话会与会者的具体座次时，必须使之与茶话会的主题相适应。为了使与会者畅所欲言，并便于大家进行交际，茶话会上的尊卑座次安排一般不宜过于明显。通常，除主席台外不摆座签，允许自由活动。根据约定俗成的惯例，在安排茶话会与会者的具体座次时，主要采取以下四种办法。

（1）环绕式。环绕式排位即不设立主席台，而将座椅、沙发、茶几摆放在会场四周，不明确座次的主次尊卑，听任与会者入场后自由就座。这种安排座次的方式与茶话会的主题最相符，因而在茶话会中使用较多。

（2）圆桌式。圆桌式排位指的是在会场上摆放圆桌，请与会者在其周围自由就座。在茶话会上，圆桌式排位通常又分为两种具体的方式：一是仅在会场中央摆放一张大型的椭圆形会议桌，请全体与会者在其周围就座；二是在会场内摆放数张圆桌，请与会者自由组合，各自在其周围就座。当与会者人数较少时，可采用前者；而当与会者人数较多时，应采用后者。

（3）主席台式。在茶话会上，主席台式排位并不是在会场内摆放一目了然的主席台，而是在会场内，主持人、主人与主宾应被有意识地安排在一起就座，并且按照常规居于上座之处，如中央、前排、会标之下或面对正门之处。有时在数桌之中为主宾设立主桌。

（4）散座式。散座式排位多见于在室外举行的茶话会。它的座椅、沙发、茶几的摆放貌似散乱无序，可以四处自由组合，甚至可由与会者根据个人要求自行调节，随意安置。其目的就是创造一种宽松、舒适、惬意的社交环境。

茶话会的会场布置要尽量雅致一些，鲜花能够起到画龙点睛的作用。与庆功会、表彰会不同，茶话会会场应摆设淡雅、高贵的花，以天堂鸟、兰花、百合、文竹、非洲菊为宜，让与会者感觉清新、雅致。

6．准备茶点

茶话会有别于正式的宴会，不上主食，不安排品酒，只向与会者提供一些茶点。无论是主办单位还是被邀请者都应当明白，茶话会重"说"不重"吃"，因此没有必要在吃的方面过多下功夫。商务礼仪规定，在茶话会上，为与会者提供的茶点应当被定位为配角。虽说如此，在具体准备时，还需注意以下两点。

（1）茶叶和茶具。对于待客的茶叶与茶具，务必精心准备。在茶叶方面，应备有红茶、绿茶、花茶等品种，以照顾与会者的不同口味，如对中国人来说，绿茶老少皆宜，而对欧美人来说，红茶则更受欢迎。在力所能及的情况下，应尽力挑选上等品。在选择茶具时，最好选用陶瓷器皿，并且茶杯、茶碗、茶壶成套。所有茶具一定要清洗干净，并且完好无损。

（2）点心和水果。除主要供应茶水外，在茶话会上还可以为与会者准备一些瓜子、点心、水果、糖果或地方风味小吃。需要注意的是，在茶话会上向与会者提供的点心、水果或地方风味小吃，品种要对路，数量要充足，并且要便于取食。为此，还需准备擦手纸巾。按惯例，在茶话会举行之后，主办单位一般不再为与会者准备正餐。

9.5.3 茶话会的基本程序及礼仪要求

一般情况下，茶话会的基本程序主要有以下四项。

1．宣布茶话会正式开始

在宣布茶话会正式开始之前，主持人应当请与会者各就各位，并且保持安静。在正式开始之后，主持人还可对主要与会者略作介绍。

2．主办单位负责人讲话

主办单位负责人的讲话，应以阐明此次茶话会的主题为中心内容，还可以代表主办单位对全体与会者的到来表示欢迎与感谢，并且恳请大家今后一如既往地给予本单位更多的理解、更大的支持。

3．与会者发言

根据惯例，与会者的发言在任何情况下都是茶话会的重点。为了确保与会者在发言中直言不讳、畅所欲言，通常，主办单位不对发言者进行指定与排序，也不限制发言的具体时间，提倡与会者自由进行即兴式发言。有时，与会者在同一次茶话会上还可以数次发言，以不断补充、完善自己的见解、主张。

与会者在茶话会上发言时，应该得体。在要求发言时，可举手示意（但同时要注意谦让，不要与人争抢）；在发言过程中，无论谈论何事，都要语速适中、口齿清晰、神态自然、用语文明。肯定成绩时，一定要实事求是；提出批评时，态度要友善。与其他发言者意见不合时，要注意"兼听则明"，并且一定要保持风度。

4．茶话会结束

在茶话会结束之前，主持人可略作总结，随后即可宣布茶话会到此结束并散会。

在茶话会上，主持人所起的作用除了掌控、主持会议，更重要的是能够在现场审时度势，因势利导地引导与会者发言，并且控制会议全局。在众人争相发言时，应由主持人决定谁先谁后。当无人发言时，应由主持人引出新的话题，或者邀请某位人士发言。当与会者之间发生争执时，应由主持人出面劝阻。在每位与会者发言之前，可由主持人对其略作介绍。在与会者发言前后，应由主持人带头鼓掌致意。万一有人发言严重跑题或言辞不当，还应由主持人出面转换话题。

知识测试与技能训练

1．知识测试

（1）简述洽谈会的基本程序及礼仪要求。
（2）简述新闻发布会的基本程序及礼仪要求。
（3）简述赞助会的基本程序及礼仪要求。
（4）简述展览会的礼仪要求。
（5）简述茶话会的基本程序及礼仪要求。

2. 技能训练

项目1　新闻发布会

情景设定：在某次班会上，让同学们在30分钟内通过扮演不同角色（主持人、发言人、记者等），熟悉新闻发布会的礼仪，激发学习商务会议礼仪的兴趣。

训练目标：提升口头与文字表达能力、信息整合能力，培养公关礼仪意识。

训练方法：随机抽选20位同学上台，其中两人分别充当主持人、发言人，其余同学充当记者，就某个主题举行发布会。然后由老师引导全班同学分析总结同学提问、应答、主持过程的优缺点及需要改进的方面。

测评要点：表述逻辑清楚、有条理，用语规范、不粗俗；普通话标准、规范，声音洪亮、清晰；举止优雅、端庄，表情自然、亲和，礼仪规范、应景，能够引起共鸣。

项目2　案例分析

（1）某市在文化节期间举办了为期三天的本地名优土特产品展览会。第三天上午，由于观众较少，百无聊赖的某参展单位工作人员竟脚搭展台、头枕椅背地进入了梦乡，阵阵鼾声引得不少观众摇头叹息。

分析思考：如果你是该单位负责人，看到此情此景，你会怎么做？如果你是参展单位工作人员，当观众很少时，你会怎么做？

（2）王先生是一家企业的总经理，为了寻求企业发展，正在准备与德国一家跨国公司洽谈合资问题。洽谈会这一天，为了给对方留下良好的印象，达到合作成功的目的，王先生刻意为自己进行了一番形象设计。他根据自己对时尚的理解，上身穿中国人喜爱的、能给人带来自信的红色夹克衫，下身穿牛仔裤，足蹬休闲旅游鞋。无疑，他希望能留给对方年轻有为、时尚新潮的印象。在双方见面相互握手时，王先生将左手潇洒地斜插在夹克衫的口袋里，只伸出右手与对方轻握了一下。不久，洽谈会就在冷淡的气氛中结束了。

分析思考：请你想一想，问题出在哪里？

第 10 章 商务仪式礼仪

学习目标

知识目标：了解商务仪式的主要种类；熟悉各种仪式的基本程序及礼仪要求；掌握各种仪式的准备工作。

能力目标：能在商务仪式活动中成功运用所学礼仪知识。

素养目标：在养成日常商务礼仪习惯的同时，提升个人在各类商务仪式中的专业素养。

任务驱动

孔子创立的儒家思想是中国传统文化的核心内容。为了大力弘扬中华民族传统文化，令古老的思想与现代教育理念互相辉映，让孔子这位精神伟人与师生时刻为伴，你们学校计划于孔子诞辰日（公历 9 月 28 日），为教学主楼广场新落成的孔子铜像举行揭幕仪式。为了增加本校学生实践锻炼机会，校长决定，在专业教师指导下，筹划、组织、接待、礼仪等人员均从本校学生中选择。请你为这次揭幕仪式策划详尽、可行、高效、理想的实施方案。

10.1 签约仪式礼仪

我国法律规定，一般只有当事人达成书面协议并签字时，合同才能宣告成立。为了体现合同的严肃性，表示各方共同遵守合同的诚心，同时为了扩大双方的社会影响，在签署重要合同时，一般都会郑重其事地举行签约仪式。

10.1.1 签约仪式的概念

签约，即协议或合同的签署。签约仪式是指在商务活动中，有关各方经过协商、谈判，就彼此之间进行商务活动、商品交易或解决某种争端达成协议或订立合同后，由各方代表正式在有关的协议或合同上签字的一种庄严而又隆重的仪式。签约仪式虽然时间短暂，但程序应规范认真，气氛应庄严肃穆，仪式应隆重热烈。签约仪式由准备和签字两个阶段组成。

10.1.2 签约仪式的准备工作

1．拟订待签合同文本

举行签约仪式时，文本一旦签字，就具有法律效力。因此，所准备的文本必须是正式规范且符合要求的。待签合同文本的准备由举行签约仪式的主方与有关各方指定的专人共同负责，主要审查文本的文字措辞，完成待签文本的定稿、翻译、校对、印刷、装订和盖印等工作。在准备文本的过程中，除了要核对谈判协议条款与合同文本的一致性，还要核对各种批件、证明等是否齐备，是否与合同相符等。按照常规，主方应为在文本上签字的有关各方均提供一份待签文本，必要时，还应为各方提供一份副本。审核中如发现问题要及时通报，通过再次谈判达成谅解和一致，如有必要还应调整签约时间。

签署国际商务合同时，依照国际惯例，待签文本同时使用宾主各方的官方语言，或使用国际上通用的英文和法文。此外，可同时并用有关各方的官方语言与英文或法文。待签文本应用高档、精美的白纸印刷，按大8开的规格装订成册，并用真皮、仿皮、软本等高档质料作为封面，以示郑重。

2．确定各方签约人员

签约仪式举行之前，有关各方应事先确定好参加签约仪式的人员，并向有关方面通报。尤其是客方，应将出席签约仪式的人数提前通报给主方，以便主方做好安排。一般来说，参加签约仪式的人员基本上是各方参加会谈的全体成员，各方出席的人数应大体相近。主签人的身份随文件性质的不同而不同，但无论怎样，各方主签人的身份、职位都应大致相当。参加签约仪式的各方事先还要安排一名熟悉仪式程序的助签人，签字时给文本翻页，并指明签字处，防止漏签。为了表示重视，各方常邀请更高一级的领导人出席签约仪式。

3．选择并布置签约厅

签约现场可以是常设的专用签约厅，也可以临时以会议厅、会客室代替。布置签约厅的原则是庄重、整洁、清净。地上可铺设地毯。

在签署双边合同时，我国举行的签约仪式，一般在签约厅内放置一张长方形桌作为签字桌。签字桌的上空可悬挂横幅，写有"××××（项目）签约仪式"字样。桌面覆盖深绿色桌布，桌后放两把椅子，为双方签字人员座位，客方签字人在签字桌右侧就座，主方签字人在签字桌左侧就座。座位前摆放各自保存的文本，上端分别放置签字文具（钢笔、吸水纸等），中间摆一旗架，悬挂签字双方的国旗。各方的助签人应分别站立于己方签字人的外侧，以便随时为签字人提供帮助。双方其他随员依照职位高低，依次列成一行，站立于己方签字人的身后。当一行站不完时，可以按照"前高后低"的惯例，排成两行、三行或四行，当然也可以按照一定的顺序在己方签字人的身后就座，如图10-1所示。原则上，双方随员人数应大体相近。

需要说明的是，各国举行签约仪式的安排不尽相同。有些国家安排的签约仪式，以两张方桌为签字桌，双方签字人员各坐一桌，双方的国旗分别悬挂在各自的签字桌上，参加仪式的人员坐在签字桌的对面，如图10-2所示。

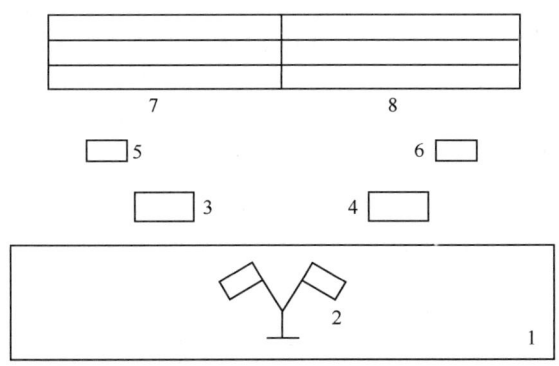

注：1—签字桌；2—双方国旗；3—客方签字人；4—主方签字人；5—客方助签人；6—主方助签人；
7—客方参加签约仪式人员；8—主方参加签约仪式人员。

图 10-1　我国举行的双边合同签约仪式的会场布置

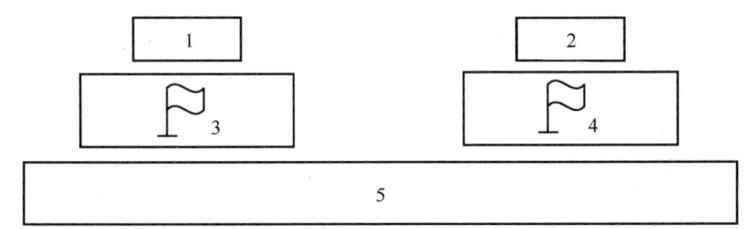

注：1—客方签字人；2—主方签字人；3—客方国旗；4—主方国旗；5—参加签约仪式人员。

图 10-2　他国举行的双边合同签约仪式的会场布置

在签署多边合同时，一般仅设一个签字座位。座位前摆放各自保存的文本，上端分别放置签字文具（钢笔、吸水纸等）。签署国际合同时，须在各方签字人正前方的签字桌上悬挂其国旗。各方签字人签字时，须依照有关各方事先同意的先后顺序，依次上前就座签字，他们的助签人则应随之一同行动，并站立于签字人的左侧。同时，有关各方的随员应按照一定的序列面对签字桌就座或站立。

> **案例 10-1**
>
> ### 签约仪式的座次
>
> 小李代表本公司同美国一家跨国公司谈妥了一笔大生意，双方达成一致意见后，决定正式为此举行一次签约仪式。小李派工作人员准备签约仪式。工作人员准备了签字桌、双方国旗等，并按照"以左为上"的做法把美方国旗放在签字桌的左侧，将中方国旗放在签字桌的右侧。当美方代表团来到签约场地时，看到这样的场景，立即拂袖而去，即将达成的合作就此流产。
>
> **案例解析**：遵照国际惯例，座次"以右为尊"，中国公司是主方，为了表达对客方的尊重和重视，要将客方安排在右侧。

4．确定签约人员的着装

按照惯例，签字人、助签人及随员在出席签约仪式时，男士应当穿具有礼服性质的深色西装套装、中山装套装，女士可穿西装套裙，并且搭配白色衬衫与深色皮鞋。男士还必须系上单色领带，以示正规。签约仪式的礼仪人员、接待人员，可以穿自己的工作制服或旗袍一类的礼仪性服装。

10.1.3 签约仪式的基本程序及礼仪要求

签约仪式有一定的基本程序和礼仪要求，商务人员可在常规顺序和内容的基础上设置流程模板，并根据实际情况灵活运用。

1. 入座

签约仪式正式开始，参加签约仪式的有关人员进入签约厅后，根据既定的座次各就各位。

2. 签约

签字人正式签署合同文本。助签人分别站立在签字人左边，协助翻开文本，指明签字的地方。按国际惯例，应采取轮换制，即签字人首先签署己方保存的合同文本，而且签在左边首位处，这样使各方都有机会居于首位一次，以示各方平等、机会均等。然后由助签人互相交换文本，再签署他方保存的文本。助签人在旁用吸水纸按压签字部分。

3. 交换合同文本

签字完毕，各方签字人起立，交换已经由有关各方正式签署的文本。各方签字人应相互握手，并相互交换各自刚才使用过的签字笔，以示纪念。其他随员鼓掌祝贺。

4. 举杯庆贺

由礼仪人员端上香槟酒，供出席签约仪式的人员举杯庆贺。

5. 合影留念

可以合影留念。这样既可增添喜庆色彩，也可祝贺签约仪式圆满成功。

6. 退场

签约仪式完毕后，应先请各方地位最高者退场，然后请客方退场，主方最后退场。整个仪式以半小时为宜。一般情况下，商务合同在正式签署后，还应提交有关方面进行公证，这样才能正式生效。

课内实训 10-1

2023 年 10 月 25 日 14:00，A 公司携手世界八大顶级品牌战略合作签约仪式在 A 公司的销售中心盛大举行。A 公司携手世界顶级品牌，以签约仪式为线，呈现 A 公司精致典雅的内在品质，与各界名流共同见证这一历史时刻。签约仪式流程如下。

14:00 音乐暖场，嘉宾签到，新闻记者采访品牌代表
14:30 开场表演
14:35 主持人致辞，介绍来宾
14:40 项目领导讲话，播放项目介绍短片
14:50 品牌合作签约仪式

第一组：厨浴系统品牌代表签约
第二组：厨电系统品牌代表签约
中场表演
第三组：智能系统品牌代表签约
签约方式：以组为单位依次上台签约
签约流程：播放品牌介绍短片，品牌代表上台签约，分别留下手印
中场表演
15:20 A 公司 Logo 点亮仪式
15:40 嘉宾祝酒，酒会开始
17:30 活动结束

请根据签约仪式的相关知识，对 A 公司举办的签约仪式流程提出自己的见解和看法。

10.2 开业仪式礼仪

开业仪式是企业宣传自己、扩大传播范围、增强社会影响力、强化本企业全体员工的自豪感与责任心、树立良好的企业形象，从而吸引顾客、使生意兴隆的重要途径，一向受到企业的高度重视。

10.2.1 开业仪式的概念

开业仪式是指当某单位创建、开业，或者本单位经营的某项目或工程完工、落成移交，以及开始某项活动或某项工作时，为表示庆贺或纪念，经过精心策划而按照一定程序隆重举行的专门仪式。

商界的开业仪式是一个统称，在不同的场合可能使用其他名称，如开幕仪式、开工仪式、奠基仪式、破土仪式、竣工仪式、下水仪式、通车和通航仪式等。它们的共性是严格按照仪式礼仪的规范举办，热烈而隆重。

10.2.2 开业仪式的准备工作

凡事预则立，不预则废。开业仪式是企业第一次在公众前"亮相"的机会，想要留下好的第一印象，就要在开业仪式前的准备工作上下足功夫。

1. 策划开业仪式

在策划开业仪式之前，先要成立相关的临时机构，如开业仪式领导组、工作组、后勤保障组、公关宣传组、礼仪接待组等，随后要重点进行开业仪式方案的策划。开业仪式方案应主题明确、短小有力、形象鲜明，保证开业仪式能够有效实现企业提高知名度、美誉度及树立企业形象的目标。

2. 策划舆论宣传

举办开业仪式的主旨在于塑造本企业的良好形象，取得社会效益，因此就要进行必不

可少的舆论宣传，以吸引社会各界的关注，争取社会公众的认可。可利用报纸、广播、电视及互联网等发布广告或告示，以引起公众的注意。这些广告或告示的内容一般包括开业仪式举行的日期、地点，企业的经营范围、经营特色，开业的优惠情况和馈赠，乘车路线等。广告或告示的设计应美观、大方，富有特色。开业广告或告示一般宜在开业前3～5天内发布。企业还可邀请一些新闻界人士，在开业仪式举行时到场采访、报道，予以正面宣传。

3．约请来宾

开业仪式的影响力，在很大程度上与参加仪式的主要宾客的身份、职能部门的范围和参加仪式的人数有直接关系。一般来说，参加开业仪式的人员应包括以下几种。

（1）地方领导、上级主管部门与地方职能管理部门的领导。邀请他们参加的目的是感谢他们给予本企业的关心和支持。

（2）合作单位与同行单位代表。邀请他们参加的目的是表明希望彼此合作的意愿和促进本行业共同发展的愿望。

（3）社会名流。通过名人效应，可以更好地提升本企业知名度。

（4）新闻界人士。通过他们公正的报道，加深社会公众对本企业的了解和认同，进一步扩大本企业的社会影响。

（5）社区负责人。通过他们搞好本企业与本地区的关系，让更多的人关心、支持本企业的发展。

（6）社会团体负责人。通过他们与社会团体成员进行沟通，使他们理解和支持本企业。

为体现对来宾的尊重，请柬应认真书写，并装入精美的信封，由专人（员工或邮局）提前（一周左右）送到被邀者手中。出于诚恳和尊重，重要宾客应由开业企业的主要负责人亲自登门邀请，以便被邀者早做安排。请柬要精美、大方，其形状和大小要根据请柬的内容来决定。内容要完整，文字要精练，措辞要热情。被邀者的姓名要书写工整，不能潦草马虎。

4．布置开业仪式场地

开业仪式场地多在开业现场，如正门外的广场或正门内的大厅，也可以租用场地。需要注意的是，开业仪式的场地选择不能妨碍交通，音响设备的调试以不制造噪声为宜，否则会影响开业仪式的效果，甚至破坏本企业的形象。

举行开业仪式时宾主一般一律站立，故一般不设主席台和座椅。为了烘托热烈、隆重、喜庆的气氛，在贵宾站立处铺设红色地毯，并在场地悬挂如"××商场开业仪式""××公司隆重开业""××奠基仪式"等横幅，凸显仪式主题，两侧醒目之处布置一些来宾送的贺匾、花篮，会场四周还可以张灯结彩，悬挂彩灯、气球等。在适当位置放好签到簿、本企业的宣传材料、待客的饮料等。开业仪式举行时需使用的设备，如音响、摄影、摄像设备等，必须事先认真进行检查、调试，以确保开业仪式顺利进行。

课内实训10-2

吉祥商场开业时，在商场门口举行了盛大的开业仪式。主持人刚要讲话，话筒便掉到地上摔坏了。更换话筒后，仪式刚刚重新开始，又下起了大雨，活动只好移到商场内举行。总经理致辞未毕,又突然停电了。整个商场一片昏暗混乱,一场隆重的庆典简直变成了"闹剧"。请思考,这次开业仪式失败的原因是什么?如果由你负责策划这次开业仪式,你会如何避免类似的事件发生?

5．安排来宾接待

在开业仪式现场,除了要求本企业的全体员工在来宾面前都要以主人翁的身份热情待客、主动相助,更重要的是合理分工、各尽其职。一定要有专人负责来宾的接待服务工作,主要负责来宾的迎送、引导、陪同、招待等,一般由年轻、精干、身材和相貌好的男女青年承担。接待贵宾须由本企业主要负责人亲自出面。若来宾较多,则需为来宾准备好专用的停车场、休息室,并应为其安排饮食。搞好接待服务工作,可以使来宾感受到主方的尊重和敬意,给来宾留下深刻的印象。

6．策划馈赠礼品

举行开业仪式时馈赠来宾的礼品,一般应具有以下四大特征。

(1)宣传性。可选用印有企业标志、地址、电话、网址、广告用语或经营范围等标示的本企业产品,也可在礼品袋内装入本企业简介或主打产品介绍等材料。

(2)荣誉性。礼品要具有一定的纪念意义,并且使拥有者对其珍惜、重视,并为之感到光荣和自豪。

(3)独特性。礼品应当与众不同,具有本企业的鲜明特色,使人一目了然,并且可以令人过目不忘。

(4)便携性。一般来说,开业仪式中馈赠的礼品应当体积较小、不易破损,并且易于携带。

10.2.3 开业仪式的基本程序及礼仪要求

根据不同的行业和性质,开业仪式的基本程序和礼仪要求也有所不同。

1．开幕仪式

开幕仪式是指公司、企业、宾馆、商店、银行正式营业之前,或各类商品的展示会、博览会、订货会正式开始之前,正式举行的相关仪式。开幕仪式举行之后,公司、企业、宾馆、商店、银行将正式营业,有关商品的展示会、博览会、订货会将正式接待客户与观众。其基本程序如下。

(1)仪式开始,全体肃立,介绍来宾。

(2)请专人揭幕。开幕仪式中最具特色的环节是邀请专人揭幕。揭幕的具体做法是:揭幕人行至彩幕前站立,礼仪小姐双手将开启彩幕的彩索递交对方,揭幕人目视彩幕,双手拉彩索,令其展开彩幕。全场目视彩幕,鼓掌并奏乐。

(3)在主办方的引导下,来宾依次进入幕门。

(4)来宾祝贺。

(5)主办方答谢。

(6)主办方陪同来宾参观,开始正式接待客户与观众,对外营业或展览开始。

2. 开工仪式

开工仪式，即工厂准备正式开始生产产品、矿山准备正式开采矿石时，专门举行的庆祝性、纪念性活动。开工仪式大都讲究在生产现场举行，即以工厂的主要生产车间、矿山的主要矿井等处作为举行开工仪式的场所。要将现场打扫干净。除司仪人员按惯例穿礼仪性服装外，主办方的全体员工均应穿干净而整洁的工作服出席仪式。可以在仪式简短而精练的前提下准备一些彩带、鲜花和标语等。其基本程序如下。

（1）仪式开始，全体肃立，介绍来宾，奏乐。

（2）在司仪的引导下，本单位的主要负责人陪同来宾行至开工现场机器开关或电闸旁。大家肃立，不得随意走动。

（3）宣布正式开工。具体做法是：请员工代表或来宾代表来到机器开关或电闸旁，然后动手启动机器或合上电闸。此刻，全体人员应鼓掌祝贺，并奏乐。

（4）全体员工各就各位，上岗操作。

（5）正式开工后，由本单位负责人带领全体来宾参观生产现场。

3. 奠基仪式

奠基仪式通常是一些重要的建筑物，如大厦、场馆、亭台、楼阁、园林、纪念碑等动工修建之初正式举行的仪式。奠基仪式举行的地点，一般应选择动工修建建筑物的施工现场。而奠基的具体地点则应按常规选择建筑物正门右侧的某处。依照惯例，用来奠基的奠基石应为一块完整无损、外观精美的长方形石料。奠基石上的文字应当以楷体字竖写，最好是白底金字或黑字。右上方应刻有建筑物的正式名称；正中央应刻有"奠基"两个大字；左下方应刻有奠基单位的全称及举行奠基仪式的具体年、月、日。在奠基石的下方或一侧，还应安放一个密闭完好的铁盒，内装该建筑物的各项资料及奠基人的姓名。届时，它将同奠基石一同被奠基人等培土掩埋于地下，以示纪念。通常，奠基仪式现场应设立彩棚，安放该建筑物的模型或设计图、效果图，并使各种建筑机械就位待命。其基本程序如下。

（1）仪式开始，介绍来宾，全体肃立。

（2）奏国歌。

（3）主办方对该建筑物的功能及规划设计进行简介。

（4）来宾致辞祝贺。

（5）正式奠基。这是奠基仪式中最重要的步骤。此时应锣鼓喧天，或演奏喜庆乐曲。先由奠基人双手持握系有红绸的新锹为奠基石培土，再由主办方与其他来宾依次为之培土，直至将其埋没。

4. 破土仪式

破土仪式也称破土动工，是指在道路、河道、水库、桥梁、电站、厂房、机场、码头、车站等正式开工之际为此专门举行的动工仪式。破土仪式举行的地点，一般应选择工地的中央或一侧。举行仪式前，要认真地清扫、平整、装饰现场，防止出现道路坎坷泥泞、飞沙走石或蚊蝇扑面的状况。在现场附近可临时搭建一些供休息的帐篷或活动房屋，使来宾稍事休息，免受风吹、日晒、雨淋。其基本程序如下。

（1）仪式开始，介绍来宾，全体肃立。

（2）奏国歌。
（3）主办方致辞，发言要点为介绍与感谢。
（4）来宾致辞祝贺。
（5）正式破土动工。首先，参加者在破土处周围肃立，并且目视破土者，以示尊重；其次，破土者需双手执系有红绸的新锹垦土三次，以示良好的开端；最后，全体参加者一起鼓掌，并演奏喜庆音乐，或燃放鞭炮。

一般来说，奠基仪式与破土仪式在具体程序方面大同小异，而其适用范围也大体相近。因此，这两种仪式不宜同时在一处举行。

5．竣工仪式

竣工仪式又称落成仪式或建成仪式，是指本单位所属的某建筑物或某项设施的建设、安装工作完成之后，或者某纪念性、标志性建筑物——纪念碑、纪念塔、纪念堂、纪念像、纪念雕塑等建成之后，以及某种意义特别重大的产品生产成功之后，专门举行的庆祝活动。举行竣工仪式的地点一般应以现场为第一选择，如新建成的厂区之内、新落成的建筑物之外，以及刚刚建成的纪念碑、纪念塔、纪念堂、纪念像、纪念雕塑旁边。需要注意的是，在举行竣工仪式时，全体参加者的情绪应与仪式的具体内容相适应。例如，在庆贺工厂、大厦落成或重要产品生产成功时，应当表现得欢快而喜悦；在庆祝纪念碑、纪念塔、纪念堂、纪念像、纪念雕塑建成时，则需表现得庄严而肃穆。其基本程序如下。

（1）仪式开始，介绍来宾。
（2）全体肃立，奏国歌，并演奏本单位标志性歌曲。
（3）本单位负责人讲话，内容应为介绍、回顾与感谢。
（4）剪彩或揭幕。
（5）向刚刚完工的或建成的建筑物行注目礼。
（6）来宾致辞。
（7）进行参观。

6．下水仪式

下水仪式是指新船造成首次下水时专门举行的仪式。准确地说，下水仪式是造船厂在吨位较大的轮船建造完成、验收完毕、交付使用之际，为其正式下水起航而特意举行的庆祝活动。

按照国际通行的做法，下水仪式基本都是在新船码头上举行的。船坞门口与干道两侧应用彩旗、彩带等进行一定程度的美化和修饰。新船所在的码头附近，还应设置专供来宾观礼或休息的彩棚。下水仪式的主角——新船，也需认真装扮。一般应在船头扎上由红绸结成的大红花，并且在新船的两侧船舷扎上彩旗，系上彩带。其基本程序如下。

（1）仪式开始，介绍来宾，全体起立，乐队奏乐或锣鼓齐鸣。
（2）全体肃立，奏国歌。
（3）本单位负责人讲话，简介新船的吨位、马力、长度、高度、吃水、载重、用途、工价等基本状况。
（4）特邀掷瓶人行掷瓶礼，然后砍断缆绳，新船正式下水。行掷瓶礼的做法是：由身着礼服的特邀嘉宾双手持一瓶正宗的香槟酒，用力将瓶身向新船的船头投掷，瓶破之后酒香四溢，酒沫飞溅。在嘉宾掷瓶以后，全体参加者需面向新船行注目礼，并热烈鼓掌。此时，还可在现场奏乐或锣鼓齐鸣，放气球，放飞信鸽，并且在新船上撒彩花和彩带。

（5）来宾致辞祝贺。

7．通车和通航仪式

通车仪式一般是在重要的交通建筑完工并验收合格之后正式举行的启用仪式。例如，公路、铁路、地铁及重要的桥梁、隧道等在正式交付使用之前，均会举行通车仪式。通航仪式又称首航仪式，指的是飞机或轮船在正式开通某条新航线之际正式举行的庆祝活动。有时，通车和通航仪式又叫开通仪式。

举行通车仪式的地点通常为公路、铁路、地铁新线路的某端或新建桥梁的某端，或者新建隧道的某侧。举行通航仪式的地点则应为机场或码头。在现场附近及沿线两旁，应当适量插上彩旗、挂上彩带。在通车、通航仪式上，装饰的重点应当是进行"处女航"的汽车、火车、地铁列车、轮船或飞机。在这些交通工具上，一般应系上红花，也可酌情插上彩旗，系上彩带，并且悬挂醒目的大幅宣传性标语。其基本程序如下。

（1）仪式开始，介绍来宾，全体起立。

（2）奏国歌。

（3）本单位负责人讲话，主要内容应为介绍即将通车的新线路、新桥梁或新隧道的基本情况，并向有关方面谨致谢意。

（4）来宾致辞祝贺。

（5）正式剪彩。

（6）首次正式通行车辆。届时，宾主及群众代表应一起登车而行。主办方乘坐的车辆往往行进在最前方开路。

一般来说，除了主角为飞机或轮船，在其他方面，尤其是具体程序上，通航仪式往往与通车仪式大同小异。实际操作时，一般均可参照通车仪式的具体步骤进行。

8．开业仪式的礼仪要求

无论哪种形式的开业仪式，主办方和宾客都要注意形象礼仪问题。

（1）开业仪式主办方的礼仪。

① 守时。如果仪式的起止时间已经公布，主办方就应准时开始、准时结束。出席本单位开业仪式的每位员工都应严格遵守时间，不得迟到、无故缺席或中途退场。

② 注重形象。所有出席本单位开业仪式的员工，事前都要做适当修饰，有条件的单位最好穿统一式样的服装。在整个仪式过程中，主办方人员不得嬉笑打闹，不得做与仪式无关的事，如玩手机、交头接耳、打瞌睡等。不要东张西望，一再看时间，表现得心不在焉。

③ 礼貌待客。遇到来宾要主动、热情地问好，对来宾提出的问题应予以友善的答复。当来宾发表贺词后，应主动鼓掌表示感谢。请柬应按时发放，不得遗漏。席位的安排要讲究，一般按身份与职务高低确定主席台座次及贵宾席位，还应为来宾准备好迎送车辆等。

（2）开业仪式宾客的礼仪。

开业仪式的宾客也要注意自己的礼仪。要准时参加开业仪式，如有特殊情况不能到场，应及早通知主办方。

在参加开业仪式时，可送些贺礼，如花篮、镜匾、楹联等，以表示对开业方的祝贺，并在贺礼上写明祝贺对象、祝贺缘由、贺词及祝贺单位。见到主办方负责人应向其表示祝贺，并说一些祝顺利、兴旺的吉利话。入座后应礼貌地与邻座打招呼，可通过自我介绍、互换名片等方式结识更多的朋友。在仪式上致贺词时，要简短精练，而且要表现得沉着冷静、心平气和，使用文明用语。在仪式过程中，宾客要根据进展情况做一些礼节性的附和，如鼓掌、跟随参观、写留言等。仪式结束后，宾客离开时应与主办方领导、主持人、服务人员等握手告别，并致谢意。

10.3　剪彩仪式礼仪

一般来说，在各种各样的开业仪式中，剪彩都是一项极其重要的、不可或缺的程序。尽管它也可以单独使用，但在更多的时候是附属于开业仪式的。剪彩仪式基本形成了既定的惯例、规则，其具体程序也有一定规范的要求，即剪彩礼仪。

10.3.1　剪彩仪式的概念

商界中的剪彩仪式是指企业为了庆贺本企业的设立或开业、展销会或博览会的开幕、大型建筑物的落成、道路或航线的开通等举行的礼仪性庆贺活动。它约请专人使用剪刀剪断被称为"彩"的红色缎带，故被人们称为剪彩。剪彩仪式的目的和其他仪式一样，也是树立本企业良好的形象，引起社会各界的关注。

> 📖 知识拓展
> 剪彩仪式的由来

10.3.2　剪彩仪式的准备工作

剪彩仪式的礼仪与开业仪式有相同之处，但是由于剪彩的独特性，还要特别强调剪彩物品的准备和剪彩人员的确定。下面详细介绍这两方面的准备工作。

1．剪彩物品的准备

（1）红色缎带。红色缎带即剪彩仪式中的"彩"，是非常重要的物品。按照传统做法，它应当使用一整匹未用过的红色绸缎，在中间扎上数朵大而醒目的红花。现在为了节约，一般使用长度为两米左右的细窄的红色缎带，或者以红布条、红线绳、红纸条作为变通。通常，红色绸缎上红花的具体数目视现场剪彩者人数而定，红花的数目一般比现场剪彩者的人数多一个，这样可使每位剪彩者总是处于两朵红花之间，显得正式。若红花的数目较现场剪彩者的人数少一个，则仪式不同于常规，颇有新意。

（2）新剪刀。新剪刀是专供剪彩者在剪彩时使用的，必须每位剪彩者人手一把，而且必须是崭新、锋利且顺手的。在剪彩前要逐一检查剪刀看其是否好用，以确保剪彩者在正式剪彩时能"一剪而断"。在剪彩仪式结束后，主办方可将每位剪彩者使用过的剪刀包装好，送给剪彩者。

（3）白色薄纱手套。白色薄纱手套是专门提供给剪彩者在正式剪彩时戴的，以示郑重。要确保手套干净整洁，做到数量充足、大小适度。有时也可不准备白色薄纱手套。

（4）托盘。托盘在剪彩仪式上是托在礼仪小姐手中的，盛放红色缎带、新剪刀、白色薄纱手套，最好是崭新、洁净的，通常首选银色不锈钢制品。为了正规，可在使用时铺上红色绒布或绸布。在剪彩时，礼仪小姐可以用一只托盘依次向各位剪彩者提供剪刀和手套，也可以为每位剪彩者各提供一只托盘。

（5）红色地毯。红色地毯主要铺设在剪彩者正式剪彩时所站之处，其长度可视剪彩者人数而定，宽度不应短于一米。在剪彩现场铺设红色地毯，主要目的是提升仪式档次，营造一种喜庆的气氛。有时也可以不铺设红色地毯。

2．剪彩人员的确定

除主持人外，剪彩人员主要包括剪彩者与助剪者。

（1）剪彩者。剪彩者即在剪彩仪式上持剪刀剪彩之人。根据惯例，剪彩者可以是一个人，也可以是几个人，但是一般不应多于五人。剪彩仪式档次的高低往往同剪彩者的身份密切相关。通常，剪彩者多由上级领导、合作伙伴、社会名流、员工代表或客户代表担任。必须在剪彩仪式正式举行之前确定剪彩者名单。名单一经确定，即应尽早告知对方，使其有所准备。一般情况下，确定剪彩者时，必须尊重对方的个人意见，切忌勉强对方。当安排多人同时担任剪彩者时，应分别告知每位剪彩者届时将与何人同担此任。这样做是对剪彩者的一种尊重。必要时，可在剪彩仪式举行前将剪彩者集中在一起，告知对方有关的注意事项，并稍加训练。按照常规，剪彩者应穿套装、套裙或制服，将头发梳理整齐。剪彩者要仪态端庄、精神饱满，给人稳健、干练的印象。

（2）助剪者。为了增强喜庆气氛，可以安排礼仪小姐参加仪式，即助剪者。她们在剪彩者剪彩的一系列过程中从旁协助，承担着剪彩时扯缎带、递剪刀、接红花等重要任务。礼仪小姐可以从本企业内部挑选，也可以从公关、旅游、宾馆、文艺等单位聘请。礼仪小姐一般要求仪容、仪表、仪态文雅庄重，音色甜美、反应敏捷、机智灵活、善于交际。礼仪小姐的衣着打扮必须尽可能地统一，最佳装束为：淡妆盘发，穿款式、面料、色彩统一的单色旗袍或深色和单色套裙，配肉色连裤丝袜、黑色高跟皮鞋。除戒指、耳环或耳钉外，不佩戴其他任何饰物。人员确定以后，要进行必要的分工和演练。在剪彩仪式上服务的助剪者一般分为迎宾者、引导者、服务者、拉彩者、捧花者和托盘者。礼仪小姐的具体分工如表10-1所示。

表10-1　礼仪小姐的具体分工

岗　位	分　工	
迎宾者	在活动现场负责迎来送往	多人
引导者	负责带领剪彩者登台或来到现场	可以是一人，也可为每位剪彩者各配一人
服务者	为来宾尤其是剪彩者提供饮料，安排休息之处	多人
拉彩者	在剪彩时展开并拉直红色缎带	通常为两人
捧花者	在剪彩时手托红花	视红花数目而定，一般为一花一人
托盘者	为剪彩者提供剪刀、手套等剪彩用品	可以是一人，也可为每位剪彩者各配一人

注：礼仪小姐在某些时候可身兼数职。

10.3.3　剪彩仪式的基本程序及礼仪要求

按照惯例，剪彩既可以是开业仪式中的一项具体程序，也可以独立出来。剪彩仪式时间宜紧凑，忌拖沓，短则十几分钟，长则不宜超过一小时。

在剪彩仪式上，通常只为剪彩者、来宾和本单位负责人安排坐席。在剪彩仪式开始前，应安排大家在已排好次序的座位上就座。一般情况下，剪彩者应就座于前排。若剪彩者为多人，则应使之按照剪彩时的具体顺序就座，即主剪者居于中间，距主剪者越远，位次越低，且右侧位次高于左侧。剪彩仪式的基本程序如下。

（1）宣布仪式正式开始。在主持人宣布仪式开始后，乐队应演奏音乐，现场可燃放鞭炮，全体参加者应热烈鼓掌。此后，主持人应向全体参加者介绍重要来宾。

（2）奏国歌。此时需全场起立。必要时，可随后演奏本单位标志性歌曲。

（3）发言。发言者依次应为本单位代表、上级主管部门代表、地方政府代表、合作单位代表等。发言要言简意赅，每人不超过三分钟，重点应为介绍、道谢与致贺。

（4）剪彩。此时，全体参加者应热烈鼓掌，必要时还可奏乐或燃放鞭炮。在剪彩前，需向全体参加者介绍剪彩者。主持人宣告进行剪彩之后，礼仪小姐（包括拉彩者、捧花者和托盘者）应排成一列先行，从两侧或右侧率先登台。登台之后，拉彩者与捧花者应当站成一行，拉彩者处于两端拉直红色缎带，捧花者各自用双手手捧一朵红花。托盘者需站立在拉彩者与捧花者身后一米左右，并且自成一行。

 课内实训 10-3

某公司举行新项目开工剪彩仪式，邀请张市长和当地各界名流参加，请他们在主席台上就座。仪式开始时，主持人宣布："请张市长下台剪彩！"但张市长端坐未动。主持人很奇怪，重复一遍："请张市长下台剪彩！"张市长还是端坐未动，脸上还露出一丝恼怒。主持人又重复一遍："请张市长剪彩！"张市长这才很不情愿地勉强站起来去剪彩。请你想一想，主持人是否有失礼之处？为什么？将分析结论简要记录下来。

剪彩者宜从右侧登台。剪彩者若不止一人，则其登台时也应列成一行，并且使主剪者行进在前。引导者应在其左前方进行引导，使剪彩者各就各位。主剪者应居中而立，其他剪彩者按"距离中间站立者越远位次越低"的原则，分立于主剪者两侧。当剪彩者均已到达既定位置之后，托盘者应前行一步，到达剪彩者的右后侧，以便为其递上剪刀、手套。当托盘者递上剪刀、手套时，剪彩者亦应微笑着向对方道谢。在正式剪彩前，剪彩者应首先向拉彩者、捧花者示意，待其有所准备后，集中精力，手持剪刀表情庄重地将红色缎带一次剪断。若多名剪彩者同时剪彩，其他剪彩者应注意主剪者动作，与其动作一致，力争大家同时将红色缎带剪断。按照惯例，剪彩以后，红花应准确无误地落入托盘者手中的托盘。为此，捧花者与托盘者需要合作。剪彩者在剪彩成功后，可以右手举起剪刀，面向全体参加者致意。然后将剪刀、手套放在托盘里，举手鼓掌。

（5）参观。剪彩之后，仪式宣告结束。主办方应陪同来宾参观，向来宾赠送纪念性礼品，并以自助餐款待全体来宾。剪彩者依次与主办方握手道喜，并列队在引导者的引导下退场。退场时，一般宜从右侧下台。待剪彩者退场后，其他礼仪小姐方可列队由右侧退场。无论是剪彩者还是助剪者，在上下场时都要注意井然有序、步履稳健、神态自然。在剪彩过程中，更要表现得不卑不亢、落落大方。

10.4 庆典仪式礼仪

在商务活动中，商务人员参加庆典仪式的机会是很多的，既有可能奉命为本单位组织一次庆典仪式，也有可能应邀出席外单位的某次庆典仪式。了解和熟悉庆典仪式的相关礼仪尤为重要。

10.4.1 庆典仪式的概念

庆典是各种庆祝仪式的统称。庆典仪式是指围绕重大、特殊事件或重要节日而举行的既隆重又热烈的纪念庆祝活动。商界举行的庆典仪式通常有四类：一是周年庆；二是获得某项荣誉的庆典；三是取得重大成就的庆典；四是得到显著发展的庆典。主办单位希望通过庆典活动来表现工作成果，展示稳健的发展历程，显示可靠的实力和信誉，借机谋求新闻媒介的报道，联络公众、增进友谊，获得良好的组织形象。

10.4.2 庆典仪式的准备工作

庆典仪式是一个喜庆祥和的仪式，做好相关准备能够让气氛更加热烈、和谐。

1. 成立庆典仪式筹备组

一旦决定举行庆典，就要成立对此全权负责的筹备组。成员应该由各方面的有关人士组成，要能办事、会办事、办实事。根据需要可下设专项小组，在公关、礼宾、财务、会务等方面全方位为庆典服务。

2. 确定庆典形式和规模

确定庆典形式和规模应当考虑本单位的性质、特点及与公众关系的密切程度等因素，还应考虑自身的经济实力。一般来说，与公众日常生活密切相关的餐饮、娱乐、服务行业等社会组织的庆典活动，最好选择能使最大范围的社区公众知晓该组织的庆典形式。业务性质具有重大意义或具有广泛影响的社会组织，最好选择具有轰动效应的庆典形式。规模大、实力雄厚的社会组织可以采用大规模或豪华的方式举行庆典仪式，反之则以小巧俭朴取胜。

3. 拟定约请宾客名单

庆典约请宾客的选择应当始终以符合庆典的宗旨（热烈、欢快、隆重）为指导思想，确定的宾客不应当滥竽充数，也不能让对方勉为其难。

因此，一般选择的宾客主要有当地行政官员、上级组织的负责人、该地区或社会的知名人士和"明星"、协作单位的负责人、各类传媒机构的新闻记者、与本单位有关的公众代表、合作伙伴与同行单位的代表等。邀请宾客应在庆典前一周以电话、请柬、上门邀请等方式进行。对于特别重要的宾客，要派专人正式邀请。无论何种邀请方式，工作人员都要态度诚恳、言辞委婉，力争使各方面的宾客都能到场。

4. 确定关键人员及接待工作

庆典仪式一般需要安排演讲、致辞、报告、讲话等发言。迎宾词、介绍词、报告内容要简明扼要、中心突出，而且各位发言人所讲的内容应各有侧重。必须事先确定好这些关键人员名单，并准备好文稿。还要派专人负责签到、题词、音响、摄影、摄像、保卫等有关工作，务求密切配合，各尽其责，以保证庆典圆满成功。

庆典接待人员一般应由年轻、精干、形象气质良好、口头语言表达能力和应变能力强的男女青年担任。接待人员的具体工作包括来宾的迎送、引导、陪同、招待。在接待工作中，接待人员要使来宾感受到主办方真挚的尊重与敬意，并且想方设法使每位来宾都能心情舒畅。

5．布置会场及准备物品

选择庆典仪式的会场时，应结合庆典的规模、影响力及本单位的实际情况来决定。选择本单位的礼堂、会议厅、内部或门前的广场，以及外借的大厅等均可。在室外举行庆典时，切忌地点选择不慎，从而制造噪声，妨碍交通或治安。

为渲染隆重、热烈、大方的氛围，可以在会场四周悬挂横幅、公关广告语、气球、彩带，并在会场两边摆放来宾赠送的花篮、牌匾。主席台及主宾座位应安排在会场前方突出、显眼的位置，并根据庆典活动的需要放置桌椅、铺上桌布、摆放鲜花和茶具、悬挂条幅或张贴主题词及宣传画，并安装调试好的音响、照明、摄影、摄像、空调等设备。另外，庆典活动中所需的签到簿、纪念品（要富有宣传性、独特性、纪念性、便捷性）、意见簿（或留言簿）、鞭炮、各种演出用品等也应一一准备到位。

6．安排好娱乐节目

除了在庆典过程中安排舞狮舞龙或乐队伴奏，在揭幕完毕后，还可安排歌舞表演，燃放鞭炮礼花，还可组织来宾参观本单位的设施、陈列等，抓住宣传本单位的机会。

10.4.3　庆典仪式的基本程序及礼仪要求

庆典仪式与开业仪式的程序大体相似。在庆典正式开始前，请来宾就座，参加者安静后，逐一介绍嘉宾。

（1）宣布庆典正式开始。全体起立，升国旗，奏国歌，然后唱本单位标志性歌曲。

（2）本单位主要负责人致辞，对来宾表示感谢，介绍举办此次庆典的缘由等，重点应是报捷及庆典的可"庆"之处。

（3）来宾致辞。一般来说，出席庆典仪式的上级主要领导、协作单位及社区关系单位，均应安排代表讲话或致贺词。

（4）安排文娱演出。注意要与庆典宗旨一致。

（5）专项活动。庆典仪式结束时，可安排专项活动，如参观、座谈会、看表演、宴请招待等。

其中，最后两项可有可无，如果准备安排，则应当根据本单位的业务性质和特点做相应准备，不要有悖于庆典的主旨。

在庆典仪式中，无论是主办方还是宾客方，商务人员都要注意自己的形象，做到遵守时间、仪表得体、庄重自律、态度友好，遵守庆典仪式的秩序，服从主办方人员的管理。特别要注意的是，商务人员在庆典仪式上发言时，要表现得沉着冷静、平心静气，注意态度谦和、讲究礼貌、表达简洁、用词准确、语调合理、语速适中、声音洪亮、满怀诚意。发言时间宁短勿长，一定要在规定的时间内结束。发言时应当少做手势。

10.5 交接仪式礼仪

在商务活动中，商务伙伴之间合作的成功，是值得有关各方庆幸与庆贺的一件大事。热烈而隆重的交接仪式，就是在商务活动中通常用来庆贺商务伙伴彼此之间合作成功的一种常见活动形式。

10.5.1 交接仪式的概念

在商界，交接仪式一般是指施工单位或安装单位依照合同将已经建设、安装完成的工程项目或大型设备，如厂房、商厦、宾馆、办公楼、机场、码头、车站，或飞机、轮船、火车、机械、物资等，正式移交给接收单位时专门举行的庆祝仪式。交接仪式的礼仪是指举行交接仪式时须遵守的有关规范。

举行交接仪式的重要意义在于，它既是商务伙伴对于成功合作的庆贺，也是对给予过本单位关怀、支持、帮助和理解的社会各界的答谢，更是接收单位与施工、安装单位巧妙地利用时机，为双方各自提高知名度和美誉度而进行的一种公共宣传活动。

10.5.2 交接仪式的准备工作

1．邀请宾客

交接仪式一般应由主办方——施工、安装单位负责邀请宾客。在具体拟定宾客名单时，施工、安装单位也应主动征求自己的合作伙伴——接收单位的意见。接收单位对于施工、安装单位草拟的名单不宜过于挑剔，不过可以对此酌情提出自己的一些合理建议。一般情况下，参加交接仪式的人越多越好。如果参加者太少，难免就会使仪式显得冷清。但是，在确定参加者总人数时，必须考虑场地条件与接待能力，切忌邀请人数过多，导致现场混乱。

从原则上讲，交接仪式的出席人员应包括施工、安装单位的有关人员，接收单位的有关人员，上级主管部门的有关人员，当地政府的有关人员，本行业组织或社会团体的有关人员，各界知名人士，新闻界人士及协作单位的有关人员等。在上述人员之中，除施工、安装单位与接收单位的有关人员外，对于其他所有人员，均应提前一周送达或寄达正式书面邀请，以示对对方的尊重。还要在主要宾客中确定致贺词的来宾，并为本单位的负责人拟写答谢词。

2．选择会场

选择交接仪式会场，通常应视交接仪式的重要程度、全体参加者的具体人数、交接仪式的具体程序与内容，以及是否要求保密等几方面的因素而定。

（1）交接项目所在地现场。按照常规，一般可将交接仪式的举行地点安排在已经建设、安装完成并已验收合格的工程项目或大型设备所在地的现场。这种选择最大的好处是，可使全体参加仪式的人员身临其境，获得对被交付使用的工程项目或大型设备直观而形象的了解，掌握较为充分的第一手资料。倘若在交接仪式举行之后安排来宾参观，则更为方便可行。不过，在现场举行交接仪式往往需要大量的前期准备工作。另外，由于将被交付的工程项目或大型设备归接收单位所有，主办方先要征得对方的首肯，需取得对方的配合。

（2）主办方本部会议厅。将交接仪式安排在主办方本部的会议厅举行，可免除大量的接待工作，会场的布置也十分便利。特别是在将被交付的工程项目、大型设备不宜被外人参观，或者暂时不方便外人参观的情况下，以主办方本部的会议厅作为举行交接仪式的现场，也不失为一种较好的选择。这种选择的主要缺陷是，主办方往往需要付出更多的人力、财力和物力，全体来宾对于将被交付的工程项目或大型设备缺乏身临其境的直观感受。

（3）其他场所。如果将被交付的工程项目或大型设备的现场条件欠佳，或出于主办方本部不在当地，以及将要出席仪式的人员较多等其他原因，经施工、安装单位提议，并经接收单位同意之后，交接仪式也可在其他场所举行。诸如宾馆的多功能厅、外单位出租的礼堂或大厅等，都可用来举行交接仪式。在其他场所举行交接仪式，尽管开支较高，但可省去大量的安排、布置工作，而且可以提升仪式的档次。

3．准备物品

在交接仪式上，有不少需要使用的物品应由主办方提前准备。

最重要的是作为交接象征之物的有关物品，主要有验收文件、一览表、钥匙等。验收文件是指已经公证的由交接双方正式签署的接收证明性文件。一览表是指交付给接收单位的全部物资、设备或其他物品的名称、数量明细表。钥匙是指用来开启被交接的建筑物或设备的钥匙。一般情况下，因其具有象征性，故准备一把即可。

此外，主办方还需为交接仪式现场准备一些用来烘托喜庆气氛的物品，并应为各位来宾准备一份礼品。在交接仪式的现场可临时搭建一处主席台，铺设一块红地毯，并摆放适量的桌椅。在主席台上方，应悬挂一条红色巨型横幅，上书交接仪式的具体名称，如"××工程交接仪式"或"热烈庆祝××工程正式交付使用"。在举行交接仪式的现场四周，尤其是在正门入口处、干道两侧、交接物四周，可酌情悬挂一定数量的彩带、彩旗、彩球，并放置一些色彩艳丽、花朵硕大的盆花，用来美化环境。若来宾赠送的祝贺性花篮较多，则可依照一定的顺序将其摆放在主席台正前方，或者分成两行摆放在现场入口处的两侧，也可在这两处同时摆放。若来宾所赠的花篮甚少，则不必将其公开陈列在外。在交接仪式上赠送给来宾的礼品，应突出其纪念性、宣传性。将被交付的工程项目、大型设备的微缩模型，或者以其为主角的画册、明信片、纪念章、领带针、钥匙扣等，都是很好的选择。

10.5.3 交接仪式的基本程序及礼仪要求

不同内容的交接仪式，其具体程序和礼仪要求往往各有不同，但也有通用的内容，可以用来参考。

1．交接仪式的基本程序

交接仪式的基本程序指交接仪式进行时的步骤。从总体上说，交接仪式的基本程序有以下六个步骤。

（1）主持人宣布交接仪式正式开始。主持人应首先邀请有关各方人士在主席台上就座，然后宣布交接仪式正式开始。全体参加者应当进行较长时间的鼓掌，以热烈的掌声来表达对主办方的祝贺。

（2）奏国歌。全体参加者必须肃立。安排这一程序，往往使交接仪式显得更为庄重。随后可演奏主办方单位的标志性歌曲。该步骤有时也可省略。

（3）正式交接。具体的做法是：由施工、安装单位代表将有关工程项目、大型设备的验收文件、一览表或钥匙等象征性物品正式递交给接收单位代表。此时，双方应面带微笑，双手递交、接收有关物品。此后还应热烈握手。该步骤标志着有关工程项目或大型设备已经被正式移交给接收单位。如果条件允许，在进行过程中，可在现场演奏或播放节奏欢快的喜庆歌曲。

（4）各方代表发言。按照惯例，在交接仪式上，须由各方代表进行礼节性的发言。发言顺序一般为施工、安装单位的代表，接收单位的代表，来宾代表等。发言通常宜短忌长，只需点到为止。原则上说，每个人的发言应以三分钟为限。

（5）宣告交接仪式正式结束。交接仪式同其他仪式一样，时间宜短不宜长。正常情况下不应超过一小时。

（6）参观。仪式具体程序上讲究少而精。因此，一些原本应当列入正式程序的内容，如参观、观看文娱节目等，均可视为正式仪式结束之后的辅助性活动而另行安排。

总体来说，主办单位在拟定仪式具体程序时，必须注意两个重要问题：一是必须在整体上参照惯例执行，尽量不要标新立异；二是必须实事求是、量力而行，在具体细节方面则不必事事贪大求全。

2．交接仪式的礼仪要求

（1）主办方礼仪。对主办方来说，需要注意的问题主要有以下几点。

① 妆容规范，服饰得体，仪表整洁，举止大方。

② 保持风度。在交接仪式举行期间，不允许东游西逛、交头接耳、嬉笑打闹。在为发言者鼓掌时，不允许厚此薄彼。当来宾向自己道喜时，应热情地还以礼节性的问候或祝福。

③ 待人友好。无论自己是否专门负责接待、陪同或解说工作，全体员工都应当自觉树立主人翁意识。一旦来宾提出问题或需要帮助，就要鼎力相助。即使自己力不能及，也要向对方说明原因，并且及时向有关方面反映。

（2）来宾礼仪。来宾在应邀出席交接仪式时，应当重视以下四个问题。

① 致以祝贺。接到正式邀请后，被邀请者应及早以单位或个人的名义发出贺电或贺信，向主办方表示热烈祝贺。不仅如此，被邀请者在参加仪式时，还须郑重地与主办方的主要负责人一一握手，并再次口头道贺。

② 略备贺礼。为表示祝贺，可向主办方赠送一些贺礼，如花篮、牌匾、贺幛等，赠送花篮最为流行。花篮一般需要在花店订制，用各色鲜花插装而成，并且应在两侧悬挂特制的红色缎带，右书"恭贺××交接仪式隆重举行"，左书本单位的正式全称。它可由花店代为先期送达，也可由来宾在抵达现场时面交主人。

③ 准备贺词。如果来宾与主办方关系密切，则须提前准备一份书面贺词，以备来宾代表发言之用。其内容应当简明扼要，主要目的是向主办方道喜、祝贺。

④ 准时到场。若无特殊原因，接到邀请后，务必牢记在心，届时准时抵达，为主办方捧

场。若不能出席，则应及早通知主办方，以防止在仪式举行时来宾甚少，使主办方难堪。同样，来宾也不允许东游西逛、交头接耳、嬉笑打闹，以及在为发言者鼓掌时厚此薄彼。

 知识测试与技能训练

1. 知识测试

（1）签约仪式的基本程序及礼仪要求有哪些？
（2）开业仪式的基本程序及礼仪要求有哪些？
（3）剪彩仪式的基本程序及礼仪要求有哪些？
（4）庆典仪式的基本程序及礼仪要求有哪些？
（5）交接仪式的基本程序及礼仪要求有哪些？

2. 技能训练

项目1　模拟签约仪式

情景设定：在某次班会上，请同学们在30分钟内模拟一次签约仪式活动，激发同学们学习各种仪式礼仪的兴趣。

训练目标：提升口头与文字表达能力、信息整合能力，培养公关礼仪意识。

训练方法：随机抽选20名同学，分为两组，分别作为主方和客方模拟签约仪式，然后由老师引导全班同学分析总结两个小组模拟过程的优缺点及需要改进的方面。

测评要点：表述逻辑清楚、有条理，用语规范、不粗俗；普通话标准、规范，声音洪亮、清晰；举止优雅、端庄，表情自然、亲和，礼仪规范、应景，能够引起共鸣。

项目2　案例分析

8月8日是北方某市云海大酒店隆重开业的日子，整个酒店沉浸在喜庆的气氛之中。上午11时许，应邀前来参加开业仪式的有关领导、各界友人、新闻记者陆续到齐。剪彩进行之际，突然下起了大雨，开业仪式只好移至大厅内。仪式在音乐和雨声中隆重举行，整个大厅内灯光齐亮，使庆典别具一番特色。

仪式完毕，雨仍在下，大厅内还有避雨的路人，短时间内根本无法离去。于是，酒店经理当众宣布："今天能聚集到敝店的都是我们的嘉宾，这是天意，希望大家能同敝店共享今天的喜庆，我代表敝店真诚邀请诸位到餐厅共进午餐，当然一切全部免费。"大厅内响起雷鸣般的掌声。

虽然酒店开业时多花了一笔午餐费，但酒店的名字在新闻媒体及众多顾客的渲染下迅速传播开来，生意格外红火。

分析思考：云海大酒店开业成功的原因是什么？

第 11 章 商务宴请礼仪

学习目标

知识目标：了解宴请的形式；掌握宴请的礼仪、赴宴的礼仪及中西餐宴会礼仪。
能力目标：能在实践中灵活运用商务宴请礼仪知识。
素养目标：提高商务宴请中言行得当与交际有礼的修养。

任务驱动

舍南舍北皆春水，但见群鸥日日来。花径不曾缘客扫，蓬门今始为君开。
盘飧市远无兼味，樽酒家贫只旧醅。肯与邻翁相对饮，隔篱呼取尽余杯。
（唐·杜甫《客至》）

11.1 商务宴请与赴宴礼仪

在商务活动中，宴请可以联络感情、协调关系、消除隔阂、增进友谊，从而有利于合作。依据宴请活动目的、邀请对象的不同，宴请可以有不同的形式，但无论是宴请方还是赴宴方，都有其需要遵循的各项礼仪。

11.1.1 宴请的形式

国际上通用的宴请形式有宴会、招待会、工作进餐、茶会等。由于地域差异、风俗习惯不同，不同的宴请形式有不同的礼仪要求。参加宴会的人员必须深谙其中道理，才能表现得优雅得体，不失礼仪。通常，正式宴会规格较高，但人数不宜过多。冷餐会与鸡尾酒会则形式简便，人数不限。商界女士聚会多采用茶会的形式。

1. 宴会

宴会是指正规、庄重的宴请活动，主客就座进食，由服务员依次上菜，菜肴较丰盛，席间，主宾相互致辞、祝酒。宴会又可分为国宴、正式宴会、便宴和家宴。便宴和家宴是非正式宴会中常见的两种形式。一般来说，晚上举行的宴会比白天举行的宴会更为隆重。

（1）国宴。国宴规格最高，是国家元首或政府首脑为国家庆典或外国元首来访而举行的正式宴会。宴会厅内悬挂国旗，乐队奏国歌和席间乐，席间有祝词或祝酒。

(2) 正式宴会。正式宴会是一种隆重而正规的宴请，除不挂国旗、不奏国歌及宴席规格不同外，其余安排与国宴相似。它往往是为宴请专人而精心安排、在比较高档的饭店或其他特定地点举行、讲究排场及气氛的大型聚餐活动。对于到场人数、衣着打扮、席位排列、菜肴数目、音乐演奏、宾主致辞等，正式宴会往往有十分严谨的要求和讲究。

(3) 便宴。常见的有午宴、晚宴，有时候也举行早宴。一般来说，便宴只安排相关人员参加，不邀请配偶。对穿着打扮、席位排列、菜肴数目往往不做过高要求，而且不安排音乐演奏和宾主致辞。便宴形式简便、灵活，气氛比较随便、亲切，并不注重规模、档次。便宴是一种非正式的宴请，常用于招待亲朋好友或熟悉的客户。

(4) 家宴。严格地讲，家宴是便宴的一种形式，是一种更加亲切友好的形式，是在家里举行的宴会。相对于正式宴会，家宴最重要的特点是能够营造亲切、友好、自然的气氛，使宾主双方感觉轻松、自然、随意，有利于彼此增进交流、加深了解和促进信任。家宴在礼仪上往往没有特殊要求。为了使来宾感受到主人的重视和友好，基本上由女主人亲自下厨烹饪，男主人充当服务员；或男主人下厨，女主人充当服务员，共同招待客人，使客人产生宾至如归的感觉。商务人员常以此作为联络感情、促进交往的一种沟通形式。

2．招待会

招待会是指各种不配备正餐、较为灵活的宴请类型，一般备有食品、酒水和饮料等，通常不排固定的席位，可以自由活动。常见的招待会有酒会与冷餐会两种形式。

(1) 酒会。酒会又称鸡尾酒会，形式较为活泼，便于广泛接触、交谈，气氛比较轻松愉快。招待品以酒水为主，略备小吃、茶点。不设座椅，仅置小桌或茶几，便于参加者走动，举办时间在中午、下午或晚上均可，一般持续2～3小时。请柬上往往注明整个酒会活动持续的具体时间，客人在这段时间内可随意到达或退席，来去自由，不受约束。酒会规格可高可低，适用于各种节日、庆典、仪式及招待性演出前后。自1980年起，我国国庆招待会就改用酒会这种形式。

(2) 冷餐会。冷餐会又称自助餐，可在室内外举行，参加者可坐可站，并可自由活动。菜肴以冷食为主，辅以热菜、甜点和水果。酒水主要以啤酒、葡萄酒及软饮料为主，一般不用烈性酒。客人自行挑选、自取自食，也可请服务员上菜或将酒、菜事先陈放在桌上。根据主客双方的身份，冷餐会的规格可高可低。举办时间一般在中午12时至下午2时，下午5时至7时左右，适合宴请人数众多的客人。

3．工作进餐

通常，工作进餐是指在商务交往中具有业务关系的合作伙伴为深入接触、保持联系、交换信息或洽谈生意而用进餐的形式进行的商务聚会。工作进餐重在氛围，意在以餐会友，营造出有利于进一步沟通、接触的轻松愉快、和睦融洽的氛围，是借进餐的形式继续进行的商务活动。工作进餐一般规模较小，按用餐时间可分为工作早餐、工作午餐和工作晚餐，忙时还可安排工作夜餐。工作进餐通常在中午举行，主人不用发正式请柬，客人也不用提前正式答复主人，时间、地点可以临时选择。菜肴以方便、快捷为好，一般不喝烈性酒。出于卫生方面的考虑，最好采取分餐制或公筷制的方式。主客双方在用工作餐的时候，还会继续商务上的交谈。但需要注意的是，这种情况下不要像在会议室一样进行录音、录像，或安排专人进行记录。有必要进行记录的时候，应先获得对方的首肯。

工作进餐是主客双方的"商务洽谈餐",无须致辞,也不适合配偶或主题之外的人加入。如果正好遇到熟人,可以打个招呼,或将其与同桌的人相互简略介绍,但不要自作主张将熟人留下。

4. 茶会

茶会是一种以茶会友的简便的招待形式,多为社会团体举行纪念和庆祝活动所采用,一般在上午10时、下午4时举行。地点通常设在客厅,厅内设置茶几、座椅,不排席位。但若是为贵宾举行的茶会,在入座时,主人要有意识地和贵宾坐在一起,其他参加者可相对随意。茶会对茶叶、茶具、沏茶用水和水温十分讲究。茶叶的选择要照顾客人的爱好和习惯。欧洲人一般用红茶,日本人喜欢乌龙茶,美国人用袋茶。茶会一般还备有咖啡和冷饮。可用咖啡代替茶,但仍以茶会命名,其内容安排与茶会基本相同。茶具要选用陶瓷器皿。

茶会一般只提供茶点、水果和一些风味小吃。主客共聚一堂,饮茶、品尝点心,漫话细叙,形式比较随便、自由。有时席间还安排一些短小的文娱节目助兴,使气氛更加喜庆、热烈。

11.1.2 宴请的组织及礼仪要求

宴请是一种非常重要的社交活动,对客人来说是一种礼遇,务必根据宴请的规范和礼仪要求认真组织。为使宴请活动取得圆满成功,需要做好以下工作。

1. 宴请的筹备工作

(1)宴请的目的。宴请的目的是多种多样的,既可以为某个人举行,也可以为某件事举行,如洽谈业务、签订合同、庆祝节日、纪念庆典、开幕、闭幕等。目的不同,设宴的规格、内容、形式也不同。

(2)宴请的对象。宴请的对象是指设宴招待的主要客人,指举办宴会请什么人、请多少人、请到哪个级别。确定宴请对象的范围时要考虑各方面因素,如宴请的目的、主人的身份、国际惯例,还有当前的政治气候、文化传统、民族习惯等,以便确定宴会的规格、主陪人、进餐方式等。宴请范围与规模确定之后,即可草拟宴请客人名单,其中被邀请人的姓名、职务、称呼及对方是否有配偶随同等都要准确。

(3)邀请的名义。邀请的名义是指以谁的名义发出邀请。邀请的名义主要依据主客双方的身份而确定。一般来说,邀请者应与被邀请的主要客人在身份、职务、专业等方面尽量对等。邀请的名义既可以是单位名义,也可以是个人名义。即使以单位名义邀请,也应签注主要领导姓名,以示庄重。邀请宾客偕夫人出席,主人若已婚,一般以夫妇名义发出邀请。在我国,大型正式宴会通常以个人名义发出邀请;日常交往小型宴会则根据具体情况以个人名义或夫妇名义发出邀请。

(4)宴请的形式。以何种形式举办宴会在很大程度上取决于当地的习惯做法。一般来说,正式的、规格高的、人数少的以宴会为宜,人数多则冷餐会或酒会更合适,女士的活动多采用茶会。我国的宴会基本上采用中餐宴会。

(5)宴请的时间。依照礼仪惯例,安排宴请活动,尤其是宴会的具体时间,主要应统筹考虑下述四个具体问题。

① 民俗惯例。根据人们的用餐习惯，依照用餐的具体时间不同，可以分为早餐、午餐和晚餐三种。至于在宴请他人时，究竟应当选择早餐、午餐还是晚餐，不能一概而论。不过，在绝大多数情况下，确定宴请的具体时间主要遵从民俗惯例。例如，举办正式宴会，通常要安排在晚上进行；因工作交往而安排的工作进餐，大都选择在午间进行；而在广东省、海南省、港澳地区，亲朋好友聚餐则多选择"饮早茶"。

② 主随客便。宴请时间应对主客双方都合适。主人不仅要从自己的客观能力出发，更要讲究主随客便，即要优先考虑被邀请者。一般重大宴请时间要与主宾单位商定，小型宴请要征询主宾意见，可当面口头约请，也可用电话联系。主宾同意后，时间即最后确定，可以按此约请其他宾客。

③ 关注外宾。选择时间还应当尽量避开被邀请者的重大节日、假日、有重要活动或禁忌的日子。例如，对于西方国家的人，特别是基督教徒不要选择13日和周五，因为对他们来说是不吉利的数字和日子，更不要选择13日且为周五的日子。如果宴请日本人，则应避开"4""9"，这是因为在日语中"4"与"死"的发音相似，"9"与"哭"的发音相似。又如，伊斯兰教徒在斋月内从黎明至日落封斋，宴请时最好避开这段时间。

④ 适当控制。对于用餐时间，主人有必要加以适当控制，既不能匆匆忙忙走过场，也不能拖拖拉拉耗时间。一般认为，正式宴会的用餐时间应为1.5~2小时，非正式宴会与家宴的用餐时间应为1小时左右，而便餐的用餐时间大致为半小时。

（6）宴请的地点。用餐地点的选择也是非常重要的，一定要慎之又慎，使客人感到自在、舒服，既不能显得寒酸，也不可太奢侈。宴请的地点要根据宴请活动本身的目的、性质、规格、形式及主人意愿和实际可能进行恰当的选择。要特别注意以下三个问题：一是优雅的环境，因为宴请不仅仅是"吃东西"，也是"品文化"；二是良好的卫生，糟糕的卫生环境会破坏用餐者的食欲；三是方便的交通，便于人们出行。

（7）宴请的邀请。宴会一般都要用请柬正式发出邀请，以表示对客人的诚意和尊重。邀请方式通常有口头、电话和书面邀请三种。正式宴请多采用书面邀请的方式，由主人发出请柬或邀请函；非正式宴请则可以通过电话或口头邀请。

① 口头邀请。适用于非正式的或小范围的宴请。主人应先征询主宾的意见，最好在彼此见面时口头邀请。如果一时不能得到对方的答复，则可下次再约，以得到对方正式答复为准。口头邀请也可委托别人转告，并请转告者尽快将原意告诉被邀请者。口头邀请时，表达必须认真诚恳，一旦商定，双方都应遵守信用。

② 电话邀请。电话邀请比口头邀请要求更高，要从语音、语调上使对方感到盛情和诚意，以加深对方印象。通话前最好写好通话提纲或打好腹稿，避免说话没有层次或遗漏主要内容。如果不是被邀请者本人接听，则要建议接听人做好记录，以便转告被邀请者。

③ 书面邀请。又分为请柬和邀请信。请柬内页应写明宴请目的，被邀请者的姓名，宴请的类型、地点和时间，主办者的全称。如果是涉外宴请，则应有中外两种文字，或者用客人所在国文字印制。请柬设计应美观大方，填写字迹端正。请柬有市场上统一印制的，也有单位特制的。邀请信多为手写，也有打印的。邀请信给人以亲切感，不像请柬那样显得刻板和公式化。邀请信的内容具体包括：简短的问候和寒暄；宴请的类型和目的；宴请的内容，如席间有无文娱表演和舞会，是否要求客人做席间发言等；时间、服饰要求

及设宴具体地点和乘车路线；恳请对方对这次宴会给予协助、配合等；盛情邀请光临并要求回复，以便安排和落实座次。请柬和邀请信应视主客之间的地理位置远近和通信联系的方便程度提前一周送达，要在时间上给客人留有余地，以便他们能安排好自己的工作。正式宴会即使事先已口头（或电话）通知过，仍应在宴会前正式发送一份请柬或邀请信，以示正式和真诚。如能确定对方"一定会来"，则可在请柬上注明客人在宴会上的桌号，以便赴宴时落座不乱。

（8）宴请的菜单。在宴请任何人时，唱主角的都是菜肴，所以一定要对菜单精心考虑。宴请的菜单应根据活动的形式和性质、来宾口味特点及宴会规格档次，在规定的预算标准内安排，一般是由宴会主办方与餐厅负责人共同商议决定。菜肴选择要精致可口、赏心悦目，冷热、甜咸、荤素、营养搭配合理，色香味俱全，特色突出。可以考虑具有中餐特色的菜肴（尤其在宴请外籍人士时）、本地特色的菜肴、餐厅的看家菜、主人的拿手菜（便宴时）。

知识拓展
饮食禁忌

大型宴请应照顾到各方面。菜肴道数和分量都要适宜。如果宴会上有个别客人有特殊需要，也可单独为其上菜。宴请外地客人时，宜用有地方特色的食品和本地产的名酒招待。无论哪种宴请，事先均应开列菜单，并征求主要负责人的同意。获准后，如果是宴会，即可印制菜单，菜单一桌两三份，至少一份，讲究的也可以每人一份，使客人在餐前心中有数，餐后也可留作纪念。值得注意的是，发给客人的菜单必须名副其实。

（9）宴请的席位。越正式的宴请，往往越离不开主客的座次安排问题。它关系到客人的身份和主人给予对方的礼遇，所以受到主客双方的同等重视。正式宴会一般均排座次，有的只排部分客人的座次，其他客人只能排桌次或自由入座。无论采用哪种做法，都要在入席前通知每位客人，使客人心中有数，现场还要有人引导。大型宴会最好排好所有人的座位，以免混乱。

（10）宴请的场地。各种宴请场地的布置，要注意依据活动的性质、规模和形式营造气氛，或严肃庄重，或温馨随意。可以用圆桌，也可以用长桌或方桌。中餐多用圆桌，西餐多用长桌或方桌。桌子之间的距离要适当，各个座位之间也要距离相等。桌椅摆放的位置要适当，尽量避免客人受到桌腿和别人膝盖的挤夹。桌椅之间应当留有60厘米左右的距离。餐桌上的桌布应当超出桌子边缘20厘米左右。注意门窗、光线、照明、音乐、鲜花、盆景、刻花等细节问题。总之，宴请场地布置最基本的要求是：空气清新、设备齐全、布局合理、氛围宜人。

（11）宴请的餐具。宴请时餐具的准备十分重要。根据宴请人数和酒、菜的道数，准备足够的餐具，餐桌上的一切用品都要十分干净，桌布、餐巾都应洗净并熨平。玻璃杯、酒杯、筷子、刀叉、碗碟，在宴会之前都应洗净、擦亮。

2. 宴请的程序及现场接待礼仪

（1）迎宾。在宴会开始前30分钟，主人在门口迎接。重要的宴会，可由主人率领其随员仪表端庄、精神抖擞地站在宴会大厅门口排列成迎宾线。客人到达后，主人要迎上前面带微笑热情问好并握手，对来宾表示欢迎，不能冷落任何一位客人。随后，服务人员将客人送到休息厅小憩或直接进入宴会厅。休息厅内应有相应身份的人员照应客人,由服务人员送饮料。主宾到达后,由主人陪同,进入休息厅与其他客人见面。

(2) 入席。为了防止坐错席位,主办方一般在宴会厅门前陈列"桌次排列简图",客人依据请柬对号入座,也可以由工作人员或服务人员指引入座。一般先把非主桌上的客人引入宴会厅就座后,再由主人引领主宾进入宴会厅。主宾入座时,一般全体客人要起立并鼓掌欢迎。如果客人相互不熟悉,主人就要逐一介绍,使彼此有所了解,增进宴会的友好气氛。如有坐错座位的,若无大碍,则一般将错就错。必须调整时,要方式适当,不可伤客人的自尊心。

(3) 开席。按约定的时间准时开席,是宴请礼仪的基本要求。主人必须提前到达,否则就是失礼。个别客人未到场可稍等,但时间不宜过长。如果主宾不能及时赶到,主人则应尽快联系,并向已入座的客人说明情况,表示歉意。推迟时间一般在10～15分钟,最迟不要超过30分钟,否则会让人觉得宴会的组织工作不力,影响宴会效果。

(4) 宴会致辞。正式宴会中,在主客双方入席后、用餐前,由主人与主宾分别致辞。主人首先致祝酒词。致辞时手持酒杯,在主桌旁起立讲话,或者到布置好的讲台上讲话。祝酒词内容主要是表明设宴的目的和意义,并对客人表示敬意,注意用词明快、简练。对于正式讲话,各国对讲话时间的安排不一致。一般正式宴会可在热菜之后、甜品之前由主人讲话,接着由客人讲话,也有一入席双方即讲的。冷餐会和酒会的讲话时间则更灵活。

例文 11-1　某公司开业宴会祝酒词

各位来宾:

　　今天本公司举行开业庆典,我代表本公司全体员工,对各位来宾在百忙之中光临本公司的开业庆典表示衷心感谢!本公司今天能顺利开业,全靠各位来宾的爱护和帮助。为表达对各位来宾的感谢,本公司借开业庆典之际略备薄酒,望各位来宾能够尽兴。

　　现在,我代表我本人及公司全体员工,先敬各位来宾一杯,敬祝各位来宾身体健康,万事如意!

(5) 席间礼仪。在宴会上,食品和酒都是陪衬物,核心是谈话。宴请的气氛主要体现在席间的感情交流中,想达到宴请的目的,席间的主持非常重要。一般来说,主人或每桌的桌长在席间扮演主要角色,应引导谈话内容,吸引所有在座客人参加谈话。主持人要不时提出一些能让主客双方都感兴趣的话题,引导大家畅所欲言,各抒己见。对于客人的谈话内容,主人可不时表示肯定和赞赏,让客人充分发表见解。席间的话题可以是文体信息、社会时尚、烹饪技巧、社会趣闻及彼此的交往回顾等。

知识拓展

喝酒碰杯的由来与礼仪

用餐时,主人不要反复劝菜,可向对方介绍菜的特点,吃不吃由对方决定。宴会上主人都有向客人敬酒的习惯,敬酒时,要上身挺直,双脚站稳,以双手举起酒杯,目视对方致意,并说祝愿的话语。碰杯时,杯沿比对方杯沿略低则表示尊敬。敬酒的态度要稳重、热情、大方。宴会上互相敬酒,主客都应量力而行、适可而止。

(6) 宴会结束。客人酒酣饭足,宴会便可进入结束阶段。主持人应把握节奏,及时送上水果，示意宴会已接近尾声；从气氛来说，宴会达到新的高潮。适时结束，可以给大家留下难忘的回忆。主人宣布宴会结束后，应对客人莅临宴会表示衷心感谢。在国外，日常宴请时，当女主人为第一主人时，往往以她的行动为准。入席时女主人先坐下，并招呼客人开始进餐。餐毕，女主人起立，邀请女宾与之共同退出宴会厅，然后男宾起立，随后进入休息厅或留下吸烟（吃饭过程中一般是不吸烟的）。男女宾客在休息厅会齐，即上茶（或咖啡）。如果安排了余兴活动，如打扑克牌、唱卡拉 OK 或舞会，就应邀请有兴致的客人自由参加，主随客便。

客人告辞时，主人和随员都应把客人送到门口，感谢客人赏光赴宴，并热情握手告别，时间不宜过长，最后目送客人离去。对于乘车离去的客人，主人应送客人上车，待车开动后再向客人挥手致意。对于年长的客人和路远的女士，还应考虑护送。

另外，有些客人可能因某些特殊原因提前离席，主人不必离席远送，尤其是客人较多时更不应如此，以免影响他人用餐，甚至影响整个宴会的气氛。

总之，接待好前来赴宴的客人，才能达到宴请的真正目的。而这一目的的实现，需要把礼仪工作做到细致入微，否则宴请就失去了意义。

11.1.3 赴宴礼仪

宴请是主客双方增进友谊、加强交往的基本方式。虽然主人处于主导地位，但客人能否密切配合，也是宴请能否成功的重要因素。

1. 礼貌答复

被邀请者接到宴会邀请后，应及时给主人答复，可以打电话或复以便函，便于主人安排。如果应邀，须注意以下事项：核对时间、地点；核实邀请范围，是否带家属、子女；对服装有何要求；明确活动目的，是否需要带鲜花和礼品表示祝贺或慰问等。如果不能应邀，应婉言告知缘由。一旦答应赴宴，就不能轻易改动。绝不能在同一天拒绝一个邀请又赶赴另一个邀请。如遇特殊情况，不能如期赴宴，就要及时通知主人，说明原因，诚致歉意。主宾不能如期赴宴，最好亲自登门道歉。接到邀请后，既不答复，又不赴宴，是极不礼貌的。

2. 形象大方

一般情况下，正式宴会的请柬上都注明了着装要求，赴宴时应按要求着装。如果请柬上没有注明，赴宴时就应按照宴会性质和当地习俗来选定服装。在西方国家的正式宴会上，男士应穿深色西装、白色衬衫，系领带，搭配锃亮的黑色皮鞋。一般来说，这套装扮可以出席任何隆重的宴会。女士赴宴时所穿礼服，若是长袖的，则可戴短手套；若是短袖的，则应戴长手套。赴晚宴的年轻女宾可以穿色彩艳丽的裙装或低胸露背款式的丝质罩衫，以便与晚宴的礼服相协调。

在我国，男士可以穿西装，也可以穿中山装。女士若穿旗袍，应以色调高雅为宜。穿着过分华丽或衣冠不整，都是失礼的行为。参加普通宴会，衣着不必过分讲究，以整齐合体为宜，但也不宜太随意，如太透、太短、衣领过低的服装就不宜赴宴时穿。

赴宴前，应当修整自己的仪容。女士可适度化妆，出席晚宴的妆容可比白天浓艳，在灯光作用下，使肤色更加鲜亮。发型可根据自己的身材、脸形和年龄选择，突出女性魅力。男士赴宴前要理发、修面，手要洗净，指甲修短，力求大方、优雅，给人沉着谨慎、仪容高雅的印象。此外，根据宴请的事由，可适当准备一些礼品。

3. 赴宴准时

被邀请者要衣衫整洁、容光焕发地按照请柬标明的时间准时出席，这不仅是对主人的尊重，也是对自己素养的反映，是礼貌的表现。一般情况下，准时是指在宴会开始前 3～5 分钟到达。如因故不能准时赴宴，则应提前通知主人，说明原因。宴会开始后，迟到的客人应向其他客人致歉，适时招呼主人，表示已经到宴。同样，赴宴也不宜去得过早，去早了会给主人增添麻烦，使之窘迫、尴尬。

4. 寒暄问候

赴宴者见到门口迎候的主人，一定要寒暄问候，尤其要跟女主人打招呼。如带有礼品（如花束、花篮等），可恭敬献上。然后由服务人员引导，先到衣帽间寄存外衣和帽子，再去迎宾处签到。和先到的客人相互致意，与邻近的客人握手，互相问好。未到入席时间时，可找一两个熟悉的朋友交谈，或静坐等候，不要随处走动。应尽量与更多的客人主动交谈，沟通感情，以营造活跃的气氛。这种场合正是结识朋友、发展友谊的好机会。有时，在没有人介绍的情况下，也可以互通姓名而交谈。不过对于异性，最好请主人介绍，这样不但比较亲切，而且不冒昧。

5. 落座有礼

赴宴者在宴会厅要按服务人员的指引和主人的安排就座，不可随意乱坐。一般情况下，正式宴会的座位事先已经按照客人的身份和地位安排好了。即使请柬上写明了桌次和座号，也不要急于就座。就座时要斯文，入座时，应让年长者、地位高者和女士先坐，然后以右手拉椅子，从椅子左侧入座。同时应与同桌的客人点头致意。当其他客人已相继坐下，而一时无人给自己引座时，可选择较下的位置先行坐下，待主人发现后，再正式引领入座。注意自己的姿态，既不过于拘谨，也不可散漫随便。可将身体轻靠在椅背上，座椅与餐桌距离适中，以能与其他客人协调、自己感觉舒适为好。交谈时，双手自然摆放。

6. 用餐文明

身体和餐桌间要保持适当距离，姿势端正。自行取菜时，一次不要取太多，将食物剩在盘中是一种失礼的行为。不合口的食物，也不要一点不拿，更不要显出厌恶，这是不礼貌的。吃东西要文雅，应闭嘴咀嚼，不宜发出声音。咀嚼时不要张嘴说话。热汤不要用嘴吹，喝汤不要咂嘴。不要两眼盯着菜只顾吃，要照顾到别的客人，谦让一下，尤其要招呼两侧的女宾。好的吃相是食物就口，不可口就食物。取菜舀汤，应使用公筷、公匙。

💡 **课内实训 11-1**

宋朝著名文学家苏东坡有一次和朋友一起吃饭。他们要了很多菜，其中一盘下酒菜中有四条小鱼。他的朋友很爱吃鱼，一连夹了三条放在自己的盘子里，接着一口气把三条鱼全吃了。看看桌上只剩最后一条，朋友有些不好意思地说："这条你吃了吧！"苏东坡叹了口气，笑着说："我本想自己吃，可是，我实在不忍心拆散它们，还是让它们团聚吧。"请用礼仪的相关知识分析故事中人物的行为表现。

在餐桌上，手势、动作幅度不宜过大，更不能用餐具指点别人。想要取用摆在同桌其他客人面前的调味品时，应请邻座客人帮忙传递，不可伸手横越，长驱取物。不慎将酒、水、汤汁溅到他人衣服上，表示歉意即可，并递上手帕或餐巾。自己的餐具掉在地上，可向服务人员再要一副。进餐时一般不要咳嗽、清嗓子、擤鼻涕、打喷嚏，如有此需要，应起身去卫生间处理。万一不能控制时，也要用餐巾捂住鼻子、嘴巴，事后向周围的人道声"对不起"。切忌用手指掏牙，应用牙签，并以手或手帕遮掩。

正式宴会中，在主人、主宾致辞时，应停止用餐或饮酒，保持安静。可随时在就餐过程中敬酒，用双手举杯敬酒，眼睛注视对方。碰杯时，杯沿不高于对方的杯沿，喝完后再举杯表示谢意。尊重对方的饮酒习惯和意愿，不以各种理由强迫对方饮酒。服务人员斟酒时，勿忘道谢，但不必拿起酒杯。当男主人亲自来斟酒时，则端酒杯致谢，必要时，起身站立或欠身点头。相互碰杯祝酒，可以表示友好，活跃宴会气氛，但注意不要交叉碰杯。女士不宜提议为男士干杯。人多时，可同时举杯示意，不一定碰杯。不会喝酒或不能饮酒时，要注意礼貌拒酒，或用饮料象征性地表示一下。可以提前声明或以饮料代酒，也可以倒入杯中少许酒而不喝。西餐宴会上，一般只用香槟酒。西方人一般只祝酒，不劝酒；只敬酒，不真正干杯，喝与不喝，喝多喝少各人自便。

另外，就餐期间，静吃不语是不礼貌的。和同桌客人交谈，要热情大方，同新朋友不要"一见如故"，彼此介绍应稳重诚恳，交换名片应注意礼节。交谈的内容应愉快、健康、有趣。交谈的音量要适中，当主人、主宾致辞时，应停止交谈，端坐恭听。与邻座交谈时，切忌一边嚼食物，一边与人含含糊糊地说话。上茶时，不要过多与服务人员说话，影响他们的正常工作，必要时说声"谢谢"即可。席间应把手机调成静音。离席回电话时，应向主人或左右的客人致歉，轻轻拉开椅子离去。

7. 离席礼貌

主人宣布宴会结束后，客人才能离席。一般在主人和主宾离开坐席后，其他客人才能离席。客人应向主人致谢，热情与主人话别，感谢主人的盛情款待，同时与其他客人道别。特别注意，道别的顺序是：男宾先向男主人道别，女宾先向女主人道别，再交叉道别。

另外，无论宴会多么乏味，道别时都不要向主人流露出厌倦或不悦。客人不得因贪杯而拖延不散，也不能因余兴未尽而迟迟不起，那样做不仅是对主人的失礼，也是对其他客人的不敬。在宴会结束时，如果主人有礼品馈赠，则应高兴地收下，并表示十分喜爱，礼貌地向主人致谢。

要特别注意的是，客人在席间或在主人没有表示宴会结束时离席是不礼貌的。入席就餐后，最好不要中途离去。若有急事非要中途离席，要特别注意相关礼仪。

（1）说明情况。如果席前就已准备中途道别，那么最好在宴会开始之前就向主人说明理由，并表示歉意，届时向主人打个招呼便可悄悄离去；临时有事需要提早离席，同样应向主人说明理由，并表示歉意。如果有长辈在席，则最好向后退两步再转身离开。这样能给人留下讲礼貌的好印象。

（2）选好时机。中途道别离席，不要选择席间有人讲话时或刚讲完话之后。这容易让人误以为告辞者对讲话者不耐烦。最好选择宴会告一段落时，如主客之间相互敬了一轮酒或客人均已用完餐后。

(3)减少影响。中途道别只需和主人打招呼或向左右宾客点头示意即可,不要闹得人尽皆知,以免影响他人用餐,甚至影响整个宴会的气氛。

8. 宴后致谢

从礼仪角度讲,宴会后给主人打个电话致谢,或在一周内发一封感谢信很有必要。通过感谢主人的盛情款待,重申宴会上的友谊来加深相互之间的良好印象,为今后进一步合作打好基础。这虽属宴请余音,却是赴宴者不应忽视的。

11.2 中餐宴会礼仪

中餐是以中国传统烹饪、发酵、碎解技艺制作食物和箸食的整体范式,包括粤菜、川菜、鲁菜、苏菜、浙菜等多种菜系。中餐宴会是按照中国的饮食习惯,使用中餐餐具、饮用中国饮料、食用中国菜肴、按照中式服务方法和礼节进行的具有中国传统形式的宴会。

11.2.1 中餐宴会桌次与座次礼仪

中餐宴会的桌次与座次安排是中餐文化中较为敏感和重要的环节,是中餐宴会是否能够成功的关键因素。

1. 中餐宴会桌次礼仪

中餐宴会一般采用圆桌,视参加人数多少设一桌或多桌,多桌分为主桌和辅桌。桌次的安排可根据宴会厅的形状和桌数来确定。

(1)两桌的小型宴会。两桌的小型宴会,餐桌有时需要横排,有时需要竖排。排序原则:面门为上,以远为上,居中为上,居右为上,临台为上,开阔为上。左与右方位的确定是以面对正门的位置为准的。两桌横排时,桌次以右为尊。两桌竖排时,桌次以距离正门远的位置为上,以距离正门近的位置为下,如图11-1和图11-2所示。

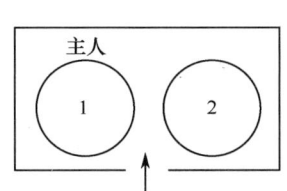

图11-1 两桌横排的桌次排列

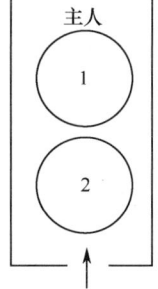

图11-2 两桌竖排的桌次排列

(2)三桌或三桌以上的宴会。三桌或三桌以上的宴会也叫多桌宴会,其排列方法除了注意遵守两桌排列的规则,还应考虑距离主桌的距离。根据辅桌离主桌的远近,同等距离,右高左低;同一方向,近高远低。排列的总体方法有横、竖、花排等多种,具体采取哪种方法应根据场地和美观的原则来确定,如图11-3所示。在安排桌次时,除主桌可以略大外,其他辅桌大小、形状应大体相仿,不宜差别过大。

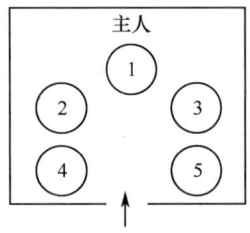 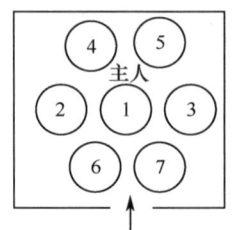 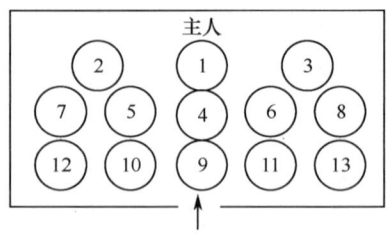

图 11-3 三桌或三桌以上的桌次排列

2．中餐宴会座次礼仪

座次礼仪也是中国的传统文化，是礼仪的一部分，中餐宴会如何安排长、幼、老、少、上级、下级座次也是有讲究的。入席就餐时，席位排序原则是：面门为上，以右为上，以东为上，以中为上，观景为上，靠墙为上。面门为上是指根据礼仪惯例，应该以面对正门为上座，以背对正门为下座。以右为上是指当两个人并排就座时，通常以右为上座，左为下座。这是因为中餐上菜时以顺时针方向为上菜方向，居右而坐的要比居左而坐的优先得到照顾。以东为上是指如果餐桌为八仙桌，有正对门的座位，则八仙桌正对大门一侧的右位为首席，如果不正对大门，则面东的一侧右位为首席。以中为上是指三人一起就餐，中间的人要高于两侧的人，右边的人要高于左边的人。观景为上是指在一些高档用餐场合，室外往往有优美的景致或高雅的演出供用餐者欣赏。这时就要以观赏角度最佳的位置为上座。靠墙为上是指在中低档餐馆用餐，通常以靠墙的位置为上座，以靠过道的位置为下座。

宴会的主人应坐在主桌上，面对正门就座；在举行多桌宴会时，各桌之上均应有一位主桌主人的代表，作为各桌的主持人，一般与主桌主人同向就座，有时也可以面向主桌主人就座。每张餐桌上，就餐人数一般限制在 10 人之内，并且以双数为好。每张餐桌具体位次的安排可以分为以下两种情况。

（1）每张桌上只有一个主位的排列方法（一主式座位）。这种情况，主宾在主人右侧就座，形成一个谈话中心，如图 11-4 所示。

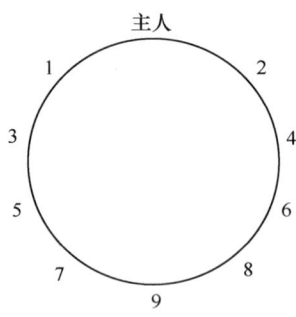

图 11-4 一主式座位

（2）每张桌上有两个主位的排列方法（两主式座位）。如主人夫妇就座于同一桌，以男主人为第一主人，女主人为第二主人，主宾和主宾夫人分别坐在男女主人右侧，桌上形成了两个谈话中心，如图 11-5 所示。在主宾的身份高于主人时，为表示尊重，可安排其在主人席位上就座，而主人则坐在主宾的位置上，第二主人坐在主宾的左侧。如果本单位出席人员中有身份高于主人者，可请其在主位就座，主人坐在身份高者的左侧。

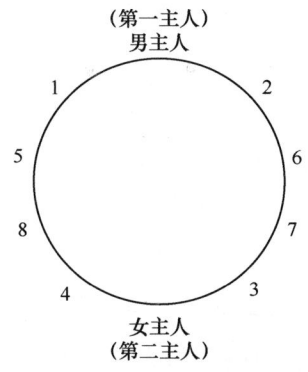
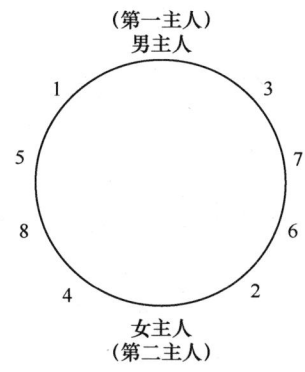

图 11-5　两主式座位

当然，在某些时候，安排座次时也不必过于牵强。商务人员可以用手势邀请客人就座，或主动帮客人拉开椅子请其就座。有一点要注意，如果客人已经坐下，就没有必要再重新安排位置了。

11.2.2　中餐宴会餐具使用礼仪

中餐的主餐具有筷子、汤匙、水杯、食碟、碗等。水杯放在菜盘上方，右上方放酒杯，酒杯数目和种类应与所上酒的品种数相同。餐巾叠成花插在水杯中或平放在菜盘上。宴请外国宾客时，除筷子外，还应摆上刀叉、酱油、醋、辣酱等，通常一桌数份。公筷、公匙应备有筷座、匙座，一套摆在主人面前。辅餐具主要有水盂、餐巾、湿巾、牙签等。

1．筷子

中国人使用筷子用餐是从远古流传下来的，古时又称筷子为"箸"。日常生活中对筷子的运用是非常有讲究的。一般我们在使用筷子时，正确的方法是：右手执筷，拇指和示指捏住筷子的上部 1/3 处，另三个手指自然弯曲扶住筷子，并且筷子的两端一定要对齐。用餐前筷子一定要整齐码放在饭碗的右侧，用餐后则一定要整齐地竖向码放在饭碗的正中。

知识拓展

使用筷子的中国传统礼仪"十二忌"

2．汤匙

汤匙主要用来饮汤，尽量不要用其舀菜。用筷子取菜时，可用汤匙加以辅助。使用汤匙时要注意：一是用它饮汤时，不要全部放入口中吸吮；二是用汤匙取食物后，应立刻食用，不要再次倒回原处；三是食物过烫，不宜用汤匙搅来搅去，也不要用嘴对它吹来吹去；四是用汤匙取食物时，不要过满，免得溢出来弄脏餐桌或自己的衣服；五是在舀取食物后，应在原处"暂停"片刻，待汤汁不会再往下流时，再移回来享用；六是汤匙不用时，应将其放在自己的食碟上，不要放在桌上或汤碗里"立正"。

3．水杯

中餐中所用的水杯，主要用来盛放清水、汽水、果汁、可乐等软饮料。需要注意的是，不要用它来盛酒，也不要倒扣水杯。另外，喝进嘴里的东西不能再吐回水杯。

4. 食碟

食碟主要是用来暂放从公用的菜盘里取来享用的菜肴的。使用食碟时，要注意以下几个问题：一是不要一次从菜盘中取来过多的菜肴，这样使碟子看起来繁乱不堪，很不雅观；二是不要多种菜肴堆放在一起，否则既相互"串味"，也不雅观；三是不要将不宜入口的残渣、骨、刺吐在地上，应轻放在食碟的前端，由服务人员换新碟。

5. 碗

碗主要用于盛放主食、羹、汤。在正式宴会上，使用碗时要注意：一是不要端起碗进食，尤其不要双手端起碗进食；二是碗内的食品要用餐具取，不能用嘴吸或直接下手取用；三是碗内的剩余食品不可往嘴里倒，也不可用舌头舔；四是暂不用的碗不可放杂物；五是不能把碗倒扣过来放在餐桌上。

6. 水盂

有时品尝某些食物需要直接用手，这时服务人员往往在餐桌上摆一个水盂，水面上有玫瑰花瓣或柠檬片。它里面的水不能喝，只能用来洗手。洗手时，动作不要太大，应轮流沾湿手指，轻轻洗，然后用餐巾擦干。

7. 湿巾

宴会开始前，服务人员会为每位用餐者递上一块湿巾，用来擦手。擦手之后，应将其放回盘中，由服务人员取回。宴会结束时，会再上一块湿巾，用来擦嘴。

8. 餐巾

正式宴会会为每位用餐者准备一条餐巾。它应当铺放在并拢之后的大腿上，一些酒店也会将其垫在骨盘下面，但不能把它围在脖子上，或掖在衣领里、皮带上。餐巾主要用于防止弄脏衣服，兼可用于轻擦嘴部和手上的油渍，但不能用于擦餐具或擦汗。餐中暂时离席，应将餐巾放在座位上。用完餐后，宜将餐巾折好，放在餐桌上再离席。

9. 牙签

牙签主要用来剔牙。用中餐时，尽量不要当众剔牙。非剔不可时，应以另一只手掩住嘴部进行。剔出来的东西切勿当众观赏或再次入口，也不要随手乱弹，随口乱吐。剔牙之后，不要长时间叼着牙签。取用食物时，不要以牙签扎取。

案例 11-1

剔牙有错吗

王先生刚刚结婚，为答谢好友李先生一家，夫妻二人特地在家设宴。新娘的手艺真不错，清蒸鱼、炖排骨、烧鸡翅……李先生一家吃得津津有味，只不过偶尔有肉丝塞进牙缝，李先生拿起桌上的牙签，当众剔除滞留在牙缝中的肉丝，还"文雅"地将剔出来的肉丝吐在烟灰缸里。看着烟灰缸里吐出来的肉丝，王先生和新娘一点胃口也没有了。

案例解析：不得不当众剔牙时，可以用一只手持一张纸巾掩住嘴部进行，剔出来的东西直接包裹在纸巾内扔进垃圾桶或烟灰缸里，不可随意吐出来。

11.2.3 中餐宴会酒菜礼仪

中餐宴会中,菜品和酒水的次序和选择也会影响整个宴会的氛围。

1. 中餐的菜序礼仪

标准的中餐,无论何种风味,其上菜的顺序都大体相同。通常先上冷盘,接着上热菜,随后上主菜,然后上点心和汤,最后上水果拼盘。当冷盘吃到只剩 1/3 时,开始上第一道热菜,一般每桌要安排 10 个热菜。宴会上桌数再多,各桌也要同时上菜。

上菜时,如果由服务人员给每个人上菜,则要按先主宾后主人、先女士后男士的顺序,或按顺时针方向依次进行。如果由个人取菜,则每道菜应先放在主宾面前,由主宾开始按顺时针方向依次取食,切不可迫不及待地越位取菜。

2. 酒菜的搭配

通常,每位用餐者面前排列着大小不等的三只杯子,自左而右依次是白酒杯、葡萄酒杯、水杯。在搭配菜肴方面,中餐所选的酒水讲究不多。爱喝什么酒就可以喝什么酒,想什么时候喝酒也可完全自便。

若无特殊规定,正式的中餐宴通常要上白酒和葡萄酒这两种酒。出于饮食习惯方面的原因,中餐宴中上桌的葡萄酒多半是红葡萄酒,而且一般都是甜红葡萄酒。选用红葡萄酒,是因为红色充满喜气,而选用甜红葡萄酒,则是因为不少人对口感不甜、微酸的干红葡萄酒不太喜欢。正规的中餐宴一般不上啤酒。

3. 饮酒的程序

在较为正式的场合,饮用酒水颇为讲究具体的程序。在常见的饮酒程序中,斟酒、敬酒、干杯应用最多。

(1) 斟酒。通常,酒水应当在饮用前斟入酒杯。有时,主人为了表示对客人的敬重、友好,亲自为其斟酒。在服务人员斟酒时,勿忘道谢,但不必拿起酒杯。主人亲自来斟酒时,则必须端起酒杯致谢,必要时还需起身站立,或欠身点头为礼。

主人为客人斟的酒,应是本次宴会上最好的酒,并应当场启封。斟酒时要注意三点:其一要面面俱到、一视同仁;其二要注意顺序,可依顺时针方向从自己所坐之处开始,也可以先为尊长、主宾斟酒;其三是斟酒要适量,白酒与啤酒可以斟满,而其他洋酒则无此讲究,要是斟得过满使之溢出,反而显得不合适。除主人与服务人员外,其他客人一般不宜自行为他人斟酒。

(2) 敬酒。在正式宴会上,由主人向客人提议为了某种事由而饮酒。在敬酒时,通常要讲一些表示祝愿、祝福的话。在正式宴会上,主人与主宾还会郑重其事地致一篇专门的祝酒词。因此,敬酒往往是宴会上必不可少的一项程序。

敬酒可以随时在饮酒过程中进行,频频举杯祝酒会使现场氛围热烈而欢快。不过,致正式祝酒词的时间应以不影响客人用餐为首要考虑。无论是致正式祝酒词,还是普通情况下的祝酒,均应内容越短越好。通常,致祝酒词最适合在主宾入席后、用餐前开始,有时也可以在吃过主菜之后、上甜品之前进行。在有人敬酒或致辞时,其他人应一律停止用餐或饮酒,并坐在自己的座位上面向对方,洗耳恭听。

例文 11-2 "中国国际××展览会"招待会祝酒词

女士们、先生们：

晚上好！"中国国际××展览会"今天开幕了。今晚，我们有机会同各界朋友欢聚，我们感到很高兴。我谨代表中国国际贸易促进委员会上海市分会，对各位朋友光临我们的招待会表示热烈欢迎！

"中国国际××展览会"自上午开幕以来，已引起了我市及外地科技人员的浓厚兴趣。这次展览会在上海举行，为来自全国各地的科技人员提供了经济技术交流的好机会。我相信，展览会在推动这一领域的技术进步及经济贸易的发展方面将起到积极作用。

今晚，各国朋友欢聚一堂，我希望中外同行广交朋友、寻求合作，共同度过一个愉快的夜晚。

最后，请大家举杯，为"中国国际××展览会"的圆满成功，为朋友们的健康，干杯！

（3）干杯。在干杯时，往往喝干杯中之酒，故称干杯。有时，干杯者相互之间还要碰一下酒杯，因此又称碰杯。干杯需要有人率先提议。提议干杯者，可以是致祝酒词的主人、主宾，也可以是其他任何在场饮酒的客人。提议干杯时，应起身站立，右手端起酒杯，或者用右手拿起酒杯后，再以左手托扶其杯底，面含笑意地目视他人，尤其是自己的祝酒对象，口诵祝酒词，如祝对方"身体健康""生活幸福""节日快乐""工作顺利""事业成功""双方合作成功"等。

在主人或他人提议干杯后，其他客人应当手持酒杯或起身站立，即便滴酒不沾，也要举起水杯助兴。在干杯时，应手举酒杯至双眼高度，将酒一饮而尽，或饮去一半，或饮去适当的量。还需手持酒杯与提议干杯者对视一下，这一过程方告结束。

4．饮酒的注意事项

（1）酒量适度。无论在哪种场合饮酒，都要努力保持风度，做到"饮酒不醉为君子"。不仅高兴时需要如此，心情不佳时也需要如此。

（2）拒酒有礼。假如因生活习惯或健康等原因而不能饮酒，则可以用下列合乎礼仪的方法拒绝他人的劝酒：申明不能饮酒的客观原因；主动以其他软饮料代酒；委托亲友、部下或晚辈代为饮酒；让劝酒者在自己面前的杯子里稍斟一些酒，然后轻轻以手推开酒瓶，按照礼节，杯子里的酒是可以不喝的；当劝酒者向自己的酒杯里斟酒时，用手轻轻敲击酒杯的边缘，这种做法的含义就是"我不喝酒，谢谢"；当主人或朋友们向自己热情地敬酒时，不要东躲西藏，更不要把酒杯翻过来，或将他人敬的酒悄悄倒在地上。

（3）拒绝陋习。在饮酒时，不要忘记律己敬人之规，不可存在下列既有害于人，又有损于己的陋习恶俗："耍酒疯"、酗酒、灌酒、划拳。

11.2.4 中餐宴会茶饮礼仪

在正式的宴请场合，饭前餐后，茶饮是必不可少的。

1．奉茶礼仪

最基本的奉茶之道，就是客人来访马上奉茶。奉茶前应先请教客人的喜好，如红茶、绿茶或花茶等。如有点心招待，则应先将点心端出，再奉茶。

俗话说，"酒满敬人，茶满撵人"。奉茶时应注意：茶不要太满，以八分满为宜。水温不宜太烫，以免客人被烫伤。上茶时可由主人向客人敬茶，或由服务人员先给客人上茶。同时有两位及以上的客人时，端出的茶颜色要均匀，并要配合茶盘端出，左手捧着茶盘底部，右手扶着茶盘边缘。点心放在客人的右前方，茶杯应摆在点心右边。上茶时应向在座的人说声"对不起"，再以右手端茶，从客人的右方奉上，面带微笑，眼睛注视对方并说："这是您的茶，请慢用！"添水时也应如此。应依职位的高低顺序来决定奉茶的先后顺序。由服务人员上茶时，要先给客人上茶，再给主人上茶。若客人较多，则应先给主宾上茶。

2. 饮茶礼仪

以茶待客是一种礼仪，既然主人在以茶待客时处处以礼待人，那么作为接受款待的一方，客人在饮茶时也应做到文明、礼貌。具体来说，需要在以下两个方面加以注意。

（1）态度谦恭。主人上茶前，会征求客人意见，询问大家"想喝什么"。如果没有什么特别的禁忌，则可以在对方提供的几种选择中任选一种，或告之以"随便"。一般情况下，向主人提出过高的要求是很不礼貌的。

主人敬茶时，客人也应起立，用双手接过茶杯，并说"谢谢"。不要坐着不动，任主人为自己张罗。如果自己不习惯饮茶，则应及时向主人说明。若自己尚未说明，而茶已经端上来，可以不喝，但千万不要面露不快，因此责怪主人或为自己上茶的人。

在社会交往中，当与交往对象正在交谈时，最好不要饮茶。无论是自己还是交谈对象正在讲话时，自己要是转而饮茶，不但会打断谈话，也会显得自己用心不专。只有当自己不是主要的交谈对象时，或与他人的交谈告一段落后，才可以见机行事，喝上一口茶润润嗓子。

（2）认真品味。在饮茶时，应当一小口、一小口地细细品尝。每饮一口茶后，应使其在口中稍稍停留，再慢慢地咽下去。

在端起茶杯时，应以右手持杯耳。对于无杯耳的茶杯，则应以右手握茶杯的中部。

使用带杯托的茶杯时，可以只用右手端起茶杯，不动杯托，也可以用左手将杯托连同茶杯端至左胸高度，然后以右手端起茶杯饮用。

饮盖碗茶时，可用杯盖轻轻将漂浮于茶水上的茶叶拂去，不要用口去吹。茶太烫的话，也不要去吹，最好待其自然冷却至适宜的温度。

饮用红茶或奶茶时，不要用茶匙舀茶，也不要将其插放在茶杯中。不用时，将其放在杯托上即可。若主人告之所饮的是名茶，则饮用前应仔细观赏一下茶汤，并在饮用后加以赞赏。

11.3 西餐宴会礼仪

西餐主要是对西方国家，即欧美各国的菜肴的一种约定俗成的统称。随着我国对外交往的日益频繁，西餐也离我们越来越近。西餐大致可以分为欧美式和俄式两种。欧美式西餐主要包括英、法、美、意等国菜肴，以及少量的西班牙、葡萄牙、荷兰等国菜肴。法式菜肴和俄式菜肴是西餐中最著名的两大菜肴。西餐菜肴主料突出、营养丰富、讲究色彩、味道鲜美，其烹饪和食用方法同中餐有很大不同，体现了一种西方文化。

11.3.1 西餐宴会桌次与座次礼仪

西餐宴会通常采用长桌，与中餐宴会的桌次和座次礼仪有很大不同。

1. 桌次排列礼仪

西餐宴会中，桌子的排列方法可以根据用餐人数多少和场地大小而定。桌子的排列次序同中餐餐桌的排列原则是一样的，面门为上，主桌排定之后，其余桌次的高低以离主桌的远近而定，近者为高，远者为低；平行者以右者为高，左者为低。除了极盛大的宴会，一般不排桌次。

2. 座次排列礼仪

西餐宴会席位排列主要是座次问题。具体排列规则如下。

（1）女士优先。一般女主人为第一主人，在主位就座。男主人为第二主人，在第二主人的位置上就座。

（2）距主位近的位置高于距主位远的位置。

（3）以右为尊。就某具体位置来说，右侧高于左侧。西餐宴会排席时，男主宾要排在女主人的右侧，女主宾排在男主人的右侧，按此原则依次排列。

（4）面门为上。在餐厅内，以餐厅正门为参照物时，面对餐厅正门的席位高于背对餐厅正门的席位。

（5）交叉排列。西餐宴会排席时讲究交叉排列，即男女应当交叉排列。熟人和陌生人也应当交叉排列。一位用餐者的对面和两侧往往是异性或不熟悉的人，这样有助于广交朋友。

西餐宴会的餐桌一般都采用长桌或方桌，因此座次的排列主要分长桌和方桌两种。

第一，长桌的座次排列。方法有两种，第一种是男女主人在长桌的中央相对而坐，餐桌的两端可以坐人，也可以不坐人，如图 11-6 和图 11-7 所示。第二种是男女主人分别坐在长桌的两端，如图 11-8 所示。

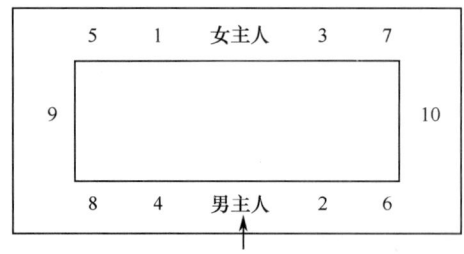

图 11-6　两端坐人长桌的座次排列

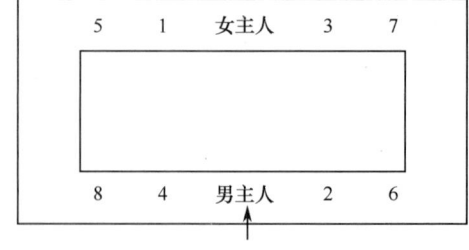

图 11-7　两端不坐人长桌的座次排列

当用餐人数较多时，可以拼桌，以便大家能一道用餐。其方法有两种，如图 11-9 和图 11-10 所示。要注意的是，长桌的两端要尽可能安排宴会方的男士就座。

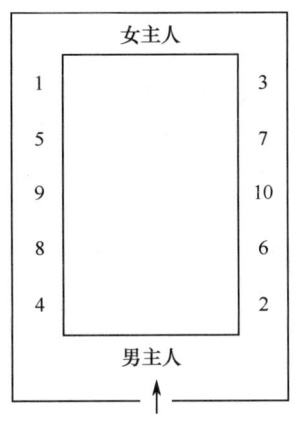

图 11-8　男女主人分别坐在长桌两端的座次排列

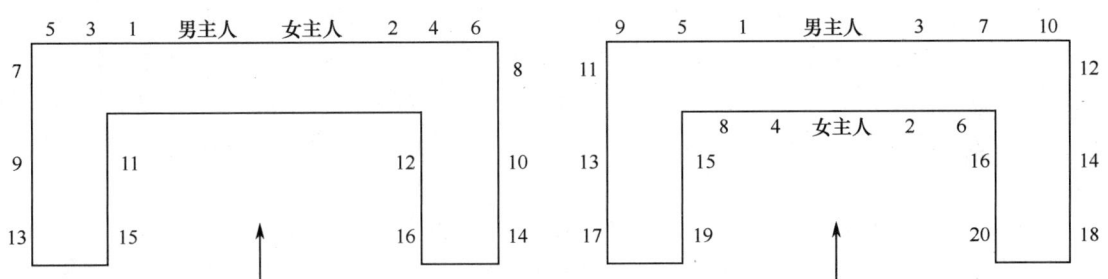

图 11-9　长桌相拼的餐桌座次排列（一）　　　图 11-10　长桌相拼的餐桌座次排列（二）

第二，方桌的座次排列。其排列方法是：以方桌排列座次时，就座于餐桌四面的人数应相等。一般情况下，一桌共坐八人，每侧各坐两人。在进行排列时，应使男、女主人与男、女主宾对面而坐，所有人均各自与自己的恋人或配偶坐成斜对角，如图 11-11 所示。

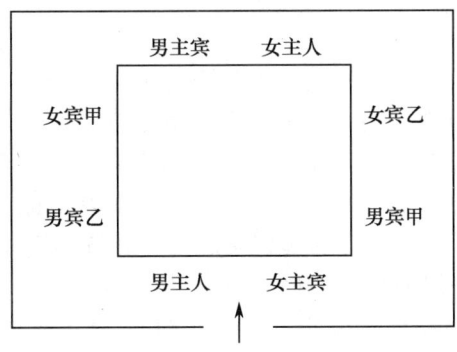

图 11-11　方桌的座次排列

11.3.2　西餐宴会餐具使用礼仪

使用刀叉进餐是西餐最重要的特征之一。除刀叉外，西餐的主要餐具还有餐匙、餐巾等，用法也有特殊之处。至于西餐桌上的盘、碟、杯、水盂、牙签等餐具，其基本用法同中餐相似。

1. 刀叉

刀是用来切割食物的，不要用刀挑起食物往嘴里送。当用餐时有三种不同规格的刀同时出现时，一般正确的用法是：带小锯齿的用来切肉制食品；中等大小的用来将大片的蔬菜切成小片；而那种小巧的、刀尖是圆头的、顶部有些上翘的小刀，则用来切开小面包，然后用它蘸些果酱、奶油涂在面包上面。

右手拿刀，左手拿叉，叉起食物往嘴里送时动作要轻。同时，牙齿只碰到食物，不要咬叉。

在正规的西餐宴会上，通常讲究吃一道菜换一副刀叉，即在吃每道菜时都使用专门的刀叉。

享用西餐正餐时，一般情况下，放在每位用餐者面前的刀叉主要有吃黄油所用的刀，吃鱼所用的刀叉，吃肉所用的刀叉，吃甜品所用的刀叉等。吃黄油所用的刀没有与之相匹配的叉。它的正确位置是横放在用餐者左手的正前方。吃鱼所用的刀叉和吃肉所用的刀叉，应当刀在右、叉在左，分别纵向摆放在用餐者面前的餐盘两侧。叉的具体位置应在吃黄油用刀的正下方。有时，在餐盘左右两侧分别摆放的刀叉有三副之多。要想不把它们拿错，应当记住分别从两边由外侧向内侧依次取用。吃甜品所用的刀叉应在最后使用。它们一般被横向放置在用餐者面前的餐盘的正前方。

使用刀叉有两种常规方法。其一是英国式，要求就餐时右手持刀，左手持叉，一边切割，一边叉而食之。其二是美国式。要求仍是左叉右刀，但先将餐盘中食物全部切割好，再双手交换刀叉，右手持叉进食。切割食物时，不要弄出声响，双肘下沉，姿态美观。

就餐中途放下刀叉休息或离开时，将刀叉呈"八"字形状摆放在餐盘中，且刀口向内，叉齿向下，这表示用餐尚未完毕，一会儿要回来继续用餐，服务人员便不会收拾餐具；就餐完毕，则刀叉并排纵放或刀上叉下横放在餐盘中，且刀口向内，叉齿向上，表示用餐已毕，服务人员可收拾餐具。

2. 餐匙

餐匙也称调羹。品尝西餐时，餐匙是一种不可或缺的餐具。在西餐的正餐中，一般至少出现两把餐匙，即汤匙和甜品匙。个头较大的餐匙为汤匙，通常与刀并列纵放在用餐者右侧的最外端，与刀并列摆放。个头较小的餐匙则为甜品匙，在通常情况下，它应当被横向摆放在吃甜品所用刀叉的正上方，并与其并列。当不吃甜品，用不上甜品匙时，有时它也会被个头同样大小的茶匙所取代。汤匙和甜品匙各有各的用途，不可相互替代。

使用餐匙需要注意：使用餐匙取食时，动作应干净利落，切勿在甜品、汤之中搅来搅去；尽量使其保持干净，不要把它搞得"色彩缤纷"；餐匙除可以饮汤、吃甜品外，绝对不可直接舀取其他任何主食、菜肴等；使用过的餐匙切不可再放回原处，也不可将其插入菜肴、主食，或令其"直立"于甜品、汤盘或红茶杯之中；用餐匙取食时，要适可而止，不要过量，而且一旦入口，就要一次将其吃完。一餐匙的东西不要反复品尝好几次；餐匙入口时，应以其前端入口，而不是将它全部塞进嘴里；不能直接用茶匙舀取红茶饮用。

3. 餐巾

西餐的餐巾通常叠成一定的形状，如皇冠形、扇形、扇贝形等。餐巾的颜色和造型有多种选择，往往与整个就餐环境相得益彰。它们一般放置于用餐者右前方的水杯里，或直接平放于用餐者右侧的桌面上。

无论是大、中、小，还是正方形或长方形，餐巾使用时都应平铺于自己并拢的大腿上。使用正方形餐巾时，应将它折成等腰三角形，并将直角朝向膝盖方向。使用长方形餐巾时，则可将其对折，然后折口向外平铺。

用餐期间，与人交谈之前，应先用餐巾揩一下满是油渍的嘴。擦拭嘴唇时，拿起餐巾的末端顺着嘴唇轻轻压一下即可。弄脏的部分为了不让人看见，可往内侧卷起。女士进餐前，也可用餐巾轻印一下嘴唇，以除去唇膏，避免留下唇印。

用餐时，餐巾可用来进行多种特殊暗示，最常见的有三种：一是暗示用餐开始。西餐宴会都以女主人为"带路人"，当女主人铺开餐巾时，就等于宣布可以开始用餐了。二是暗示用餐结束。当主人把餐巾放到餐桌上时，意在宣告用餐结束，请各位客人离席。三是暗示暂时离开。若中途暂时离开，则可将餐巾放置于本人座椅的椅面上。用餐完毕要站起来，先将腿上的餐巾拿起，随意叠好，再把餐巾放在餐桌的左侧，最后起身离座。如有主宾或长辈在座，则一定要等他们拿起餐巾折叠时才能跟着动作。

11.3.3　西餐宴会酒菜礼仪

由于饮食习惯的不同，西餐的菜序和酒水礼仪与中餐有明显的不同。

1．西餐宴会菜序礼仪

正规的西餐宴会，其菜序既复杂又讲究。一般情况下，完整的西餐正餐由下列八道菜肴组成。

（1）开胃菜。开胃菜是西餐宴会的"前奏曲"，一般是由蔬菜、水果、海鲜、肉类等用各种调味汁凉拌而成的拼盘。

（2）面包。正餐面包一般是切片面包。吃面包时，可根据个人口味，涂上黄油、果酱或奶酪。

（3）汤。西餐的汤有两大类，即浓汤和清汤。

（4）主菜。主菜的内容十分广泛，包括水产类菜肴、畜肉类菜肴、禽肉类菜肴和蔬菜类菜肴。正式的西餐宴会上，一般要上一个冷菜、两个热菜。两个热菜中，讲究先上一个鱼菜，由鱼或虾及蔬菜组成；另一个是肉菜，为西餐中的大菜，是必不可少的，多用烤肉，配以蔬菜，往往代表此次用餐的最高档次和水平。

（5）点心。吃过主菜后，一般要上些蛋糕、饼干、吐司、三明治等西式点心。

（6）甜品。吃过点心之后，接着上甜品，最常见的有冰激凌、布丁等。

（7）水果。吃完甜品，一般还要摆上干鲜果品。

（8）热饮。在宴会结束前，还要为用餐者提供热饮，一般为红茶或咖啡，以帮助消化。西餐的热饮可以在餐桌上饮用，也可以换个地方，到休息室或客厅饮用。

2．西餐宴会菜点与酒水搭配礼仪

在西餐宴会上饮用酒水时，其酒具、酒温、持杯与品酒的方法都有一定的章法与程序。最基本的讲究是：在正式的宴会上，每吃一道菜，便要换一种酒水。

（1）餐前酒。餐前酒又称开胃酒，可在吃开胃菜时享用，或在开始正式用餐前饮用，

一般为又浓又香，能刺激食欲的威士忌（Whisky）、杜松子酒（Gin）、伏特加（Vodka）、雪利酒（Sherry）、朗姆酒（Rum）等，鸡尾酒也是理想的开胃酒。

（2）餐中酒。餐中酒是在正式用餐期间饮用的酒水。西餐中的佐餐酒均为葡萄酒，而且大多数是干葡萄酒或半干葡萄酒。"红酒配红肉，白酒配白肉。"色、香、味淡雅的酒应与色调冷、香气雅、口味纯、较为清淡的菜肴搭配，如鱼、海鲜类应配以冰冻后的白葡萄酒；香味浓郁的酒应与色调暖、香气浓、口味杂、较难消化的菜肴搭配；咸食选用干、酸型酒；甜食选用甜型酒；在难以确定时，则选用中性酒。

（3）餐后酒。餐后一般选择浓、香、烈的酒，可在吃完甜点后化解油腻。最常见的餐后酒是利口酒，又叫香甜酒。最有名的餐后酒则是有"洋酒之王"美称的白兰地。

一般情况下，饮不同的酒水要用不同的专用酒杯。每位用餐者桌面上右边餐刀的上方，大多横排放置三四只酒杯。其中，香槟酒杯、红葡萄酒杯、白葡萄酒杯及水杯往往必不可少。取用时，可依次由外侧向内侧进行。

西餐宴会中，酒类服务通常由服务人员负责将少量酒倒入酒杯中，让客人鉴别一下品质。只需把它当成一种形式，喝一小口并回答"Good"。接着，服务人员会来倒酒，这时不要动手去拿酒杯，而应把酒杯放在桌上由服务人员来倒。如果不想让服务人员给自己倒酒，就用指尖碰一下酒杯的边缘，以示不想要。

为避免手的温度使酒温增高，正确的握杯姿势是用三根手指轻握杯脚，即用拇指、中指和示指握住杯脚，小指放在杯子的底台固定。饮酒时轻轻摇动酒杯，让酒与空气接触，以增加酒味的醇香。

非敬酒时一饮而尽，或边饮酒边透过酒杯看人、拿着酒杯边说话边饮酒、将口红印在酒杯沿上等，都是失礼的行为。不要用手指擦杯沿上的口红印，用纸巾擦即可。

 课内实训 11-2

云南省某公司王老板同泰国某公司建立了业务关系。某日，王老板获悉该公司林老板到云南来考察，便在中午设宴款待。参加宴会的人员有云南公司的王老板、公司经理、副经理、业务科长等八人。林老板到达设宴地点，双方互致问候后，宴会开始。林老板见服务人员欲为自己斟酒，便解释自己不能喝白酒，王老板却热情地说："为了我们两家的合作，您远道而来，无论如何也要喝点。"说话间，白酒已倒入林老板的杯中。王老板致祝酒词后，带头一饮而尽；接下来云南公司的参会人员一一向林老板敬酒，林老板再次拒绝，并抱歉说自己的确不能喝白酒，而云南公司的人员却一直劝酒。盛情难却，林老板不知不觉已饮下几杯白酒。

这时，林老板提议，酒已喝完，现在大家可以对合作一事谈谈各自的看法。王老板却说："难得与林老板见面，先畅饮再谈工作。"于是又带头给林老板敬酒，林老板再三推辞，无奈之下又连饮几杯，但终因不胜酒力，当场醉倒。待林老板酒醒后，已经是傍晚了。

次日早晨，当王老板来酒店看望林老板时，服务人员告诉王老板："林老板今天一大早就退房离开了。"为什么林老板不辞而别？

11.3.4 西餐宴会进餐礼仪

参加西餐宴会时，需要注意遵循以下进餐礼仪。

（1）守时。西餐宴会是绝对按照准确的时刻开始的。

（2）端坐。就座时，身体要端正，手肘不要放在桌面上，不可跷足，与餐桌的距离以顺畅使用餐具为佳。

（3）礼让。男宾有照顾女宾的义务。大家轮流取食品时，男宾应请他身旁的女宾先取，或者问她是否愿意让自己代取一些。女宾接受服务后，不要忘记向男宾道谢。

（4）交谈。餐桌上已摆好的餐具不要随意摆弄。进餐时，始终保持沉默是不礼貌的，应该同身旁的人有所交谈。但是在咀嚼食物时不要讲话，即使有人同你讲话，也应咽下口中食物后再回答。交谈时可以不放下刀叉，但不可拿着刀叉在空中摇晃。

（5）上菜。当服务人员依次为客人上菜时，他走到你的左边，才轮到你取菜。如果服务人员站在你右边，就不要取，因为此时轮到你右边的客人取菜。进餐时，如需要某种东西，则应在别人背后传递。

（6）食物取用。在餐桌上，一般的食物都应用刀叉去取。只有芹菜、小萝卜、青果、水果、干点心、干果、糖果、炸薯片、玉米、田鸡腿、炸肉片和面包等可以用手拿着吃。肉饼、煎蛋、沙拉，都不用刀，只用叉。吃甜点时，可用叉或匙。布丁和冰激凌用匙取食。

（7）离席。在进餐中或宴会结束前离席都不礼貌。必须中途离席，应请女主人原谅。女主人会一直陪着吃得最慢的客人。女主人从座位上起立，就表示宴会已经结束。客人应等女主人从座位上站起后，再一起随着离席。起立后，男宾应帮助女宾把椅子归回原处。餐巾放在桌上，不要照原来的样子折好，除非主人请你留下吃下顿饭。

11.3.5 咖啡饮用礼仪

正式的西餐宴会，咖啡往往是"压轴戏"。一些正式的西餐宴会一般在晚上举行，因此在宴会上喝咖啡通常在晚上。为了照顾个人偏好，宴会在准备咖啡的同时往往准备红茶，由客人自己选择。因为西餐的热饮可以不在餐桌上喝，所以最常见的地点主要有主人的客厅、休息厅、咖啡厅、咖啡座等。

商务人员在喝咖啡的时候，一定要在饮用数量、添加配料、饮用方法三方面多加注意。

1．饮用数量

商务人员在正式场合喝咖啡，只是作为一种休闲或交际的陪衬，因此一般最多不超过三杯。正所谓"过犹不及"，再好的东西也要"适可而止"。喝咖啡既然不是为了充饥解渴，在饮用时就应避免动作粗鲁，让人发笑。喝咖啡时，一杯咖啡总要喝十几分钟，并且应分为十来口慢慢地喝。唯有一小口一小口慢慢地品尝咖啡，才能品出其难言之妙，并且显得自己举止优雅。

2．添加配料

在某些情况下，饮用咖啡需要饮用者自己动手，根据个人需要和爱好向咖啡里加一些牛奶、糖块之类的配料。自作主张为他人添加配料，有时显得强人所难，令对方反感或不快。当然，若他人为自己添加配料，还是应当真诚地向其道谢，而不宜责怪对方多事。

向咖啡里加糖时，如是砂糖，则可用汤匙舀取，直接加入杯内；如是方糖，则应先用糖夹子把方糖夹在咖啡碟的近身一侧，再用汤匙把方糖加入杯内。如果直接用糖夹子或手把方糖放入杯内，有时可能使咖啡溅出，从而弄脏衣服或桌布。同时，为避免咖啡溅出，加糖时位置要尽量低。加牛奶的时候可直接添加，但动作要稳，不要倒得满桌都是。

3．饮用方法

（1）咖啡杯。握咖啡杯的正确方法是：伸出右手，用拇指和示指拈住杯耳，将杯子端起慢慢品尝。不可以双手握杯或用手托着杯底，也不可以俯身就着杯子喝。用手握住杯身、杯口，托住杯底，或用手指穿过杯耳，都是不正确的持握方法。

（2）咖啡碟。在正式场合，咖啡往往是盛进杯子，然后放在碟子上一起端上桌的。碟子主要用来放置咖啡匙，防止咖啡溢出杯子弄脏桌布。若碟中已有溢出的咖啡，切勿泼在地上或倒入口中，可以用纸巾将其吸干，或将其倒入杯中。若坐在桌子附近喝咖啡，通常只须端杯子，而不必端碟子。如果离桌子比较远，或站立、走动时喝咖啡，没有了餐桌可以依托，则可以用左手端碟子，右手持咖啡杯杯耳慢慢品尝。若坐在沙发上，也可照此办理。

（3）咖啡匙。在正式场合，咖啡匙的作用主要是加入牛奶或奶油后，轻轻搅动，使牛奶或奶油与咖啡相融合。加入小糖块后，可用咖啡匙略加搅拌，以促使糖块迅速溶化。如果咖啡太烫，也可以用咖啡匙稍加搅动。商务人员在正式场合使用咖啡匙时应注意几点：一是不要用咖啡匙去舀咖啡来喝；二是搅过咖啡的咖啡匙会沾有咖啡，应轻轻顺着杯子的内缘将咖啡滴流而下甩动；三是不可以让咖啡匙在咖啡杯中"立正"，不使用时，可将其放在咖啡碟里。

（4）甜点取用。喝咖啡时，为了不伤肠胃，宴会往往同时准备一些糕点、果仁、水果之类的甜点，供饮用咖啡者自行取用。需要取用甜点时，先要放下咖啡杯。在喝咖啡时，手中不要同时拿着甜点品尝，更不能双手"左右开弓"，一边大吃，一边猛喝。另外，切勿只吃不喝，本末倒置。

（5）交谈。商务人员时时刻刻公务在身，喝咖啡时也不能忘了"正事"，要适时与交往对象交谈。在交谈时，务必轻声细语，降低音量。需要注意的是，尽量不要在对方喝咖啡时向对方提出问题，让对方说话。自己喝过咖啡后，要讲话以前，最好先用纸巾擦拭一下嘴巴，避免因咖啡顺嘴淌或弄脏嘴角而失态。

 知识测试与技能训练

1．知识测试

（1）常见的宴请形式有哪几种？
（2）宴请时，应当怎样安排菜单？
（3）赴宴时，应当遵循哪些礼仪？
（4）中餐宴会的桌次和座次安排遵循哪些礼仪规则？
（5）西餐宴会的桌次和座次安排遵循哪些礼仪规则？

2．技能训练

项目1　商务宴请活动

情景设定：某公司在创建一周年之际准备组织一次宴请活动，邀请有关领导及相关单位人士参加。

训练目标：提升口头与文字表达能力、信息整合能力，激发学习宴请礼仪的兴趣。

训练方法：随机抽选十名同学，分成两组，其中一组作为筹办方，做宴请前的准备工作；另一组作为被宴请方，演示参加宴会时的礼仪规范。然后由老师引导全班同学分析总结整个过程的优缺点及需要改进的方面。

测评要点：表述逻辑清楚、有条理，用语规范、不粗俗；普通话标准、规范，声音洪亮、清晰；举止优雅、端庄，表情自然、亲和，礼仪规范、应景，能够引起共鸣。

项目2　案例分析

（1）王老板在同一天接到两份邀请他参加宴会的请柬，日期都定在一周后。最初，他回复了A公司，表示愿意出席，而委婉地拒绝了B公司的邀请。可是，几天后，他需要和B公司对于一个项目进行磋商，于是改变了原来的计划。他向A公司表示，由于自己身体不好，宴会就不参加了。实际上，王老板带着礼品去参加了B公司的宴会。

分析思考：王老板的做法对吗？请说明原因。

（2）法国一家公司的经理邀请一位日本商人到自己家做客。在宴席上，女主人端上洗手用的水，这位日本商人一时大意，竟然把水喝下去了。主人看到后，马上向同座的孩子们示意，一家人一声不响地跟着喝下了洗手碗中的水，顾全了对方的面子。此后，双方不仅在生意上有很好的合作，私下还成了关系不错的朋友。

分析思考：法国经理及其家人的做法，可取之处在哪里？

第 12 章　国际商务礼仪

学习目标

知识目标：了解国际商务礼仪的概念；掌握国际商务礼仪的原则及基本要求；熟悉日本、韩国等国家的习俗和礼仪。

能力目标：能在国际商务活动中熟练运用国际商务礼仪知识。

素养目标：在建立文化自信的同时，培养尊重他人、求同存异的思维方式。

任务驱动

此欧逻巴州，有三十余国，皆用前王政，法一切异端不从而崇奉天主上帝圣教。凡官有三品，其上主兴教化，其次判理俗事，其下专治兵戎。土产五谷、五金、百果，酒以葡萄汁为之。工皆精巧，天文性理无不通晓。俗敦实，重五伦，物产甚盛，君臣康富。四时与外国相通，客商游遍天下。去中国八万里，自古不通。今相通，近七十余载云。

（节选自利玛窦和李之藻合作绘制的《坤舆万国全图》）

12.1　国际商务礼仪的概念和原则

随着我国国际商务交往活动日益增多，国际商务礼仪越来越重要。

12.1.1　国际商务礼仪的概念

国际商务礼仪是商务人员在对外交往中，用以维护自身形象、企业形象和本国形象，向交往对象表示尊敬与友好的约定俗成的习惯做法，其基本内容是遵守国际交往惯例。所谓国际交往惯例，是指参加国际交往时必须认真了解并遵守的常规通行的做法。

12.1.2　国际商务礼仪的原则

国际商务礼仪的原则是指商务人员在接触本国以外的人员时，应当遵守并应用有关国际交往惯例的基本原则。它既是对国际礼仪的高度概括，也是在国际交往活动中应遵循的基本准则。从事国际商务工作的人员不仅有必要详细了解与掌握国际商务礼仪的原则，还必须在实际工作中认真遵守和应用，以便更好地与外国朋友进行沟通和交流。

1. 维护形象

个人形象是指一个人在人际交往中留给他人的总印象，以及由此而使他人对其形成的总的评价和总的看法。维护形象原则是指在国际商务交往中，商务人员必须意识到，自己在外国人眼里代表自己的国家、自己的民族、自己所在的企业，应对个人形象十分关注，遵照国际礼仪规范，以得体的方式塑造、维护自己的个人形象。根据常规，要维护好个人形象，要重点注意仪容、仪表、仪态、服饰、谈吐及待人接物六个环节的内容。

2. 不卑不亢

不卑不亢是国际商务礼仪的一项基本原则，是事关国格、人格的大是大非问题。其基本要求是：在参与国际商务交往时，一方面，商务人员应努力做到"不卑"，以自尊、自爱和自信为基础，在外国人面前表现出从容得体、堂堂正正、落落大方的风度；另一方面，商务人员又要努力做到"不亢"，虚心学习他国长处，尊重他国风俗习惯，坚持自立、自强，而不高傲自大、放肆嚣张、盛气凌人、自以为是、目空一切、颐指气使。

商务人员还应注意对任何交往对象都要一视同仁，给予同等的尊重与友好，不要因大国小国、强国弱国或富国穷国而亲疏有别，或对大人物和普通人厚此薄彼。

3. 求同存异

世界各国的礼仪与习俗存在一定程度的差异，国际商务礼仪最基本的原则是求同存异。"求同"是指要遵守有关礼仪的国际惯例，重视礼仪的"共性"。这是国际交往中的一种胸怀、一种见识，也是交往成功的基本保证。"存异"是不要否定他国的礼仪习俗，不可完全忽略礼仪的"个性"，对他国礼仪习俗有所了解，并给予尊重。例如，在世界各国，人们往往使用不同的见面礼节。常见的有中国人的拱手礼，日本人的鞠躬礼，韩国人的跪拜礼，泰国人的合十礼，阿拉伯人的按胸礼，以及欧美人的吻面礼、吻手礼和拥抱礼。它们各有其讲究，都属于礼仪的"个性"。与此同时，作为见面礼节，握手可以说是通行于世界各国的，与任何国家的人士打交道，以握手这一"共性"礼仪作为见面礼节，都是适用的。因此，在国际交往中采用握手礼，就是"遵守惯例"。

4. 入乡随俗

世界上各个国家和民族在其长期的历史发展过程中，都形成了各自不同的文化、风俗和习惯。我们应注意尊重他国的习俗，增进中外双方的理解和沟通。同时，在国际交往中，当自己作为东道主时，要讲究"主随客便"；而当自己作为客人时，要讲究"客随主便"，这也是贯彻"入乡随俗"，尊重对方的具体体现。

在国际交往中，要做到"入乡随俗"，最重要的是注意两个问题：一是必须充分了解与交往对象相关的习俗，必须认真做好"入境问禁，入乡问俗，入门问讳"；二是必须无条件地尊重交往对象特有的习俗。在国际交往中，对于其他国家特有的习俗，不能少见多怪、妄加非议。正确的态度应当是无条件地、认真地对其予以尊重。

> **案例 12-1**
>
> 知己不知彼
>
> 在沙特阿拉伯首都利雅得,一位美国商人向一位当地官员推销货物。这位美国商人舒舒服服地靠在椅子上,跷起二郎腿,鞋底朝外——这在当地是侮辱对方的姿势。他把文件递给当地官员时,用的是左手——阿拉伯人吃饭用右手,如厕用左手,左手被他们视为不洁净。他拒绝喝阿拉伯人的咖啡——这是对主人的好客不领情。结果这份价值1000万美元的合同最后落到了一位了解并尊重阿拉伯习俗的欧洲商人手中。
>
> 案例解析:在进行对外交往和合作时,一定要提前做好功课,了解当地的礼仪要求和禁忌,避免出现不尊重他人的行为,影响双方关系。

> **案例 12-2**
>
> 公司选址的"奥秘"
>
> 一家生意兴隆的国际电信公司在泰国曼谷为分公司选址,看中了一栋价格适中、位于交通方便、游人众多的地段的办公楼,而这栋楼的对面竖着一尊并不十分高大,却非常显眼的佛像。有好心人警告公司经理,如果公司在此开业,那么生意会很糟糕。但公司经理非常自信,认为这不可能,因为公司在远东地区开设的几家分公司业务都很红火。公司经理没听劝阻,就在这里如期开业了。一年来,这家分公司果然生意惨淡,几乎没有做成一桩像样的大买卖。公司经理终于面对现实,不得不搬迁了公司,生意才明显地好起来。经理本人对此始终大感不解,到处打听原因,得到的解释是:业务不景气的根源在于公司办公楼的高度超过了对面的佛像,客观上造成了公司高于佛祖的现象,这在一个信仰佛教的国度是严重犯忌的,导致当地人感到不快乃至愤怒,自然不愿与这样的公司做生意。
>
> 案例解析:该公司没有了解清楚当地的风土人情,没有尊重当地人对佛像的信仰和敬畏,自然在当地做生意会受到"冷落"。

5. 尊重隐私

所谓隐私,是指一个人出于个人尊严和其他某方面因素的考虑,不愿意公开、不希望别人了解或打听的个人秘密、私人事宜。在国际交往中,普遍讲究尊重个人隐私,在谈话中,应主动、有意识地回避涉及个人隐私的问题。一般来说,个人收入、年龄、恋爱婚姻、身体健康状况、家庭住址、个人经历、信仰政见、所忙何事等都是个人隐私。要尊重外国友人的个人隐私,就必须自觉地避免在与对方交谈时主动涉及这八个方面的问题。

(1)个人收入。个人收入的多寡一般被外国人视为自己的脸面,非常忌讳他人直接或间接地打听。除了工资收入,那些可以反映个人经济状况的问题,如纳税数额、银行存款、股票收益、私宅面积、汽车型号、服饰品牌、娱乐方式、度假地点等,因与个人收入相关,都不宜提及。

(2)年龄。外国人普遍将自己的年龄当作"核心机密",轻易不会告之于人。这主要是因为,外国人一般都希望自己永远年轻,很不喜欢听到"老"字。中国人听起来非常顺耳的"老人家""老先生""老夫人"这类尊称,外国人听起来却有如诅咒谩骂,他们不愿别人对自己做不必要的搀扶、照顾,不喜欢人家恭维自己的年龄等。特别是外国女士,最不希望外人了解自己的实际年龄。因此,在国外有这么一种说法:一位真正的绅士应当永远"记住女士的生日,忘却女士的年龄"。

(3)身体健康状况。中国人相遇时,常会问候对方:"身体好吗?"要是确知对方一度欠安,见面时常会问对方"病好了没有""吃过什么药"或向对方推荐名医、偏方。可是在国外,人们在闲聊时一般都"讳疾忌医",非常反感其他人对自己的健康状况过多关注。这是因为在市场经济条件下,每个人的身体健康都被看作他的重要"资本"。

> **案例 12-3**
>
> **您哪里不太好**
>
> 中方某公司代表张先生与美方某公司代表史密斯先生就业务合作问题进行洽谈。张先生见史密斯先生脸色不大好,像是生病了,于是在休息期间,非常关切地问候史密斯先生:"您脸色怎么不大好?"史密斯先生回答,最近比较累,晚上经常熬夜。"您是不是胃不好?吸收不好,脸色就不好。"史密斯先生勉强回答,自己胃还行,比较能吃。张先生继续追问:"那您的肝呢……"史密斯先生皱眉不语。
>
> 案例解析:身体健康涉及一个人的隐私,当对方不愿回答时,切勿追问,以免造成尴尬。

(4)恋爱婚姻。中国人习惯于牵挂亲友的恋爱、婚姻、家庭生活,但绝大多数外国人对此不以为然。"有没有恋人""两个人怎么结识的""结婚了没有""有没有孩子"等问题,会让外国人很难堪。在一些国家,跟异性谈论此类问题,极有可能被对方视为极大的冒犯,甚至被对方控告为"性骚扰",从而吃上官司。

(5)家庭住址。在中国人的人际交往中,对于自己的家庭住址、私宅电话号码等,人们一般有问必答,甚至主动告诉别人。而在国外,通行的做法却恰好相反,在他们常用的名片上,此类内容也难得一见。外国人大多视自己的私人居所为私生活领地,非常忌讳别人无端打扰其宁静。一般情况下,除非知己和至交,否则他们一般不邀请外人前往其居所做客。

(6)个人经历。初次会面时,中国人往往喜欢打听一下交往对象"是哪里的人""哪所学校毕业的""以前做过什么"。总之,想了解一下对方的"出处",打探一下对方的"背景"。然而外国人却大多将这些内容看作"商业秘密",并且坚决主张"英雄莫问出处",反对询问交往对象的个人经历。

(7)信仰政见。在国际交往中,因为人们所处国度的社会制度、政治体系和意识形态多有不同,所以要真正实现交往的顺利、合作的成功,就必须不以社会制度画线,抛弃政治见解的不同,超越意识形态的差异,处处以友谊为重,以信任为重。如果动不动就对交往对象的宗教信仰、政治见解评头论足,甚至横加责难、非议,或将自己的观点、见解强加于人,都是对交往对象不友好、不尊重的表现。最明智的做法就是在国际交往中对此避而不谈。

(8)所忙何事。在中国,熟人见面之际,免不了要相互询问一下对方"忙什么呢""怎么好久没见到你"。但是,外国人对于这类问题却极为忌讳,认为向别人探听这类问题的人不是好奇心过盛,不懂得尊重别人,就是别有用心,或者具有天生的"窥视欲"。

6. 信守约定

信守约定的原则是指在一切国际交往中,都应当严格遵守并履行自己的所有承诺。在国际交往中,信誉就是形象,信誉就是生命。真正做到"信守约定"应注意两方面:一是谨慎许诺。一切从自己的实际能力及客观可能性出发,即使对于必须做出的承诺或约定,也必须慎重,要考虑周全。二是信守承诺。一旦许下承诺就一定要兑现,真正做到"言必行,行必果",这样才会赢得交往对象的好感与信任。万一出现难以抗拒的因素,致使自己单方面失约,或有约难行,则需要尽早向有关各方进行通报,如实解释,还要郑重其事地为此向对方致以歉意,并且主动按照规定和惯例承担给对方造成的某些物质方面的损失。

7. 热情适度

"热情适度"要求人们在参与国际交往,直接同外国人打交道时,不仅待人要热情而友好,而且要把握好待人热情友好的具体分寸,关键是掌握以下四方面的"度"。

（1）关心有度。不宜对外国友人表现得过于关心。大多数外国人都强调个性独立、绝对自由,过分的关心会让人感觉碍手碍脚、多管闲事。

（2）批评有度。一般情况下,对于外国友人的所作所为,只要其不触犯我国法律,不有悖于伦理道德,没有侮辱我方的国格人格,不危及人身安全,就没有必要去评判其是非对错,尤其是不宜当面对对方进行批评指正,或加以干预。

> **知识拓展**
> 距离礼仪

（3）距离有度。与外国人进行交往时,应当视双方关系的不同,与对方保持与双方关系相适应的适度的空间距离。

（4）举止有度。与外国人交往时,务必对自己的举止多加注意。要在国际交往中真正做到"举止有度",最重要的是注意以下两个方面:一是不要随便做出某些意在表示热情的动作;二是不要做出不文明、不礼貌的动作。例如,在国内,朋友相见时,彼此拍拍肩膀;长辈遇见孩子时,抚摸一下对方的头顶或脸蛋;两名同性在街上携手而行,都是常见的亲热之举。可是,外国人却接受不了这一套。

案例 12-4

哪里哪里

一位外国朋友不知道中国人的"哪里哪里"是自谦词。一次,他参加一对年轻中国夫妇的婚礼,很有礼貌地赞美新娘非常漂亮,一旁的新郎代新娘说了声:"哪里哪里。"这位外国朋友吓了一大跳,想不到笼统的赞美不行,还需举例说明,于是用生硬的中文说:"头发、眉毛、眼睛、耳朵、鼻子、嘴都漂亮!"结果引起全场哄堂大笑。

案例解析:对于自己不知道的风俗习惯,要多问、多听、多看,以免造成误会。

8. 谦虚适当

谦虚适当原则是指在国际交往中涉及自我评价时,虽然不应自吹自擂、自我标榜,但也绝对没有必要妄自菲薄、自我贬低、自轻自贱,过度对外国人谦虚、客套。当确有必要时,在实事求是的前提下,要敢于并且善于对自己进行正面的评价或肯定。

知识拓展
注意谦虚适当的场合

9. 女士优先

女士优先的原则是指在一切社交场合,每名成年男士,都有义务主动自觉地以自己的实际行动去尊重女士、照顾女士、体谅女士、关心女士、保护女士,还要想方设法、尽心竭力地为女士排忧解难,只有这样,才被视为具有绅士风度。倘若由于男士的不慎,而使女士陷于尴尬、困难的处境,便意味着男士的失职。

"女士优先"起源于欧洲,是欧洲传统礼仪的基础,后来成为国际社会公认的重要礼仪原则。强调"女士优先"原则的主要源于对母亲的尊敬和感恩。

10. 以右为尊

国际交往中普遍的礼仪原则是所谓的"以右为尊"。在各类国际交往中,大到外交活动、商务往来,小到私人交往、社交应酬,每当需要确定并排列具体的主次尊卑位置时,都应遵循以右为尊的原则。在并排站立、行走或就座的时候,为了对客人表示尊重和友好,主人理应主动居左,而请客人居右;男士应主动居左,请女士居右;晚辈则应主动居左,请长辈居右。

11. 爱护环境

随着人类社会的不断进步,人们已意识到环境问题与自己的生活息息相关。在国际交往中,商务人员应该严于律己,不可做破坏自然环境的事情,表现为不可随意吸烟、随地吐痰,不要任意制造噪声,不可虐待动物等。

12. 静观其变

静观其变原则具有双重含义:一方面,它要求人们在难以确定如何行动时,应尽可能地避免采取任何行动,免得出丑露怯;另一方面,它又要求人们在不知道到底怎么做才好,而又必须采取行动时,最好先观察其他人的正确做法,然后加以模仿。

 课内实训 12-1

一家日本公司和一家美国公司的代表将在美国夏威夷进行商务洽谈,双方都想表示对对方风俗和文化的尊重。因为日本人着装一般比美国人正统,而且见面鞠躬是日本的传统问候礼节,所以美国公司的总裁要求其代表团成员穿着三件套西装,并且在会晤时行鞠躬礼。而日本公司的总裁则向他的代表团成员强调美国人没有太多讲究,着装要随便些,见面时同他们握手就可以了。

可想而知,双方的第一次会面多么幽默,当穿着花衬衫的日本代表伸出手的时候,西装笔挺的美国代表正准备鞠躬。双方都意识到,尽管彼此的行为方式不同,但都显示出愿与对方合作的诚意,从而双方的关系更加融洽。为什么尽管双方初次见面的场景十分滑稽,合作却顺利进行?

12.2　部分国家的习俗和礼仪

世界各国都有其独有的习俗和礼仪，对外交往时，要在坚持国际商务礼仪基本原则与要求的基础上，了解并尊重不同国家的不同习俗和礼仪。

12.2.1　日本的习俗和礼仪

日本以东京为首都，位于太平洋西岸，是一个由东北向西南延伸的弧形岛国，包括北海道、本州、四国、九州四个大岛和其他几千个小岛，总面积37.8万平方千米，主要民族为大和族，通用日语，主要宗教为神道教和佛教。

1．服饰礼仪

当代日本人的服装可以分为传统式服装（和服）和现代式服装两类。日本人在交际应酬中对打扮十分介意，除了某些专门从事茶道、花道的教师等特殊工作的人，绝大多数日本人在商务交往、政务活动及对外场合中都身着现代式服装，和服只在节日或举行某些仪式时才穿。和服的特点是没有什么线条，领口很大，袖子宽短，腰身宽阔。穿和服时，一定要穿木屐或草鞋，并配以布袜。女性穿和服时，还必须腰系彩带，背后加上一个小软托，并且手中打伞。在过去，和服的色彩、图案、款式、面料和穿着方法，都与穿着者的地位、身份有关。日本人穿衣都是右向掩衣襟，而人死下葬时要左向掩衣襟。

日本人认为，衣着不整便意味着没有教养，或不尊重交往对象。因此，在与日本人会面时，穿着不宜过分随便，特别是不要光脚或穿背心。在正式活动场合，男士一般都西装革履，女士也应梳妆打扮，穿着正式。不修边幅注定会失去对方的信任。到日本人家里做客时，进门要先脱下大衣、风衣和鞋子；拜访日本人时，切勿未经主人许可自行脱去外衣；参加庆典或仪式时，无论天气多热，都要穿套装或套裙。

2．餐饮礼仪

日本人自古以来就以大米为主食，他们爱吃鱼，一般不吃肥肉和猪内脏，有的人不吃羊肉和鸭肉。

在家中或餐馆内，座位都有等级，一般听从主人的安排即可。进餐时，如果不清楚某种饭菜的吃法，就要向主人请教，夹菜时要把自己的筷子掉过头来使用。日本人喜欢在用餐时喝米酒。他们通常在互相祝酒后才开始用餐，即使客人不想喝，待客者都希望客人假装喝一小口。日本人设宴时，传统的敬酒方式是在桌子中间放一只装满清水的碗，并在每人面前放一块干净的白纱布。斟酒前，主人先将自己的酒杯在清水中涮一下，杯口朝下在纱布上按一按，使水珠被纱布吸干，再斟满酒双手递给客人。客人喝完后，也同样做，以示主宾之间的友谊和亲密。

日本人容许狼吞虎咽式吃法，这种吃法甚至令其他国家的人都感到惊讶。例如，吃寿司时，日本人习惯赤手拿着寿司浸一浸豉油，然后直接放入口中；吃面时，日本人直接从汤碗里把面吸啜入口，且必定发出响声，既表示面食很美味，也表示对厨师的赞赏。作为客人，用餐时，忌讳只吃一碗饭就说够了，第二碗饭即使是象征性的，也应要求添饭。需要注意的是，不能把饭盛得过满或带尖。日本人忌讳在用餐过程中整理自己的衣服或用手抚摸、整理头发，因为这是不卫生和不礼貌的举止。

茶道是日本人用来修身养性、进行交际而特有的沏茶、品茗的高尚技艺，是一种讲究礼仪、陶冶情操的民间习俗。日本人喝茶不是直接把茶叶放进茶杯，而是放到小巧玲珑的茶壶里。倒的时候，用一个小过滤网防止茶叶进入杯里，而且总以半杯为敬，一般不再续茶。

3．商务交往礼仪

（1）见面礼仪。在社会交往中，日本人通常都以鞠躬作为见面和分手时的必行之礼。日本人讲究行礼者必须毕恭毕敬，而且在鞠躬的角度、时间的长短、鞠躬的次数等方面还特别讲究。在鞠躬时，手中不许拿东西，头上不得戴帽子，手也不可以插在衣服口袋里。在与外国人接触时，日本人已逐渐习惯用握手代替鞠躬了。但在一般情况下，日本女性，尤其是日本乡村的女性，与别人见面时，是只鞠躬不握手的。在行见面礼时，态度必须谦恭地问候交往对象。

（2）称谓礼仪。日本人姓名的组合顺序与中国人姓名的组合顺序一样，都是姓在前、名在后。不过，日本人姓名的字数要多些，并且四个字的较多。日本妇女在结婚前随父姓，结婚后随夫姓。称呼日本人时最好不要称呼其全名，可以根据实际情况在姓氏后加"桑""君""酱"等，只有在正式场合才可以称呼全名。需要注意的是，在日本"先生"的称呼一般用来称呼教师、医生、律师、政治家等。

（3）递接名片礼仪。与日本人谈生意，交换名片是一项绝不可少的仪式。初次见面不带名片，会被视为失礼或无交往诚意。互赠名片时，要先行鞠躬礼，并双手递接名片。接到对方名片后，要认真看阅，用点头表示已清楚对方的身份。日本人认为名片是一个人的代表，对待名片就像对待他们本人一样。接过名片后不看而随手放入口袋，便被视为失礼。在交换名片时，忌讳从裤子后兜里掏出或装入，这是对人极不尊敬的举动。如果去参加谈判或其他活动，则必须向房间里的每个人递送名片，并接受他们的名片，不能遗漏任何一个人，这是表示相互友好和尊敬的一种方式。

（4）拜访礼仪。到日本人家里做客，要预先和主人约定时间，进门前先按门铃通报姓名。如果住宅未安装门铃，则绝对不要敲门，而要打开拉门，问一声"对不起，里面有人吗"。进门后要主动脱衣脱帽，解下围巾（注意，即使天气炎热，也不能穿背心或赤脚，否则是失礼的行为），穿上备用的拖鞋，并把带来的礼品送给主人。脱下的鞋要整齐地放好，鞋尖向着进门的方向，这在日本尤其重要。

在屋内就座时，背对着门坐是有礼貌的表现。只有在主人的劝说下，才可以移向尊贵位置（摆着各种艺术品和装饰品的壁龛前的座位，是专为贵宾准备的）。日本人不习惯让客人参观自己的住房，所以不要提出四处看看的请求。在日本，特别忌讳男性进入厨房。上厕所也要征得主人的同意。在日本，没有主人给客人敬烟的习俗。客人如果想吸烟，就要先征得主人的同意，以示尊重。

告别时，要客人先提出，并向主人表示感谢。回到自己的住所后要打电话给对方，告诉已安全返回，并再次感谢。过一段时间后再遇到主人时，仍不要忘记表达感激之情。

（5）宴请礼仪。在商务活动中，日本人喜欢邀请客人到饭店或餐馆吃饭，然后到酒吧喝酒。日本商人把招待客户作为影响客户的一个手段。以酒待客时，应由主人或服务人员代为斟酒。通常，接受第一杯酒而不接受第二杯不为失礼。一人不喝时，不可把酒杯向下扣放，应等大家喝完一齐扣放，否则会被视为失礼。在正式宴会上，日本人若有急事，会悄然离去而不正式告别，他们认为正式告别可能扰乱宴会气氛，是对其他宾客的不礼貌。

案例 12-5

"最精明的人"

美国一家医药公司准备与日本某公司谈一笔生意，他们派出一组"最精明的人"来谈判。这个小组由一些头脑敏捷的年轻人组成，年龄大多二三十岁。他们访日三次，均受挫折，甚至未能让与他们合作的日方部门领导听一听他们的意见，更不用说讨论他们的打算与洽谈的具体内容了。后来，根据美驻日商务总代表的建议，谈判小组中增加了一名在公司任职 25 年以上的有经验的人员，职位是公司的副总经理。结果日方立刻转变了态度，双方开始了积极的会谈。原来，日本公司中的负责人都是年龄较大、经验丰富的资深企业家，他们不相信美国公司派来的年轻人有什么实权，更主要的是，他们感到和"毛孩子"谈判有损他们的尊严，是对他们地位的贬低。

案例解析：商务谈判和商务合作的成功，一定是基于双方互相尊重的。

（6）吸烟礼仪。日本人吸烟，从来都是各吸各的，不喜欢互相敬烟。一是因为日本人认为每个人喜欢的香烟品牌、品位都不尽相同，不必强迫别人吸自己喜欢的烟。二是认为香烟是对身体有害的。当有他人在场而自己想吸烟时，通常在征得对方同意后才行事。

（7）馈赠礼仪。送礼品在日本商务交往中也很风行。对日本人来说，送礼作为形式比内容更为重要，所以互赠的礼品不必太贵重（首次会晤，一般赠送商业性礼品），双方礼品价值相当即可。

日本人比较重视品牌，所以礼品应尽量选"名牌"，不要把自己公司的东西相赠。考虑到收礼的人可将礼品转送给别人，送给日本人的礼品上一般不宜刻字留名，不送梳子、圆珠笔、火柴等。礼品若确需题字，正确的做法是用毛笔题写。

日本人对中国的绍兴酒、茅台酒非常感兴趣。把书法作品或精美的印章送给日本人，是受欢迎的。中国人喜欢特意把印章的边缘刻成破碎的，以示古老苍劲。如果这样送给日本人，对方就会不高兴，他们认为这种不完整是不吉利的。

日本人很重视礼品的包装，包装要精美大方，包装纸禁用暗灰、黑白等色，因为这些颜色表示悲哀，大红也不宜使用。日本人认为，绳结之处有人的灵魂，代表送礼人的诚意，因此礼品要包好几层，再系上一条漂亮的缎带或纸绳。不过，日本人不喜欢在礼品包装上系蝴蝶结。日本人送礼一般不用偶数，这是因为偶数中的"四"在日语中与"死"同音。他们爱送单数，尤其是三、五、七这三个单数。但"九"也要避免，因为在日语中"九"与"苦"同音。

接送礼品要用双手，不当面打开礼品。接受礼品后，再次见到送礼人时，一定要提及礼品的事并表示感谢。

日本人对樱花无比热爱，而对荷花很反感。樱花是日本的国花；荷花是举行丧葬活动时用的；菊花在日本是皇室的标志，不要作为礼品送给日本人；盆花和带有泥土的花，则被理解为"扎根"，因此不要送给病人。在探望病人时还要注意不要送山茶花、仙客来花。水晶是日本的国石。日本人对金色的猫及狐狸和獾极为反感，认为它们是"晦气""贪婪""狡诈"的化身。一般来说，日本人喜欢白色和黄色，不喜欢紫色，认为紫色是悲伤的色调；最忌讳绿色，认为绿色是不祥之色。他们忌讳三人一起合影，认为中间的人被左右两个人夹着，有受制于人之嫌，是不幸的预兆。

4．商务谈判礼仪

（1）谈判方式。日本人坚信"优胜劣汰"的法则，他们不同情弱者，而尊敬强者。在合作和商务活动中，如果对方不能拿出一套切实可行的方案，他们就认为对方缺乏诚意，从而拒绝下一步的谈判或合作。在与日本商人打交道的过程中，缺乏耐性和沉稳的性格，冲动而草率的举止都会严重影响双方的合作。在商务谈判中，日本谈判代表的交谈风格一般是含蓄的，即交谈中的语言明确的信息较少，但是他们的眼神、手势或面部表情等非语言沟通方式却可能显示出谈判的真实意图。

（2）谈判时间。日本人对谈判时间概念有独特的理解，他们似乎把会晤和交谈以谋求共识所用的时间看成一种无限资源。因此，在讨论问题时，他们总喜欢长时间思考，尤其在回答对方提问或要求时，好像有一种惊人的耐久力，甚至较长时间处于沉默思考之中。这样把谈判的时间拖延得足够长，往往容易使对方变得急躁，而做出原来不该有的让步。但是他们对于参加谈判的时间观念却很强，宁愿早到等候，也不会迟到。通常，日本企业倾向于简短的合同，喜欢用简单的文字来达成商谈协议，这种协议签订是建立在相互信任和理解的基础上的。日本商人忌2月和8月，因为这两个月是营业淡季。

> **案例 12-6**
>
> 不止"一刻钟"
>
> 我国一家企业前往日本寻找合作伙伴。经过多方努力，这家企业终于找到了自己的"意中人"——一家享有国际声誉的日本大公司。经过长时间的讨价还价，双方商定，先草签一个有关双边合作的协议。在中方企业看来，基本上可以算尘埃落定了。到了正式草签双边合作协议的那一天，由于种种原因，中方人员阴差阳错，抵达签字地点的时间比双方预先正式约定的时间晚了一刻钟。当他们气喘吁吁地跑进签字厅时，日方人员早已衣冠楚楚地排列成一行，正在恭候他们的到来。不过，在中方人员跑进来之后，还没容他们做出任何有关自己迟到原因的解释，日方全体人员便整整齐齐、规规矩矩地向他们鞠了一个大躬，随后便集体退出了签字厅。
>
> **案例解析**：在重要的签约仪式上迟到是谈判合作的大忌，无论合作对象是谁。

（3）谈判语言。在同日本人谈生意时，日本人讲得最多的就是"hai"，尽管这个词的解释是"是"，但实际上绝非表示同意，只意味着"我在听你说"。他们有不同意见时也不愿意当即表示反对，使对方陷入尴尬的境地。同样，日本人也不是直截了当地提出建议，而是不动声色地做出引导。因此，商务人员同日本人谈生意时，不要直接指责日本人或直截了当地拒绝日本人。如果不得不否认某个建议，就要尽量婉转地表达或做出某种暗示，也可以陈述你不能接受的原因，但绝对不能使用羞辱、威胁性的语言。

12.2.2 韩国的习俗和礼仪

韩国位于亚洲大陆东北部朝鲜半岛南半部，三面环海，西方是黄海，东南方是朝鲜海峡，东方是日本海，北方与朝鲜相邻。总面积约 10.329 万平方公里（占朝鲜半岛面积的 45%），通用韩语，首都为首尔，50%左右的人口信奉佛教、基督教、天主教等宗教。

1．服饰礼仪

韩服是韩国的传统服装，优雅且有品位，只在节日和有特殊意义的日子穿。在韩国从事商务活动，宜穿西装。应酬时，男性穿深色西装，女性穿套裙，样式不能太夸张。

女性的传统服装是短上衣和宽长的裙子，看上去很优雅。男性的传统服装以裤子、短上衣、背心、马甲显出独特的品位。白色为基本色，根据季节、身份、材料和色彩而不同。在韩国，人们的衣着打扮不会过于前卫，而是整洁、庄重、保守的。

2．餐饮礼仪

韩国人以米饭、冷面为主食。韩国人讲究礼貌，待客热情，一般用咖啡、不含酒精的饮料或大麦茶招待客人，有时还加上适量的糖和淡奶。这些茶点客人必须接受。韩国人一般不吃过腻、过油、过甜的东西，而且不吃鸭肉、羊肉和肥猪肉。

韩国人的餐桌一般是矮腿小桌，放在地炕上。用餐时，男性盘腿而坐，女性把双腿收拢在一起跪坐，若身着韩服，则需要右膝支立，左腿和地面平行坐下。在长辈面前应跪坐在自己的脚掌上。无论是谁，都绝对不能把双腿伸直或叉开，否则会被认为不懂礼貌或侮辱人。使用椅子时的坐法和国际礼仪一致。

韩国人进餐时讲究食礼。吃饭时应先为老人或长辈盛饭上菜，老人动筷后，其他人才能吃。与长辈同坐时，坐姿要端正。吃饭时不宜边吃边说话。勺子在韩国人的饮食生活中比筷子更重要，它负责盛汤、捞汤里的菜、装饭，不用时要架在饭碗或其他食器上。在不夹菜时，传统的韩国式做法是把筷子放在右手方向的桌子上，两根筷子要拢齐，三分之二在桌上，三分之一在桌外，这是为了便于拿起来再用。席间敬酒时，要用右手拿酒瓶，左手托瓶底，然后鞠躬致祝词，最后倒酒，且要倒一连三杯。韩国人对"四"非常反感。在喝茶或喝酒时，主人总是以一、三、五、七的数字单位来敬酒、敬茶、布菜，并忌讳利用偶数停杯罢盏。吃东西时，嘴里响声大作，也是非常失礼的。

3．商务交往礼仪

（1）见面礼仪。韩国人见面时的传统礼节是鞠躬，晚辈或下级走路时遇到长辈或上级，应先鞠躬问候，再站在一旁，让其先行，以示敬意。男性之间见面打招呼，互相鞠躬并握手（鞠躬礼节一般在商务活动中不使用）。握手时，如果长辈、上级先伸出手，那么晚辈、下级应先伸出右手握手，再将自己的左手轻放在前者的右手上，表示对对方特别尊重。和韩国官员打交道，一般可以握手或轻轻点一下头。女性、儿童一般不与人握手，而鞠躬或点头致意。在韩国，女性非常尊重男性，双方见面，总是女性先向男性行鞠躬礼，致意问候；男女同座时，男性一般位于上座，女性位于下座。

韩国人初次见面时，经常交换名片。为了介绍方便，要准备好名片，最好中文、韩文对照，但要避免在名片上使用日文。韩国很多人养成了通报姓氏的习惯。韩国人的姓名通常有三个字，姓在前、名在后。韩国一半以上的居民姓金、李、朴，可称其姓，并与"先生"等敬称联用，如朴先生。若对方有头衔，则最好加上头衔来称呼。

（2）宴请礼仪。在社会集体和宴会中，男女分开进行社交活动，甚至在家里或在餐馆里都是如此。见面之前讲究提前预约，且必须遵守时间，而且即使主人迟到，客人也不能迟到。

当有人邀请你到其家中吃饭或赴宴时，你应带小礼品，并双手奉上。做客时，主人不会让你参观房子的全貌，你也不能自己到处逛。进入他们的住宅或韩式饭店时，不要将室外穿的鞋穿到室内去，要换备用的拖鞋，鞋尖朝门外放。

在商务交往中，韩国人比较看重感情，只要感到对方有对自己不尊重的一点表现，就会拒绝与对方做生意。韩国人重视业务中的接待，宴请一般在饭店举行。吃饭时所有的菜一次上齐，饭后邀请客人到歌舞厅娱乐、喝酒、唱歌，客人一般不能拒绝。设宴招待韩国商人非常有讲究，出席宴会者只能是与商务活动有关系的人，不能携配偶出席。宴会上可以谈论商务问题，但不要做出任何承诺。

（3）馈赠礼仪。韩国人的民族自尊心很强，反对崇洋媚外，倡导使用国货。向韩国人赠送礼品时，宜选择鲜花、酒类或工艺品。赠送礼品时，最好用红色或蓝色包装纸，在韩国这两种颜色代表幸运。礼品不要包装成三角形，若给政府工作人员送礼，切记不要送价格昂贵的礼品。

韩国人用双手接礼品，但不会当着客人的面打开。不宜送外国香烟给韩国人。酒是送给韩国男性最好的礼品，但不能送酒给女性，除非说清楚这酒是送给她丈夫的。在赠送韩国人礼品时应注意，韩国男性多喜欢名牌纺织品、领带、打火机、电动剃须刀等，女性则喜欢化妆品、提包、手套、围巾等物品和厨房调料。儿童一般喜欢食品。如果送钱，则应放在信封内。

（4）交谈礼仪。和韩国人交谈，不宜谈论的话题有政治腐败、经济危机、意识形态、南北分裂、韩美关系、韩日关系等。韩国人爱面子，因此不能当面指责他们，不要直接指出他们的错误和缺点，不能使用"不"字来拒绝韩国人，可以委婉地表达自己的不同意见。

与韩国人会谈时，一定要把中途吸烟休息考虑在内，因为韩国人吸烟非常普遍，所以这种安排会深受赞赏。需要注意的是，未征得同意前，不能在上级、长辈面前抽烟，不能向其借火或接火。

到韩国进行商务访问，应尽量避开节日较多的7月到8月中旬、10月和12月下旬。

（5）文化禁忌。韩国人禁忌颇多。逢年过节相互见面时，不能说不吉利的话，更不能生气、吵架。农历正月头三天不能倒垃圾、扫地，更不能杀鸡宰猪。寒食节忌生火。渔民吃鱼不许翻面，取忌讳翻船之意。忌到别人家里剪指甲，吃饭时忌戴帽子，睡觉时忌枕书。拍照在韩国受到严格限制，军事设施、机场、水库、地铁、国立博物馆及娱乐场所都是禁止拍照的，在空中和高层建筑拍照也在被禁之列。韩国法律规定，韩国人必须尊敬国旗、国歌、国花。每天下午5时，电台播放国歌，人人都要向国旗敬礼，行人必须止步。影剧院放映影片前都要播放国歌，观众必须起立。外国人在上述场合如表现得过分怠慢，则会被认为对其国家影片和民族不敬。

12.2.3 英国的习俗和礼仪

英国本土位于欧洲大陆西北面的不列颠群岛，被北海、英吉利海峡、凯尔特海、爱尔兰海和大西洋包围，国土面积 24.41 万平方公里（包括内陆水域）。英国分为英格兰、威尔士、苏格兰和北爱尔兰四部分，首都为伦敦，官方语言为英语，居民多信奉基督教新教（占总人口的 51%）。

1．服饰礼仪

英国人十分注重衣着，也讲究以貌取人，因而人们出门时总是衣冠楚楚。但他们又注意节省服饰方面的开销，一套衣服常常穿上七八年。

英国人仪表整洁、服饰得体、举止有方。穿着要因时而异。在交际应酬中，英国人非常重视绅士和淑女的风度。在参加宴会时，男士要穿燕尾服，头戴高帽，手持文明棍或雨伞；女士穿礼服。在正式场合，男士穿三件套西装，女士穿深色套裙或素雅的连衣裙，庄重、肃穆的黑色服装往往是英国人的优先选择。英国最传统的男性服装是苏格兰人的"基尔特"，是由腰至膝的花格短裙，穿着时还要配上很宽的皮带。在英国参加正式宴会时，不要系带条纹的领带（因其与英国各学校的制服领带相似）；不要系长袖衬衫袖口的纽扣；不要用浅色皮鞋搭配深色西装；不要穿凉鞋。

2．餐饮礼仪

一般来说，英国人轻食重饮，主要因为英国在菜肴上没有太多特色，日常饮食也没有太多变化，人们大都喜欢喝红茶和威士忌。在英国，大多数家庭一日四餐：早餐、正餐（午餐）、午茶和晚餐。

3．宴请礼仪

英国的宴请方式多种多样，主要有茶会和宴会，茶会又包括正式茶会和非正式茶会。英国人在席间既不劝菜也不劝酒，全凭客人的兴趣取用。一般要将取用的菜吃光才礼貌，不喝酒的人在服务人员斟酒时，将手往杯口一放即可。客人之间告别可相互握手，也可点头示意。到别人家做客，晚到 10 分钟最佳。如果只是共进晚餐和聊天，那么最好在晚上 10 点至 11 点之间或餐后 1 小时离开。

英国人特别讨厌就餐时谈公事。若请英国人吃饭，必须提前通知，不可临时邀约。去英国人家里做客，最好带点价值较低的礼品，因为花费不多就不会有行贿之嫌。礼品一般可选高级巧克力、名酒、鲜花，特别可选我国具有民族特色的民间工艺美术品，他们格外欣赏。

在正式的宴会上，一般不准吸烟。进餐吸烟被视为失礼。在英国，邀请对方吃午餐、晚餐，到酒吧喝酒或观看戏剧、芭蕾舞等，会被等同于送礼。主人提供的饮品，客人饮用以不超过三杯为宜。如果感到喝够了，可以将空杯迅速地转动一下，然后交给主人以示谢意。在握手、干杯或摆放餐具时，要注意不要出现类似十字架的图案，因为英国人认为这是十分晦气的。

4．商务交往礼仪

（1）交往礼仪。英国人在为人处世上较为谨慎和保守，在待人接物上讲究含蓄和距离。他们在人际交往中崇尚宽容和容忍,在正式场合注重礼节和风度。从总体上说,英国人性格内向,不擅表达,不爱张扬。他们不仅自己如此,也乐于看到别人如此。对待新生事物,英国人往往持观望的态度。

(2) 见面礼仪。英国在欧美国家中被视为既严肃又有绅士风度的国家,繁文缛节较多。英国社会的最大特征在于严格的等级制度。不同的等级,语言不同,连阅读的报纸也有差异。英国的礼俗丰富多彩,彼此第一次认识时,一般握手为礼,随便拍打客人被认为是失礼的。

(3) 称谓礼仪。英国有世袭头衔,如爵士、公爵、子爵等,因此英国人喜欢别人称呼他们世袭的爵位或荣誉的头衔,特别是那些上了年纪的英国人。至少要郑重其事地称呼他们为"阁下""先生""小姐""夫人"。若称呼不当,会令英国人相当尴尬和不快。不知如何称呼他们时,可看别人如何做,再如法炮制。

(4) 馈赠礼仪。在商业交往中,英国也和别的国家一样,有了商业关系后,就有了私下的应酬。不宜送给英国人贵重的礼品,以避贿赂之嫌。也不宜送涉及私生活的服饰、肥皂、香水、带有公司标志与广告的物品。鲜花、威士忌(苏格兰威士忌是很通行的礼品,烈性威士忌则不然)、巧克力、工艺品及音乐会的门票是送给英国人最好的礼品。盆栽植物一般可宴会后派人送给主人。在接受礼品方面,英国人常常当着客人的面打开礼品,无论礼品价值如何,或是否有用,主人都会给予热情的赞扬,表达谢意。送礼的时机最好选择晚上在高档饭店用完餐或在剧院看完演出后。

(5) 时间礼仪。英国人的时间观念很强,他们的相处之道是严守时间、遵守诺言。拜会或洽谈生意之前必须预约,且准时很重要,不得早到或迟到。到英国从事商务活动要避开 7 月和 8 月,这段时间工商界人士一般休假。商务活动在 2~6 月、9 月中旬至 11 月进行最宜。圣诞节及复活节前后两周最好勿往。

(6) 交谈礼仪。英国人一下班就不谈公事,尤其讨厌吃饭时还讨论工作。与英国人谈话,忌谈个人私事,也不要涉及政治、宗教及皇室小道消息,最安全的话题是动物和天气。与英国人谈话时,要保持一米左右的距离,太近了会使他们感觉不舒服。若坐着谈话,则应避免双腿张得过宽,更不能跷二郎腿。若站着谈,则不可把手插入衣袋。在英国经商,必须守信用,答应过的事情必须全力以赴、不折不扣地完成。英国人视夸夸其谈、自吹自擂为缺乏教养的表现。

(7) 文化禁忌。在英国,百合花和菊花是死亡的象征。英国人十分喜爱动物,对猫和狗都非常喜欢,但对黑色的猫十分厌恶。英国人在图案方面禁忌甚多,人物、大象、孔雀、猫头鹰等图案都令他们非常反感。英国人反感的色彩是墨绿色。由于宗教因素,他们非常忌讳"13"这个数字,认为这是个不吉祥的数字。英国人在日常生活中尽量避免"13"这个数字,用餐时忌 13 人同桌,如果 13 日又是周五,则认为是双倍的不吉利。

在英国,人们在演讲时或在别的场合伸出右手的示指和中指,手心向外,构成"V"形手势,表示胜利。不能手背向外,这种"V"形手势是蔑视别人的一种敌意做法。忌讳右手拇指和示指构成的"V"形手势。

与英国人打交道时,切忌当众打喷嚏,因为他们一向将流行性感冒视为大病。如有人打喷嚏,旁人就会说"上帝保佑你",以示吉祥。特别忌讳用打火机或火柴一次性给三个人点烟。忌讳把鞋子放在桌子上;忌讳在屋子里撑伞;忌讳从梯子下面走过;忌讳动手拍打别人；忌讳随便将任何英国人都称为英国人，一般将英国人称为"不列颠人"或具体称为"英格兰人""苏格兰人"等。

12.2.4 德国的习俗和礼仪

德国位于欧洲中部，国土面积 35.8 万平方公里，首都为柏林，官方语言为德语，主要民族是德意志民族。

1. 服饰礼仪

德国人在穿着打扮上的总体风格是庄重、朴素、整洁，他们不太容易接受花哨艳丽或过于前卫的服装。在日常生活中，德国人的衣着较为简朴。男士大多爱穿西装、夹克衫，并喜欢戴呢帽。女士则大多爱穿翻领长衫和色彩、图案淡雅的长裙。在正式场合，德国人必须穿戴得整整齐齐，男士穿三件套西装，女士穿裙式服装，衣着多为深色。对于服饰品位与自己相近者，德国人往往比较欣赏。

2. 餐饮礼仪

德国人十分讲究饮食。德国人一般胃口较大，最爱吃猪肉制成的各种香肠，最喜欢的饮料是啤酒。德国人饮酒也是世界有名的，他们有个规矩，吃饭时应先喝啤酒，再喝葡萄酒，要是反过来，就认为是有损健康的。用餐时，吃鱼用的刀叉不得用来吃肉或奶酪。食盘中不宜堆积过多食物，不得用餐巾扇风。德国人在宴会上和用餐时，注重以右为上的传统和女士优先的原则。德国人举办大型宴会时，一般提前两周发出请柬，并注明宴会的目的、时间和地点。生日宴会则要在八至十天前发出请柬。他们讲究餐具的品质和齐全，宴请宾客时，桌上摆满酒杯、盘子等。

在德国人的宴会上，男士要坐在女士和职位较高的男士的左侧，当女士离开餐桌或回来时，男士要站起来，以示礼貌。宴请结束后的两三天要给主人写个便条，表示感谢。应邀到德国人家里做客时，可以送些鲜花，千万不能送葡萄酒，因为这样做显得你对主人选酒的品位产生怀疑，这是不礼貌的。送花必须要送单数（五朵或七朵均可）。德国人尤其喜欢矢车菊，视它为国花。威士忌也可以做礼品，烈性威士忌比低度威士忌受欢迎。

知识拓展
矢车菊作为德国国花的由来

3. 商务交往礼仪

（1）见面礼仪。在德国，人们见面和分别时，一般伸出右手互握一下。与德国人握手时，要特别注意两点：一是握手时务必坦然地注视对方；二是握手时间宜稍长一些，晃动的次数宜稍多一些，握手时所用的力量宜稍大一些。如果只是路遇，则可只打招呼致意，不必停下来握手。朋友之间见面，有时也会先在左脸上吻一下，再在右脸上吻一下或拥抱对方。在重要场合，如接见仪式或大型晚宴，只是主办者和部分来宾握手。作为女士，在人们向她打招呼时站起来显得更有礼貌，而作为男士，当某位女士向他打招呼时一定要站起来。

（2）交谈礼仪。与德国人交谈时尽量用德语，或携翻译同往（德国商人多半会说一些英语，但使用德语会令对方高兴）。在德国，不得提及年龄、职业、婚姻状况、宗教信仰、政治面貌、个人收入等隐私问题，尤其对女士。对于别人购买的东西，即使你喜欢，也不能问价格。当别人生病时，除感冒或外伤等常见病外，不能问及病因及病情，否则有窥视别人秘密之嫌。可以与德国人一起谈论个人的业余爱好及足球之类的话题，而不要涉及垒球、篮球或美式橄榄球。

（3）称谓礼仪。重视称呼是德国人在人际交往中的一个鲜明特点。他们比较看重身份，特别看重法官、律师、医生、博士、教授等有社会地位的头衔。如果对方有头衔，则在称呼他们时一定要将其头衔加在姓之前。对于一般的德国人，应多以"先生""小姐""夫人"等相称（但德国人没有被称为"阁下"的习惯）。亲朋好友之间或同学之间才以"你"相称。对刚相识者不宜直呼其名。

（4）馈赠礼仪。向德国人赠送礼品须审慎，应尽量选择有民族特色、有文化品位的东西。不要向德国女士赠送玫瑰、香水和内衣，因为它们都有特殊的意思，玫瑰表示"爱"，香水与内衣表示"亲近"，即使女性之间也不宜互赠这类物品。德国还忌讳用刀、剪刀和餐刀、餐叉等西餐餐具送人，因为有"断交"之嫌（服饰和其他商品包装上也禁用类似符号）。按照德国送礼的习俗，若送剑、餐具给对方，对方则会送一个硬币给你，以免所送的礼品伤害你们之间的友谊。送高质量的物品，即使礼品很小，对方也会喜欢。茶色、黑色、红色和深蓝色是德国人忌讳的颜色。德国人对礼品的包装很讲究，但忌用白色、黑色或咖啡色的包装纸，更不要使用丝带做外包装。

德国人很现实，所以给他们送花时最好不要送具有浪漫意义的玫瑰花。

（5）拜访礼仪。拜访德国人时，切不可"突然袭击"，应事先约定并准时赴约。德国的工作时间为每周五天工作日，通常是上午9时至下午5时，中间有1小时午餐时间。预约时间应在上午10点至下午4点。商店周六开业，银行周末都休息。因故改变约会要提前通知对方。如果谈生意时迟到，德国人对你的不信任和厌恶之情就会溢于言表。拜访时应使用英、德文对照的名片。在他人的办公室或家中，没有经邀请或同意，不能自行参观，更不要随意翻动桌上的书籍或室内的物品。

8月是多数工厂、企业的夏季休息时间。圣诞节和复活节前后两周不要去拜访，慕尼黑狂欢节及科隆狂欢节也应避免。

（6）文化禁忌。德国忌讳数字13，要是13日又是周五，人们会特别小心谨慎。不得提前祝贺生日。德国人反感四个人交叉握手，或在交际场合进行交叉谈话。德国人对纳粹党徽的图案十分忌讳，也忌讳剃光头。

4．商务谈判礼仪

遵纪守法在德国被视为一种美德。目无法纪的人令德国人敬而远之；相反，对于自觉遵纪守法的人，德国人则非常敬重。在经济往来中，德国人非常讲究信誉。他们虽然在谈判时会斤斤计较，精于讨价还价，但是正式合同一旦订立，则必定严格遵守，依约而行。

德国人视浪费为罪恶，讨厌浪费的人。因此，与德国人相处，务必厉行节约，才能跟他们打成一片。

德国商人不愿在谈判桌上浪费时间，因此与其进行商务交流时宜先熟悉问题，单刀直入。在商务谈判中，德国商人不仅讲效率，而且准备周详（在商谈前安排好谈判议程），不愿与"临阵磨枪"的对手交往；德国商人的谈判风格是严谨、稳重。在谈判过程中，他们一般强调自己方案的可行性，不大愿意向对手做较大让步，有时显得十分固执，毫无讨价还价的余地。但他们重合同，讲信誉，对合同条文研究得极为仔细与透彻，合同一旦签订，就不会理会任何对合同的更改要求。他们的企业技术标准极其精确，对于出售或购买的产品，都要求最高的质量。

12.2.5 法国的习俗和礼仪

法国位于欧洲西部，总面积 55 万平方千米（不含海外领地），首都为巴黎，主要民族为法兰西民族，居民大多信奉天主教，官方语言为法语。

1. 服饰礼仪

法国人对于服饰的讲究是世界闻名的。法国人的着装总是走在时尚、流行的前端。法国的男士和女士穿戴都特别讲究。

在正式场合，法国人通常穿西装、套裙或连衣裙，颜色多为蓝色、灰色或黑色，质地则多为纯毛。出席庆典仪式时一般要穿礼服。男士多穿配以蝴蝶结的燕尾服或黑色西装套装；女士多穿连衣裙式的单色大礼服或小礼服。对于穿着打扮，法国人认为重在搭配是否得体。在选择发型、手袋、帽子、鞋子、手表、眼镜时，都十分强调要使之与自己的着装协调一致。

2. 餐饮礼仪

作为举世皆知的世界三大烹饪王国之一，法国人十分讲究饮食。在西餐中，法国菜肴可以说是最讲究的。法国人爱吃面食，面包的种类很多；他们大都爱吃奶酪；在肉食方面，他们爱吃牛肉、猪肉、鸡肉、鱼子酱、鹅肝，不吃肥肉、肝脏之外的动物内脏、无鳞鱼等。法国人特别善饮，几乎餐餐喝酒，而且讲究在餐桌上以不同的酒水搭配不同的菜肴。除酒水外，法国人平时还爱喝生水和咖啡。

用餐时，允许将双手放在餐桌上，却不许将双肘支在桌子上。在放下刀叉时，法国人习惯于将其一半放在碟子上，一半放在餐桌上。在喝酒水时，应先将口中的食物咽下，然后将刀叉在盘中摆放成"八"字形或交叉放置，再用纸巾将嘴唇擦拭干净，最后喝酒水。在喝酒水时，最文明的方式是头保持平直，再一口口啜饮，不要用嘴唇吸出声音来。喝到底时，杯中总会留一点酒水。在握杯时，应一手抓满杯子，不要在擎杯时翘起小指或其他手指。除了用手撕面包吃，其他食物都要使用刀、叉或匙。食用生菜不用刀去切割，只用叉的边缘去切割。盘中最好不要留下剩余的食品。使用餐巾时，应将其平铺在膝盖上，用完餐后略微叠一下就留在桌旁。要吐出口中的果核、鱼刺等时，不要直接吐在手上，而要用叉接好，放在盘子边缘。吃东西时，用叉将食物取起放入口中，而不要低头用嘴去接近食物。

3. 宴请礼仪

法国人一般喜欢晚宴会谈。若应邀到对方家里进晚餐，应先叫花店送些花去。进餐时应夸奖菜肴可口，主人会十分高兴。在祝酒时，总是由主人或地位、身份最高者倡议。法国人非常乐于显示自己的烹调技术。被邀请到某人家里做客是难得的，即使相识很久。到法国人家里做客，应对每道菜都表示赞赏。法国人讨厌在饭前喝苏格兰威士忌和马丁尼酒，他们认为酒会影响人们对菜肴的鉴赏力。

4．商务交往礼仪

法国人天性浪漫好动，喜欢交际。他们很珍惜人际关系，而这种性格也影响了商业上的交往。在尚未成为朋友之前，法国人是不会跟你成交大宗生意的。

（1）见面礼仪。与法国人会面，可由第三者介绍，也可自我介绍。自我介绍应讲清姓名、身份或将自己的名片主动递给对方。

在商务交往中，常用的见面礼是握手，多握几次更好。在社交场合，亲吻礼和吻手礼比较流行。法国人使用的亲吻礼主要是相互之间亲面颊或贴面颊。少女见到女士时也常施屈膝礼。男士戴礼帽时还可施脱帽礼。法国人还有男性互吻的习俗，两位男士见面，一般要当众在对方的脸颊上分别亲一下。男女之间、女士之间见面时，还常以亲面颊来代替握手。至于吻手礼，则主要限于男士在室内象征性地吻一下已婚女士的手背。施吻手礼时，嘴不应接触到女士的手；不能吻戴手套的手；不能在公共场合吻手；更不得吻少女的手。

（2）交谈礼仪。在商务交往中，法国人坚持要求使用法语。在这点上他们很少让步，除非他们恰好在国外，而且在商业上对你有所求。与法国人交往时若能讲几句法语，就能表达出你对他的国家和民族的尊重，一定会受到对方热情的接待，但前提是法语特别流畅。法国人认为只有自己才能讲标准的法语，听到蹩脚的法语，就像有人把他们的国旗踩在脚下那样反感。因此，如果法语不是特别纯熟，最好讲英语或借助翻译。

法国人爱好社交，善于交际，诙谐幽默且天性浪漫。他们在交往中大都爽朗热情，善于高谈阔论，好开玩笑，讨厌不爱讲话的人，对愁眉苦脸者难以接受。和法国人谈生意时，不要只顾谈生意上的事。除了最后做决定的阶段需要一本正经地只谈生意，在其他时间应多聊聊社会新闻或文化等话题，以营造富于情感的气氛，从而有利于商务交往。

法国人极注重个人隐私，不喜欢提及个人问题，因此与他们谈话要尽量避免谈他们的家庭状况，同时避免谈及政治和金钱。他们有耸肩膀表示高兴的习惯，在谈话过程中经常用手势来表达某种意思。他们在同人交谈时喜欢相互站得近一些，认为这样显得亲切。法国人特别善于调侃，但从不涉及粗俗话题，对庸俗下流的举止极为鄙视。

（3）时间礼仪。法国人做什么事都讲究预约，约会讲究准时。在法国社会中，迟到不会被原谅。在法国，无论是办公室还是家中，不速之客推门而入的现象极为少见。在法国，男女老少几乎人手一本备忘录，上面密密麻麻地记录着几月几日几点该去哪儿、办什么事。在法国从事商务活动，访问前一定要预约，并一定要守时，否则不会被原谅。

对法国人来说，工作和假日分得很清，工作不能影响假日，但假日可以占用工作时间。商务活动在圣诞节及复活节前后两周不宜进行。7月15日至9月15日为当地人度假期。

（4）馈赠礼仪。除非关系比较融洽，否则法国人一般不互相送礼。法国人讨厌初次见面就送礼。因此，送礼应安排在第二次见面时，这样对方会很高兴，认为礼品是对他智慧的赞美。

法国人对礼品十分看重。具有美感的礼品特别受欢迎，宜选具有艺术品位和纪念意义的物品。香槟、白兰地、香水、糖果等是送法国人的好礼品。在法国，一些有艺术性和美感的礼品如唱片、画或一些书籍（如传记、历史、评论及名人回忆录等）也很受欢迎。不宜选刀、剑、剪、餐具或带有明显的广告标志的物品。男士向关系一般的女士赠送香水也是不合适的，因为这意味着求爱。在接受礼品时，若不当着送礼者的面打开包装，则是一种无礼的表现。

（5）文化禁忌。法国人多喜爱蓝色、白色与红色，忌讳的色彩主要是黄色与墨绿色，因为这是第二次世界大战中纳粹军服的颜色。

法国人的生活离不开花，特别是探亲访友、应约赴会时，总要带上一束美丽的鲜花；人们在拜访或参加晚宴时，总是送鲜花给主人。菊花、牡丹花、红玫瑰花、杜鹃花、水仙花、金盏花和纸花一般不宜随意送给法国人。在法国（或其他法语地区），菊花代表哀伤，一般在葬礼上才送菊花。其他黄色的花象征夫妻间的不忠贞。在法国，康乃馨被视为不祥的花朵。法国人将鸢尾花作为国花（欧洲人把鸢尾花叫作"百合花"）。法国人忌讳"13"，他们不住 13 号房间，不在 13 日这天外出旅行，不坐 13 号座位，更不准 13 个人共进晚餐。

5．商务谈判礼仪

在商务活动中，法国商人特别注重"面子"，与其交往时，如有政府官员出面，会使他们认为有"面子"而更加通情达理，有利于商务活动的顺利进行。在商务谈判中，法国商人对双方提交的各方面材料十分重视。他们通常对对方要求较高，而对自己却极少"求全责备"。合同在法国商人眼里极富"弹性"，因此他们经常在签订合同后还一再要求修改。

法国人大都依赖自己的力量，很少考虑集体的力量，因此个人的办事权限很大。法国公司一般组织结构简单，从下级管理职位到上级管理职位只有二三级。在进行谈判的时候，往往由一人承担，而且负责决策，因此商谈能够迅速进行。

12.2.6　美国的习俗和礼仪

美国位于北美洲中部，总面积 937 万平方千米，首都为华盛顿，居民大多信奉基督教及天主教，通用语言为英语。

1．服饰礼仪

美国人不像英国人那样总要衣冠楚楚，公众场合穿各种服装的都有。他们大多数时候喜欢穿 T 恤衫、夹克衫、牛仔裤、运动衫、旅游鞋。他们穿着打扮的基本特征是崇尚自然、宽大舒适、比较随意，讲究着装体现个性。在西方，美国人率先以简洁朴实的服装取代了名牌服装。

商务接待、参加宴会、听音乐会，美国人会穿礼服或套装。参加重要宴会时，应注意请柬上有关服装的规定。如果不确定服装的要求，可以先问问其他参加者，以免尴尬。请柬上有些词如"Casual"并不意味着你可以穿牛仔裤，"Semi-formal"也并不表示你可以不系领带，最好问清楚。

美国人非常注意服装的整洁和细节之处。鞋要擦亮。女士忌讳穿黑皮裙，或在男士面前脱下自己的鞋子，或撩动自己裙子的下摆。裙子要盖过丝袜口，女式短裤不能配高跟鞋，否则会被人误以为是"应召女郎"。拜访美国人时，进门一定要脱下帽子和外套，美国人认为这是一种礼貌。忌讳在室内戴着墨镜，穿睡衣、拖鞋会客，或以这身打扮外出。在室内依旧戴着墨镜不摘的人，往往被人视为"见不得阳光的人"。

2. 餐饮礼仪

美国的特色小吃不少,快餐业发展很快,三明治成为讲究效率的美国人的主食。美国人的午餐较随便,常吃汉堡包、三明治等。美国人不爱吃肥肉,不吃清蒸和红烧的食品;一般不饮烈性酒,即便要饮,也通常加入冰块再喝。

美国家庭素有把餐桌当成课堂的传统。美国人用餐的戒条主要有不允许进餐时发出声响;不允许替他人取菜;不允许吸烟;不允许向别人劝酒;不允许当众脱衣解带;不允许议论令人作呕之事。

3. 宴请礼仪

美国人请客人吃饭时,先用电话邀请,客人接到邀请要给予回答。当你答应参加对方举办的宴会时,一定要准时赴宴。如果因特殊情况不能准时赴约,则一定要打电话通知女主人并说明理由,或者告诉什么时间可以去。去美国人家中做客一般不必备厚礼,最好给女主人带一些小礼品,如化妆品、儿童玩具、本国特产或酒之类。如果空手赴宴,则表示你将回请。

赴宴时,当女士步入客厅时,男士应该站起来,直到女士找到了位子才可以坐下。在宴会上喝酒要适量,始终保持斯文的举止,这是欧美人士共守的礼节。对于家中的摆设,主人喜欢听赞赏的语言,而不愿听到询问价格的话。

除非事先言明,否则一般宴请活动以不带小孩参加为宜。如果宴请性质为野餐,则可带全家参加。宴后三四天应寄一张感谢卡或谢函给主人,以表谢意。美国人还讲究环保,在现代美国人的眼中,这也是一个人有教养的重要内容。外出郊游前,他们自制饮料,尽量少买现成食品,并注意节约水电。

4. 商务交往礼仪

(1)见面礼仪。由于美国国民来源广且流动性很强,因此在礼俗上随便的成分很大。美国人以不拘礼节、自由自在著称。美国人相见时,一般只点头微笑,打声招呼,而不一定握手。如果关系很熟,可行亲吻礼,女士之间互吻面颊,男女之间由男士吻女士面颊。

初次见面,相互介绍也很简单。一般原则为将卑介绍给尊,将客人介绍给主人,将年轻者介绍给年长者,将下级介绍给上级,将女士介绍给男士。

美国人只在正式场合行握手礼。介绍后握手须简短有力,美国人认为有力的握手代表诚恳、坦率。在公共场合,女士会主动伸手(其他场合则不一定),女士先伸手,男士才能握女士的手(女士之间一般不互相握手)。若女士无意握手,则男士应点头或鞠躬致意。与女士握手不可太紧。握手前应脱手套,来不及脱应致歉。对于别人的握手、拥抱、吻手、注目、点头等礼节,美国人也以同样方式回礼。告别时也不必握手,挥挥手说声"再见"即可。

美国人不把互赠名片视为礼节,只为便于日后联系才送名片。送名片给他人时并不期待他人回送名片。按照西方社交礼仪,男士去别人家做客,若想送名片,则应分别给男、女主人各一张,再给这个家庭中超过 18 岁的女士一张,但绝不在同一个地方留下三张以上的名片;女士去别人家做客,若想送名片,则应给这个家庭中超过 18 岁的女士每人一张,但不应给男士名片。

（2）称谓礼仪。一般不用"先生""太太""小姐""女士"之类的称呼，对关系较好的人直呼其名（美国人认为这是一种亲切友好的表示），从不以行政职务去称呼别人，只对法官、医生、高级官员、教授、高级神职人员称呼头衔。称呼长者忌用"老"字。他们不是不讲究礼仪，而是反对过分拘泥于礼仪和矫揉造作。不要使用带有种族歧视意味的称呼。

（3）交谈礼仪。美国人习惯打过招呼即谈正事，不喝茶、寒暄。在同别人交谈时喜欢夹带手势，不喜欢被人不礼貌地打断讲话。参加美国人的聚会时，切莫只谈自己最关心、最喜欢的话题。谈论只有自己熟悉的话题，会使其他人难堪，产生反感。每种文化都有自己忌讳的话题。自杀这个话题不受欢迎，无论何时何地都少谈为妙，因为基督徒视自杀为罪恶。

美国人很重视隐私，忌讳被人问及个人私事。对许多美国人来说，年龄是个非常敏感的问题，特别是年过30岁的女士更是如此。体重同样是最敏感的话题之一。

美国人在日常生活中喜欢开玩笑，但与美国商人交往，涉及生意时说话必须慎重，因为他会认为你的话是算数的。美国人喜欢交谈时与别人保持一定的距离（一般应保持在50厘米以外）。

（4）时间礼仪。美国人时间观念很强，各种活动都按预定的时间开始。拜访前应电话联系，确定时间，以免造成别人的不便。在美国，由于犹太人甚多，所以应当注意当地的犹太人节日。圣诞节与复活节前后两周不宜拜访。除6~8月美国人一般去度假外，其余时间均可拜访。

（5）馈赠礼仪。美国人也有礼尚往来的习惯。在美国，一般每逢节日、生日、婚礼时，都有送礼的习惯。与美国人交往，有两种场合可通过赠礼来自然地表达祝贺和友情：一是每年的圣诞节期间；二是抵达和离开美国的时候。在美国，请客人吃顿饭、喝杯酒，或到别墅去共度周末，被视为较普遍的"赠礼"形式，只要对此表示感谢即可，不必再做其他报答。美国人收到礼品时会马上打开，当着送礼者的面欣赏礼品，并立即向送礼者道谢。礼品大多是书籍、文具、巧克力等不贵重的东西。他们忌讳接受贵重的礼品，一是美国人不看重礼品自身的价值，二是法律禁止送礼过于贵重。不宜送给美国人的礼品有香烟、香水、内衣、药品及广告用品。除节假日外，应邀到美国人家中做客甚至吃饭一般不必送礼。

（6）文化禁忌。美国人讲究大人、孩子一律平等。到美国人家中做客，千万不要只顾大人而冷落了孩子，那样会使他们的父母不愉快。同性不能双双起舞，这是美国公认的社交礼仪之一，否则旁人会认为他们是同性恋者。在别人面前脱鞋或赤脚，会被视为不知礼节的野蛮人。女士不可单独喝酒，否则会被视为"正在等男人的女人"。美国人认为在别人面前伸出舌头是一件既不雅观又不礼貌的事，给人庸俗、下流的感觉。与美国人一起外出，除非事先说明，否则一般都是各付各的费用，车费、饭费、小费无不如此。

美国人最讨厌的数字是"13"和"3"，不喜欢周五。他们忌讳黑色，认为黑色是肃穆的象征，是丧葬用的色彩。他们喜爱白色，认为白色是纯洁的象征；偏爱黄色，认为黄色是和谐的象征；喜欢蓝色和红色，认为它们是吉祥如意的象征。他们喜欢白猫，认为白猫可以给人带来好运。他们讨厌蝙蝠，认为它是吸血鬼和凶神的象征。

5. 商务谈判礼仪

美国人喜欢边吃边谈，美国商界普遍流行早餐和午餐约会谈判，赴约要准时，恪守信用。晚上一般不谈生意或做重大决定。同美国人联系约会很简单，打个电话，对方一般会很高兴地同意尽快见面。

美国的商业习惯是每种产品都要投保，非常重视专利与商标。美国工会影响力很大，对美贸易应找与工会有一定联系的代理商，这样推销工作才有可能做得更好。

美国人在商务谈判前准备充分，且参与者各司其职，分工明确；在进行商务谈判时，喜欢开门见山，答复明确，不爱拐弯抹角；在谈判中谈锋甚健，不断发表自己的见解和看法；一旦认为条件适合，即迅速做出合作的决定，通常在很短的时间内就可以做成一笔大生意。

美国人十分欣赏那些富于进取精神、善于施展策略、精于讨价还价而获取经济利益的人，尤其爱在"棋逢对手"的情况下和对方开展谈判和交易。与美国人谈判，切忌指责客户公司的缺点，或把以前与某人有过摩擦的事作为话题，或贬低有竞争关系的第三方公司等。

与美国人做生意，"是"和"否"必须清楚，这是一条基本原则。当无法接受对方提出的条款时，要明确告诉对方不能接受，而不要含含糊糊，使对方存有希望。与其他国家相比，美国的商业活动节奏很快（特别是在纽约），决策也很迅速。中层主管通常有相当的决定权，可以决定一些中型规模的交易。律师满目皆是，营造了一种高度诉讼化的商业气氛。

 知识测试与技能训练

1. 知识测试
（1）国际商务礼仪的原则包括哪些？
（2）什么"求同存异"原则？
（3）日本的商务交往礼仪包括哪些方面？
（4）韩国的商务交往礼仪包括哪些方面？
（5）英国的商务交往礼仪包括哪些方面？
（6）德国的商务交往礼仪包括哪些方面？
（7）法国的商务交往礼仪包括哪些方面？
（8）美国的商务交往礼仪包括哪些方面？

2. 技能训练
项目1 谈谈国际商务礼仪规则

情景设定：请每位同学准备5分钟的发言，谈谈对国际商务礼仪规则重要性的认识，激发学习国际商务礼仪的兴趣。

训练目标：提升口头与文字表达能力、信息整合能力，培养公关礼仪意识。

训练方法：随机抽选几位同学上台发言，然后由老师引导全班同学分析总结这几位同学发言过程的优缺点及需要改进的方面。

测评要点：表述逻辑清楚、有条理，用语规范、不粗俗；普通话标准、规范，声音洪亮、清晰；举止优雅、端庄，表情自然、亲和，礼仪规范、应景，能够引起共鸣。

项目2　案例分析

（1）一位中国商人路遇一位外国客户，互致问候。中国商人问那位外国客户："您到哪里去？"

分析思考：这位中国商人的问候正确吗？如果有错，错在哪里？

（2）某企业管理人员田某应韩国某公司之邀参加招商会，会后参加晚宴。由于宴会是跪式的，田某很不习惯，坐了一会儿就开始歪着身子，不经意间又去摸摸袜子，这样的小动作被韩国人看在眼里。由于多喝了几杯，田某便聊起了韩国、朝鲜及抗美援朝战役，宴会的气氛逐渐冷了下来。之后，田某发现原本热情的韩国人变得冷淡了。

分析思考：韩国人变得冷淡的原因是什么？

参 考 文 献

[1] 王玉苓. 商务礼仪（第2版）[M]. 北京：人民邮电出版社，2018.
[2] 徐辉. 商务礼仪（第2版）[M]. 北京：清华大学出版社，2019.
[3] 汤秀莲，宋京津. 商务礼仪（第二版）[M]. 北京：清华大学出版社，2018.
[4] 金正昆. 商务礼仪教程（第六版）[M]. 北京：中国人民大学出版社，2019.
[5] 周黎燕，王世江，孙晓辉. 实用商务礼仪[M]. 北京：北京理工大学出版社，2019.
[6] 王炎，杨川川. 商务礼仪（第2版）[M]. 北京：电子工业出版社，2018.
[7] 吕蕊，邹媛春. 商务礼仪实用教程[M]. 北京：经济科学出版社，2016.
[8] 金正昆. 社交礼仪教程（第六版）[M]. 北京：中国人民大学出版社，2019.
[9] 李科凤. 商务形象塑造与礼仪[M]. 北京：北京交通大学出版社，2013.
[10] 付春雨. 商务礼仪[M]. 苏州：苏州大学出版社，2014.
[11] 程宝元. 一种商务礼仪实践教学体系的系统化设计研究[J]. 中小企业管理与科技 2017（1）：93-94.

反侵权盗版声明

电子工业出版社依法对本作品享有专有出版权。任何未经权利人书面许可，复制、销售或通过信息网络传播本作品的行为；歪曲、篡改、剽窃本作品的行为，均违反《中华人民共和国著作权法》，其行为人应承担相应的民事责任和行政责任，构成犯罪的，将被依法追究刑事责任。

为了维护市场秩序，保护权利人的合法权益，我社将依法查处和打击侵权盗版的单位和个人。欢迎社会各界人士积极举报侵权盗版行为，本社将奖励举报有功人员，并保证举报人的信息不被泄露。

举报电话：（010）88254396；（010）88258888
传　　真：（010）88254397
E-mail：　dbqq@phei.com.cn
通信地址：北京市万寿路 173 信箱
　　　　　电子工业出版社总编办公室
邮　　编：100036